□ 胡晓萍 编著

汉字的结构和演变

东北师范大学出版社
长 春

图书在版编目（CIP）数据

汉字的结构和演变/胡晓萍编著．—2版．—长春：东北师范大学出版社，2015.3（2025.4重印）
ISBN 978-7-5681-0339-8

Ⅰ.①汉… Ⅱ.①胡… Ⅲ.①汉字—结构—研究 ②汉字—演变—研究 Ⅳ.①H12

中国版本图书馆CIP数据核字(2015)第269582号

□责任编辑：魏芳华　□封面设计：张　然
□责任校对：刘　昆　□责任印制：刘兆辉

东北师范大学出版社出版发行
长春净月经济开发区金宝街118号（邮政编码：130117）
网址：http：//www.nenup.com
东北师范大学出版社激光照排中心制版
河北省廊坊市永清县晔盛亚胶印有限公司
河北省廊坊市永清县燃气工业园榕花路3号（065600）
2015年3月第2版　2025年4月第3次印刷
幅面尺寸：155 mm×230 mm　印张：16.75　字数：240千

定价：49.00元

目　录

第一章　绪　论

第一节　文字和文字学

文字是记录语言的书写符号系统，文字学是指研究这些成系统的书写符号的科学。文字学的任务主要是研究文字的规律，即揭示文字的性质、功能，文字同语言的关系，文字的类型、构造以及起源、演变和发展的规律，是人们获得关于文字的理性知识。文字学可以根据研究对象的不同而分为若干分支。

以世界上所有文字为研究对象，研究其结构、性质、分类、发生、演变共同规律的，叫做普通文字学，也可称为一般文字学。这一领域的研究需要通晓世界上主要文字，或掌握世界上主要文字资料，范围广，难度大。尽管英、美、俄的一些学者一直致力于这方面的研究，但成果不多，至今尚无一本得到各国文字学家承认的权威性著作。前苏联学者B·A·伊斯特林所著《文字的产生和发展》相对较为突出。此书以社会经济、文化为背景，论述了世界各种文字的产生、发展和相互间的影响，以及文字的类型、与其他人文学科的关系等。书中引用资料丰富，但唯独没有汉字材料，忽略了占世界五分之一人口使用的汉字，作为普通文字学著作，是有所缺失，名不副实的。

以记录某几种不同语言的文字为研究对象，比较其结构特点、性质、产生和发展规律的，叫做比较文字学。相对于普通文字学，比较文字学成果多一些。如国内学者把纳西族的东巴文字与甲骨文、金文对比研究，即属于比较文字学的范畴。

以记录某一种语言的文字为研究对象的，称作个别文字学，又称具体文字学。世界上绝大多数文字学研究都属于这个范畴。汉字学即是其中之一。

我们所说的文字学即汉字学，它是专门研究汉字的学问。这门学科在我国有着悠久的历史，最初称之为“小学”。“小学”本指贵族子弟学习的学宫，类似后来的小学校。我国西周时期就设有小学校，班固《汉书·艺文志》：“古者八岁入小学，故周官保氏掌养国子，教之六书。”因为文字是小学必修的课程，故把文字课本称为小学。《汉书·艺文志》采刘歆《七略》而成，其中《六书略》有“小学类”，列文字书十家四十五篇，均为童蒙识字课本。颜师古注：“小学，谓文字之学也。”所以就用“小学”指称文字之学。“小学”研究的是文字的形音义，目的是为了解释经典，读懂经书。隋唐以后，“小学”的范围扩大到音韵、训诂。对文字形音义的研究形成了三门相互关联的学科：文字学、音韵学、训诂学。“小学”即成为传统语言学的代名词。直到清末，章太炎提出异议，认为“小学”之名不够确切，正式倡导“语言文字之学”，取代传统的“小学”。其弟子钱玄同、朱宗莱根据这一意见合编了一本《文字学》，钱玄同编《文字学音篇》，朱东莱编《文字学形义篇》，始有文字学之名。

从《文字学》的内容来看，所谓的“文字学”包含的范围仍然是相当笼统的，与原先的“小学”并无多大区别，关于文字学研究的范围和对象，长期以来有两种极端的意见：一些学者认为，文字学包括文字、音韵和训诂，如朱东莱、钱玄同的提法；另一些学者认为，文字学只研究文字的形体，如唐兰的《古文字学导论》、《中国文字学》等。

从“文字学”这个名称来看，也不是很理想。因为其所指也过于笼统，不能把它与世界各国文字区别开来，正因为认识到这一点，唐兰先生把他的书名定为《中国文字学》。但严格说来，这一名称也不够完美，中国有 56 个民族，存在众多的少数民族文字，仅以汉字为研究对象，就称为中国文字学，是不全面的。

现在，人们基本已达成这样的共识：我们研究的这门学科，属于个别文字学的范畴。只以汉字为研究对象，它的内容是探讨汉字的起源、性质、结构和发展规律，探讨汉字的形体以及形、音、义之间的联系，它的确切名称应该是汉字学。

另外，也要注意文字学不同于文字学史。文字学研究的对象是文字，文字学史研究的对象是作为一门科学的文字学的发展史，研究和评价各个历史时期的文字学家、文字学著作，各个历史时期文字学的学术思想及研究状况。我们研究文字学重点在于揭示文字自身结构的发展规律，不以史为主，但也应顾及到文字学术史。因为我们的研究是在前人的研究基础之上进行的，前人研究是我们的阶梯，因此我们也应涉及文字的研究简史及历史上有成就的文字学家、文字学著作及学术观点。

第二节 中国文字学源流

一、关于"汉字"的称呼

"汉字"一词出现得比较晚，对汉字一般只称"文字"。"文字"这一称呼最早见于秦代琅琊刻石的"书同文字"。先秦时期汉字称为"文"、"名"、"书"、"书契"、"字"等。

关于"文"，有这样的表述：

《左传·宣公十二年》："夫文，止戈为武"，晋杜预注："文，字。"

《左传·昭公元年》："于文，皿虫为蛊。"

关于"名"：

《周礼·春官外史》："掌达书名于四方。"郑玄注："古曰名，今曰字。"

《仪礼·聘礼》："百名以上书于策，不及百名书于方。"郑玄注："名，书文也，今谓之字。"

《荀子·正名》："名闻实喻，名之用也。"

关于"书"、"书契"：

《韩非子·五蠹》："古者仓颉之作书也，自环者谓之厶，背厶谓之公。"

《荀子·解蔽》："好书者众矣，而仓颉独传者，壹也。"

《周易·系辞下》："上古结绳而治，后世圣人易之以书契。"

较之于"文"，用"字"来称呼汉字的时间相对晚一些。江永《群经补义》："其称'书'、'名'为字者，盖始于吕不韦著《吕氏春秋》，悬之咸阳市，曰：'有能增损一字者，予千金。'此称'字'之始。前此未有以'文'为'字'者。"从这个观点看，"字"的称呼始于战国晚期。

《说文解字》对"文""字"的解释分别是："文，错画也。象交文。""字，乳也。从子在宀下，子亦声。"

"文"是一个象形字，在甲骨文和金文中，像一个中间有交错花纹的正面人形。它的本义是花纹的纹，文、纹是一对古今字。"字"是一个会意兼形声字，意思是房间里有小孩出生，本义是生殖。"文"与"字"为什么能表示"文字"的意思呢？许慎在《说文解字·叙》中是这样阐述的："仓颉之初作书也，盖依类象形，故谓之文；其后形声相益，即谓之字。文者，物象之本，字者，言孳乳而浸多也。"即特征是描摹物体形状的独体字叫做文；其后由独体字组合成具有声符和形符的合体字叫做字。文是最基本的形体，而字是由文孳乳演变形成的。许慎对文和字的界定都是从二者的本义生发出来的。

二、文字学及其发展历史

文字学的发展历史可以分为以下几个时期：

（一）先秦时期（萌芽时期）

1.《周礼》对六书的记载

"六书"之名始见于《周礼》，《周礼·地官·保氏》："保氏掌谏王恶，而养国子以道，乃教之以六艺。一曰五礼，二曰六乐，三曰五射，四曰五驭，五曰六书，六曰九数。""六书"是"六艺"之一，但文中并没有具体说明"六书"的性质和内容。因为"书"是写的意思，"六书"应该是六种写字的方法。可以推测，早在西周时期，人们已经总结出了六种文字的条例，帮助学童识字写字。有学者认为《周礼》作于春秋时期，最迟是战国末年。

2. 关于文字起源的传说和猜想

先秦时期，已经有不少关于汉字起源问题的传说。主要有：结绳说、契刻说、八卦说、仓颉造字说。这些传说虽然与科学和事实相去较远，但反映了人们对文字的重视，可以说是对文字的最早思考。

3. 汉字的早期整理——书同名（规范字形）

《管子·书同篇》提到的“书同名”是对汉字进行的一次整理，可能发生在西周中晚期到春秋之时。文字学史上第一部字书《史籀篇》，可能就是为配合这次文字整理，统一规范字形而编写的。《史籀篇》相传为周宣王时太史籀搜集、汇编的识字课本，但王国维认为“史籀”并非人名，《史籀篇》也并非产生于西周，而是春秋战国之间秦人所作，后人也多以为《史籀篇》里的文字是春秋战国秦系文字。

4. 作为修辞手段的析形说义的出现（对单字形音义的解释）

在先秦的著作中，已有人通过字形的分析来说明字义。《左传·宣公十二年》楚庄王说“夫文，止戈为武。”《左传·昭公十年》：“医和曰：‘于文，皿虫为蛊。’”《韩非子·五蠹》：“古者仓颉之作书也，自环者谓之厶，背厶谓之公。”这些解释都是随文释义，不一定符合古人造字的本意，而且作者分析字形的目的，也不是出于文字学的考虑，而是阐明自己的政治思想，但这些解释反映出古人对文字的结构和表义很感兴趣，注意到文字字形的可分析性。

从这些材料可以看出，这一时期，人们对文字已有一定的认识，当时的研究主要表现在统一规范字形和对汉字起源与单字形音义解释的探讨三个方面。

（二）秦汉时期（创立时期）

秦汉时期可以说是文字学的创立时期，传统文字学从此形成。

1. 秦始皇时期的统一文字“书同文字”。秦兼并六国统一天下后，为了巩固和发展中央集权制国家，实行了一系列改革措施，其中采纳了李斯的建议，实行“书同文”的政策，规范了文字，这是我国文字史上一次重大的改革。关于这次改革，《史记·秦始皇本纪》、《说文解字·叙》、《汉书·艺文志》都有记载。

2. 出现了一批文字学读物，即字书。为了配合中央“书同文”的政策，推行小篆，李斯作《仓颉篇》、赵高作《爰历篇》、胡母敬作《博学篇》，这三本字书作为小篆的文字范本颁行于天下。

汉初，丞相萧何制定了对整个汉朝影响巨大的文字政策，基本可以看作是“以字取士”，社会上出现了重视文字的风气，一批文字学读物应时而生。秦三本字书合为一部《仓颉篇》，共五十五章，三千三百字，字体为小篆。另据《汉书·艺文志》记载，西汉时司马相如作《凡将篇》，史游作《急就篇》，李长编《元尚篇》，扬雄编《训纂篇》，东汉时贾鲂编《滂喜篇》。这些字书就是为了便于学童背诵识记，把常用的字编成三字、四字或七字的韵文，虽然不是真正意义上的文字学著作，但在识字教学和规范社会用字方面起了重要的作用。

3. 两汉今古文学争论中，推崇古文经的经学家，如孔安国、张敞、扬雄、许慎等为通读古文经，掀起从事古文字研究的热潮，形成研究古文字的风气。

4. 出现了具有划时代意义的文字学专著《说文解字》（以下简称《说文》)。许慎的《说文》是中国第一部研究解释汉字的专著，它的问世宣布了汉语文字学的建立。《说文》分正文和叙两部分，其中，《说文·叙》对汉字的起源、发展、六书等汉字理论都有深入的研究，奠定了传统文字学的理论基础，特别是“六书”说，成为关于汉字结构的系统理论，至今仍是分析汉字结构的重要依据。《说文》的正文是许慎对其文字学理论的具体运用。他用“六书”理论对9353个小篆字形进行了分析，说明字音，解释字义；创造性地使用540个部首来统属这九千多个汉字，使这些汉字各归其位。许慎文字学的理论和实践是传统文字学的基石。

5. 东汉刘熙的《释名》从字音的角度解释字义（即“声训”)，对后世汉字的研究也有一定的影响。

（三）魏晋——元明时期（消沉时期）

这个时期的文字学主要是沿袭《说文》为代表的两汉学者开辟的途径缓慢的推进，大致可以归为两个方面：

1. 继《说文》而起的各类字书的编纂，如《字林》（晋吕枕)、《玉篇》（南朝顾野王)、《类篇》（宋王洙等编)、《字汇》（明梅膺祚)、《正字通》（明张自烈）等承袭《说文》的线索尤为明显，而辨正文字的古书、古文字字书也莫不与《说文》有密切关系，如《匡谬正俗》（唐颜师古)、《干禄字书》（唐颜元孙）等。

2. 唐人李阳冰、五代宋初的徐铉、徐锴对《说文》的校勘和研究，贡献在于对《说文》的传播，为清代《说文》学的研究奠定了基础，宋郑樵等人承《说文》对“六书”所作的系统研究则是这一时期研究最为重要的发展。

3. 对古文字的考证和整理。古文字一般指隶变以前的各种文字，包括甲骨文、金文、籀文、六国文字、小篆等。这类工作可以上溯到秦汉。从魏晋到宋代，学者们继续做搜集整理的工作，特别是到了宋代，发展为金石学。

（四）清代（振兴时期）

清代是中国传统语言学全面发展的时期，也是文字学的振兴时期。

1. 乾嘉之际，《说文》研究之风大盛，达到鼎盛。形成著作宏富、影响深远的《说文》学。清代研究《说文》的学者不下200人，有对《说文》进行校勘和考证的，有对《说文》进行补充和匡正的，有对《说文》的体例和内容进行全面研究的，还有对前人或同时代人研究《说文》的著作进行订补或研究的。代表人物为段玉裁、桂馥、王筠、朱骏声，他们四人被称为“说文四大家”。

2. 字书的编纂。《康熙字典》（张玉书等编）也是模仿《说文》体例编成的字典，收字达4万多。

3. 金石学、古文字学也呈复兴之势，成果很多。出现了对古文字形体进行综合研究和总结研究方法的著作，如孙诒让的《名原》等。而1899年甲骨文的发现，及其后对甲骨文的释读和研究更促进了科学古文字学的建立。

（五）二十世纪以来

从明末清初到现在是科学汉语文字学的建立发展时期。西方科学方法的传入，甲骨文等古文字的发现，文化教育事业的发展，都促使汉字研究向更科学的方向发展，出现了前所未有的繁荣局面。《说文》问世以来传统的字典式的单字研究发展为科学的汉语文字学研究，研究的内容空前的丰富，成果较多。

主要表现在三个方面：

1. 汉字本体研究。吸收西方的研究方法，系统全面地研究汉字，努力建立新型汉字学理论体系，对汉字的性质、起源、发展规律、结构类型、历史演变等方面进行了深入的探讨。研究汉字较为有名的通论性著作有朱东莱的《文字学形义篇》、胡朴安《中国文字学史》、唐兰《中国文字学》、梁东汉《汉字的结构及其流变》、蒋善国《汉字形体学》、高亨《汉字形义学概要》、裘锡圭《文字学概要》、王风阳《汉字学》、孙均锡《中国文字学史》等。

2.《说文》研究。《说文》研究进入总结阶段，有关专著和论文很多，较有影响的专著有马叙伦《说文解字六书疏证》、丁福保《说文解字诂林》、陆宗达《说文解字通论》、张舜徽《说文解字约注》、姚孝遂《许慎与说文解字》、任学良《说文解字引论》、蒋善国《说文解字讲稿》、汤可敬《说文解字今释》等。

3. 古文字研究。自甲骨文发现后，古文字研究进入了一个新的时代，以甲骨文金文为主要材料的古文字研究极为兴盛，逐步发展。一些有影响的古文字通论性著作问世，标志古文字学的建立。唐兰《文字学导论》可谓是开山之作，此后有姜亮夫《古文字学》、李学勤《古文字学初阶》、高明《中国古文字学通论》、陈炜湛、唐钰明《古文字学纲要》、陈世辉、汤余惠《古文字学概要》等。高明《古文字类编》、徐中舒主编的《汉语古文字字形表》作为综合对比的数据汇编也相继出版。

4. 甲骨文研究。清末后甲骨文不断出土，在全球范围内收藏已达15万片，单字近5000个，二十世纪五十年代有一些周代甲骨文出土。民国前期最有名的甲骨文研究专家是罗振玉、王国维等人。罗振玉，字叔蕴，号雪堂；王国维，字静安，号观堂；郭沫若，字鼎堂；董作宾，字彦堂。这四位学者合称“甲骨四堂”。

5. 金文研究。二十世纪以来殷周金文研究在研究方法上进一步科学化，金文研究家大部分也是甲骨文研究家，他们把金文和甲骨文、小篆等古文字合在一起进行研究，又有重大收获。成绩最显著的学者是罗振玉、王国维、郭沫若、唐兰、杨树达、容庚等。

6. 现代汉字研究。二十世纪以来，特别是50年代以来，人们对现代汉字进行了多方面的考察和研究，1980年周有光发表《现代汉字学发凡》一文，具体提出建立现代汉字学的建议，此后出现了不少专门研究现代汉字的论文和专著，研究现代汉字的性质、特点、范围、字形、字音、字义、字量、应用、信息处理、教学等问题，使现代汉字学得以建立和发展。周有光《中国语文的现代化》、张静贤《现代汉字教程》、高家莺等《现代汉字学》、孙钧锡《汉字和汉字规范化》、苏培成《现代汉字学纲要》、尹斌勇和罗圣豪《现代汉字》、李禄兴《现代汉字学要略》、杨润陆《现代汉字学通论》、冯志伟《现代汉字和计算机》、张普《汉字编码键盘输入文集》和《汉语信息处理研究》、陈一凡和胡宣华《汉字编码输入技术与理论基础》等专著，可谓十几年研究成果的代表作。北京图书馆《汉字属性字典》、刘公宜和刘如水《汉字信息字典》、傅永和《汉字属性字典》则是三部专供信息处理用的现代汉字字典。现代汉字学作为一门正在形成中的学科，有待研究的问题很多，但已经奠定了坚实的基础，引起了人们的注意，正向着成熟的方向发展。

7. 汉字文化研究。二十世纪八十年代以来，不少学者开始重视汉字作为一个文化系统与整个汉民族的古今文化模式、习惯行为模式、思维模式的联系，也就是从汉字入手研究中国文化，从文化学的角度研究汉字，力图建立起汉字学的一个新分支——汉字文化学。何九盈等《中国汉字文化大观》、刘志基《汉字文化综论》、何九盈《汉字文化学》、周有光《汉字和文化问题》、苏新春《汉字文化引论》、李玲璞等《古汉字与中国文化源流》、贺友龄《汉字与文化》、吴长安《文化的透视——汉字论衡》、赵诚《甲骨文与商代文化》、李万春《汉字与民俗》、王宁等《〈说文解字〉与中国古代文化》、臧克和《中国文字与儒学思想》与《说文解字的文化解说》、宋永培《说文汉字体系与中国上古史》、王平《〈说文〉与中国古代科技》、姚淦铭《汉字与书法文化》等专著，给汉字文化学奠定了第一批基石。

这样，中国文字学就有如下一些分支学科：传统汉字学、古文字学、现代汉字学。此外还有一些边缘学科、交叉学科正在建立之中，比如汉字文化学、汉字心理学等等。另外，汉字不止是记录汉语的工具，也被其他的民族和国家借用、改造，用来记录自已的语言。因此，汉字学研究不应局限于记录汉语的汉字，应与别的汉字系文字放在一起研究，建立广义的汉字学。

第三节　学习文字学的功用

一、释读和理解古代文献的需要

中华民族在悠长的历史长河中创造过灿烂的古代文化，在政治、经济、军事、文学、史学、哲学等领域都曾取得重大的成就。承载着这样丰厚文化遗产的古代典籍可谓浩如烟海，除了少量是用少数民族文字书写之外，绝大多数是用汉字记录的。这些典籍既有历代相传的今文字抄本，也有古人记录的、一直埋藏在地下而今重见天日的古文字抄本。我们对这些典籍进行整理和研究，批判的继承这笔丰富而宝贵的古代文化遗产，就要具备一定的文字学修养。比如说古文字抄本主要包括甲骨文、金文和战国简帛文字，这些材料在地下埋藏了几千年，没有经过任何窜改，是反映原始面貌、最为可靠、最有价值的文献材料。但这些文字和现代文字的字体差别很大，不经过专门的学习、训练，不要说正确阅读并加以研究利用，就是辨识也是很困难的。要认识古文字，必须要学习研究汉字学。

即使是用今文字记录下来的传世文献，也有很多借字、讹字、异体字，如果没有一定的文字学基础，不了解汉字形体的变迁与字音演变的历史，就无法加以辨别；另外，在词义的辨析上，也不能只靠古注和辞书。古今词义变化很大，本义、假借义、引申义纷繁复杂。如果没有文字学基础，不懂汉字的结构规律就做不到通过字形探求本义，也就无法掌握古书的具体用字和在文中使用的具体音义，当然也就无法正确地解读古代文献。因形索义是训诂学上一种重要的训释方法，又称为形训。如，司马迁《报任安书》："此人皆身至王侯将相，声闻邻国，及罪至网加不能引决自裁。"文中的"罪"与"网"对文，用的是它的本义。《说文解字》："罪，捕鱼竹网。"但毛亨和郑玄解诗已不能辨识此义。《诗经·大雅·瞻卬》："罪罟不收，靡有夷瘳。"毛传："罪罟，设罪以为罟。"郑笺："施刑罪以网罗天下。"都是用当时通用的"罪恶"、"刑罪"义来解释，未免迂曲难通。

掌握汉字的结构及其演变规律，我们还可以通过本义，探索其引申、假借的线索，梳理古书中各种相关的义项。如：

① 虽及胡耇，获则取之，何有于二毛？（《左传·僖公二十二年》）

② 取彼狐狸，为公子裘。（《诗经·豳风·七月》）

③ 取妻如何？匪媒不得。（《诗经·豳风·伐柯》）

④ 郑国多盗，取人于萑苻之泽。（《左传·昭公二十年》）

这几句中的“取”意义各不相同。①句用的是本义，指割下战俘的左耳。《说文解字》：“取，捕取也。从又，从耳。《周礼》曰：‘获者取左耳。’《司马法》曰：‘载献聝。’聝者，耳也。”②句为捕捉义，是本义的直接引申义。③句用的是间接引申义，后来为这个义项另造了一个新字“娶”。④句用的是假借义，本字是“聚”。

二、是汉字教学与规范的需要

1. 汉字学的理论对于汉字教学具有重要的指导作用

在众多的识字教学方法里，随文识字的分散识字法也好，主要采用形、音、义归类、一串一串地识字的集中识字的方法也好，提前读写的注音识字法也好，还有部件识字法、听读识字法、循环识字法、猜认识字法，等等，都离不开汉字学理论的指导。特别是把常用的独体字叫“基本字”（即基本偏旁），然后引导学生用已知的基本字去组合，辨认未知的合体字的所谓集中识字法，实际上就是偏旁识字法在识字教学中的具体运用，可以大大提高汉字教学的效率。由许慎首创的偏旁分析法，是研究汉字结构的基本方法，对古今汉字都是适用的。

在纠正错别字的教学中，汉字学理论的指导作用也是必不可少的。从汉字本身的特点出发，重视笔画、笔顺、偏旁部首的教学，对纠正错别字很有好处。如，“礻”和“衤”、“卩”和“阝”、“亻”和“彳”、“商”和“啇”，形体相近容易混淆，如果对它们进行溯源分析，并通过大量的例子加以说明，完全可以有效地减少错别字。在对外汉语教学中这种教学方法有很强的实用性。

2. 汉字学的理论对于促进语言文字的规范化也有重要的指导作用

语言文字必须规范，才能更好地发挥其交际功能，从而推动社会发展。就汉字而言，其规范化的任务更加艰巨与重大。汉字发展到今天，使用人数众多，用字混乱的现象比比皆是，这些都提示我们要对汉字进行适时的整顿和规范。其实文字改革的工作从秦始皇时就已经开始了，时至今日仍不断地需要对汉字进行规范和改革，汉字的变化和规范是客观必然，永无止境的。而汉字的规范必须以汉字学的理论为指导，汉字的整理包括精简字数和精简笔画。精简字数主要是废止大量存在的异体字，但哪些该废止？不能单单根据字形简省，还要看是否符合文字演变规律。减少笔画也是如此。除汉字整理之外，汉字的标准化（定形、定音、定量），也属于汉字规范的内容。在做这些工作时，必须根据文字发展的规律，把那些符合文字发展规律的成分、用法固定下来，加以推广；同时，对一些不符合文字发展规律的和没有必要存在的歧异成分和用法，妥善地加以处理。

三、促进语言和文化的研究

1. 汉字字形对研究汉语史有独特意义

自古迄今，汉字的使用是一脉相传、从未间断的，而汉字字书也代有编纂，其中相当一部分也保存下来，因而就代代相传的汉字形、音、义三部分考证汉语的文字、语音和词汇的历史演变，可以说是顺理成章、水到渠成的。

（1）有些形声字的声符可以标示语源，因此从字形结构上，可以辨别汉语的一部分同源词。如从“巠”得声的字大多有“细、直而长”的意思，“经”是织布机上的纵线；“径”是小路（许书训“步道”），引申为“直径”；“泾”是像道路一样直的水流；“胫”是小腿；“颈”是人或动物的脖子；“茎”是草木的主干部分。这些字虽然表示不同的事物，但都有“细、直而长”的特点。

（2）古今字的产生反映了汉语词义的分化发展。如“益—溢”，“益”的本义是水多漫出来的意思，这可以从字体结构分析出来，“益”是一个会意字，从水从皿。《说文解字》：“益，饶也。从水、皿，皿益之意也。”许书虽然在释义上强调的是引申义，但字形分析还是很到位的。正是由于“益”常用来表示增益、利益等引申义，后来又另造了一个“溢”表示本义。

（3）形声字的声旁反映了上古语音系统及其演变规律，从汉字的偏旁可以探究上古音。上古音研究一般分为韵部和声母两部分进行。韵部的研究主要依据是先秦韵文如《诗经》、《楚辞》等，以及一些散文中的韵文。但诗、骚、散文中的韵字毕竟是少数，另外大多数字如何处理呢？段玉裁根据他对《说文解字》的精深研究，提出了“同声必同部”的重要原则。根据这一发现，人们研究《说文解字》的谐声系统，获得的上古音韵部区分的结论，与归纳诗骚用例的结果基本一致而又有互补之处。对声母系统的研究，偏旁分析仍不失为一个重要方法。如邦、蚌、捧、蓬都从丰得声，均读重唇（双唇），而丰读轻唇（唇齿）；否、罘从不得声，读轻唇，而不读重唇；问、闻从门得声，读轻唇，而门读重唇。这都可以证明上古音声母系统轻唇、重唇不分。再佐以其他材料，可得进一步的结论：“古无轻唇音”（钱大昕《十驾斋养心录》）。

2. 促进社会史、文化史研究

文字是语言的代用品，代代相传的文献语言，是社会历史、文化的载体，我们依据文字可以了解社会历史、文化的变迁，这是很自然的道理。但就文字本身来看，其形、音、义的形成和变迁，也从一个侧面反映了社会史、文化史的变迁。每一个汉字自身结构中包含着丰富的文化因素，反映了汉民族的文化特征。近年来不少学者致力于汉字与文化的关系，探求其中的规律，其重要依据即是汉字结构所承载的文化信息。下面举几个例子简要说明。

例如，从《说文解字》所释本义可以寻求古代宰执宦官的由来。宰，《说文解字》：“宰，罪人在屋下执事者。从宀，从辛，辛，罪也。”这是“宰”的本义，即家内奴隶，与大田奴隶的“众”（甲骨文从日下有众，小篆日字讹化为四的形状，即繁体的“众”字）同一身份而境遇较为优越。因从事家务役作而多接近主人之机，后遂跻身于佣仆之首，有如后代的管家。今存文献中“宰”多为宰执义，并有达官之义，是进一步的引申义，本义堙没。臣、宦二字也是如此。《说文解字》：“臣，牵也，事君也。象屈服之形。”“宦，仕也。从宀，从臣。”《国语·越语》：“与范蠡入宦于吴。”韦注：“宦，为臣隶也。”

又如，妻，甲骨文像手执长发妇女形。上古有抢婚的风俗，甲骨文的“妻”即这种风俗的真实反映。《说文解字》：“妻，妇与夫齐者也，从女，从屮，从又。又持事，妻职也。”其所反映的已是封建社会的观念，妻子在宗法上取得了与丈夫表面平等的地位，但又以“持事”为妻职，实际上是家内奴隶总管而已。

第二章　汉字的特点和性质

第一节　汉字的特点

汉字是世界上几种最古老的文字中唯一流传下来并具有强大生命力的文字。古埃及的圣书字、苏美尔人的楔形文字，虽然也都是古老的文字，但它们或因某种历史原因而消亡，或因文字的变革而废弃。只有汉字，一直沿用到现在，至今已有近四千年的历史。四千年来，汉字的使用一脉相承，从未间断。它之所以源远流长，历劫不磨，是因为与汉语的性质基本契合。其特点可以概括成以下几个方面：

一、汉字是代表音节的表意文字，是形音义的统一体。一般地说，一个汉字就代表一个完整的音节，同时表示一定的意义。说得准确一些，汉字在古代汉语中是一种表词文字（在少数情况下是一个语素或音节），因为古汉语的词多是单音节的，所以从一开始时汉字就是一个字代表一个词，读为一个音节，形成字——词——音节的对应形式，音节是语音单位；词是语言单位，包括音义两个方面，字是词的书写形式，记录词的音和义，因此汉字是形音义的统一体。

二、汉字是历史上最悠久的表意文字，它和所有的自源文字一样，以象形文字为基础，添加了抽象的指事符号，并产生兼具意符和声符的合体字。其主要特点之一是“以形示义”，它的形与义关系密切，可以“因形索义”。早期文字中的象形字、指事字和会意字不必赘言，即便是发展到后来的楷书，其形体结构、字的意义和组成的笔画都发生了很大的变化，但其“以形示义”的特点仍然存在，如从“斤”的“斧”“斯”“斫”“断”“析”“斩”等字，都与表示“斧头”之义的“斤”有关系。另外有的形声字的声符与“义”也有一定的关系（即“右文说”，在后面的章节加以介绍)。

三、汉字对汉语有较强的适用性、匹配性。汉语的音节结构简单,是缺乏形态变化的单音节语,不但书面上的一个个方块字同口语里的一个个单音节相吻合,而且在缺乏说话时声容动作配合的条件下,可以通过文字不同的形体结构得到有效的补偿,这就是汉字区别同音语素的功用。汉语有一万多个汉字,而音节却只有一千多个,平均一个音节包括了11.2个同音汉字(不同语素)。可以说,不同语素借用同音却不同形的汉字区别开来了。单音节语素如此,双音节词的同音现象也很普遍。一般说来,汉语固然重视一字一词的推敲,但更重视整体性和综合性。一方面汉语的字词语句具备相当的灵活性、可塑性,另一方面汉语的篇章段落保证了必需的完整性和精确性,汉语是一种灵活而又确定,模糊而又清晰的语言。而汉字表述汉语的积木式结构也颇为方便,只要语义允许,修辞合适,大小随之,长短随便。正因为汉字对汉语具有高度的适应性和契合性,汉字才能够经久不衰,表现出旺盛的生命力。

四、汉字作为记录汉语的书写符号与汉文化有着密不可分的联系。汉字是汉文化的载体,其本身又具有丰富的文化内涵。这一方面表现在汉字的结构含有丰富的文化元素,反映了汉民族的文化特征。这一点在象形意味浓厚的古文字中表现得更为明显。如与思维活动、感情意志有关的字多从"心",表明古人把心作为思维器官;有些字形的演变或新字的产生和旧字的消亡反映了相关事物的发展和某些文化因素的变化。如从"袜"字形体的变迁可以看出袜子从皮质到布制的变化;《说文解字》中关于猪马等牲畜的种类、玉的种类的字非常多,可以看出古代社会的重农倾向以及对玉的青睐。随着社会的发展、视野的开阔、人们生活质量的提高,这类字很多都退出历史舞台,不再流通,成为死字。另一方面以汉字为本体产生了众多的文化现象。与汉字书写有关的,如书法、篆刻、对联、回文诗等;依托汉字结构构成的字谜、隐语;由汉字形体产生的一些词语,如八字胡,丁字尺,十字路口等。

五、汉字是传播广远的文字。现在我们所能见到的最早成批的汉字是殷商时期的甲骨文,距今已有三千多年,主要分布在河南一带,也就是中原地区,这里在古代是中国政治、经济、文化的中心。在漫长的岁月中，随着中华民族的日益壮大，汉字伴随着灿烂的中华文化不断向四方传播，传遍整个中国，传到四邻国家，逐渐形成汉字文化圈。

汉字文化向外传播主要有三条路线。一条向南，从黄河到长江，再继续向南到珠江，传到了现在广西的壮族和越南的京族，产生了壮字和喃字。一条向东，从黄河到辽河到鸭绿江，传到了朝鲜和日本，产生了谚文和假名。一条向北，传到了我国现在的内蒙古、辽宁、吉林、黑龙江、宁夏和甘肃，产生了契丹字、女真字和西夏字。汉字在向别的民族和国家传播的过程中，经历了各种变异。别的民族借用汉字记录本民族语言的时候，进行了改造和创造，最终形成了30来种汉字型的文字。

第二节 汉字的性质

一、文字的类型

人类创造和使用文字迄今已有五千多年的历史。一般认为文字起源于图画，其形体经历了由实体到轮廓到线条的过程。有研究者认为，就文字体系看，文字发展的总趋势是由表形到表意，由表意到表音，由此形成了文字发展的三个阶段：表形文字、表意文字、表音文字。世界上的不同文字分别处在这个发展序列上的不同位置。从共时的角度看，这三个阶段也是三种不同的文字类型。这种观点长期在文字学研究中占统治地位。二十世纪五十年代，周有光先生认为表形、表意、表音是用文字表达语言的三种基本方法，并不等于文字发展史上的三个阶段，他由此提出文字发展史上的三个阶段是：形意文字、意音文字、拼音文字。

人类文明早期的文字都是表意兼表形的，一方面它代表某一语言的某一成分；另一方面，又极富绘画性和直观性。由于语言特征的不同以及社会文化条件的差异，一些古老文字后来逐渐分化为表音和表意两大文字体系。我们的汉字正是表意文字的杰出代表。

表形文字是文字的早期阶段，直接来源于图画，富有形象性和写实性。由于语言中有很多抽象的概念是无形可像的，所以在使用象形文字的同时，也使用一些抽象的表意符号，因此也可以称为形意文字。

当文字由图形逐渐演变成代表有意义的语言单位的符号，就发展成为表意文字。因为这种文字兼表语言里词的读音和意义，而与词所表示的概念没有直接的联系，布龙菲尔德称之为“表词文字”。表意文字都来源于表形文字，文字的构成更加复杂，出现了合体的会意字和具有表音成分的形声字。词是音义的结合体，一个文字符号和语言中的一个词形成固定联系后，即表示这个词的意义，又表示这个词的读音。由于同音假借的原因，甚至还可以用来表示另外一个意义与原来表示的词无关，而读音相同的词。因此周有光等先生称这个阶段为意音文字阶段。我们现在通用的汉字是这种意音文字的代表。

表示语词的文字经常用来记写与它同音的另外的词，字符更经常具有标音价值，就发展成为代表单一语音形式的音标，这时的文字就是表音文字。根据拼音字母表示的语言单位的不同，表音文字又分为音节文字、音位（音素）文字两种不同的类型。从文字的发展来看，音节文字是最早出现的，然后是音位文字。从文字记录语言的功能来看，音位文字是最先进的，它已经分析到了语音的最小单位。但是一种语言采用什么类型的文字最合适，要看语言本身的特点。对于语词由多音节构成，音节分明，音节数量较少的语言如日语来说，音节文字是最简单经济地记录这种语言的最好选择。对于语词由多音节构成，音节界限不清，音节结构复杂多样，音节数量很多的语言如英语来说，音位文字当然最合适。日本的假名，是音节文字的代表；用拉丁字母拼写的英文和用斯拉夫字母拼写的俄文，都是音位文字的代表。

二、关于汉字性质的讨论

汉字属于表意体系文字的观点曾被我国语言文字学者普遍接受，但由于对表意文字的理解不同，以及汉字假借和形声构字方式的大量存在，近百年来，对汉字性质的讨论一直没有停歇。关于汉字性质的各种提法主要有以下五种：

（一）“表意文字”说

1. 索绪尔的表意文字说及沿用的说法

索绪尔在《普通语言学教程》把世界文字分为表意体系和表音体系文字两种不同性质的文字，汉字是典型的表意文字。并认为这种表意文字与词构成的声音无关，而是和整个词发生关系，从而间接地和它所表达的观念发生关系。这种观点在学术界影响很大，从30年代开始，学者们普遍认为汉字属于表意性质的，他们把汉字的属性定名为“象形文字”或“表意文字”。此后，这种观点在相当长一段时间内比较流行。在通行的教科书里，一般都持这一认识。如《辞海》“表意文字”条下云：“用一定体系的象征性符号表示词或词素的，不直接或不单纯表示语音。通常把古埃及文字、楔形文字和汉字看作表意文字。是文字发展中的表形文字和表音文字中间的一个阶段。”后来学者们又从汉字形体的演变分析强调其表意的性质，他们的解说既符合索绪尔的观点，也符合汉字的实际。这种说法实质上指的是汉字是语素文字。只不过这个名称容易引起误会，被认为汉字可以直接表意，所以采用语素文字的说法更好。

2. 汉字直接表示概念

有人主张汉字是表意文字，是因为汉字可以不通过语言直接表示概念。英国语言学家帕默尔就持这种观点。他说：“在中国，一如在埃及，文字不过是一种程式化了的、简化了的图画系统。就是说，视觉符号直接表示概念，而不是通过口头的词再去表达概念。这就意味着，书面语言是独立于口头语言的各种变化之外的。它意味着，一个学生学会了4000个左右的视觉符号（据说足够日常应用了）之后，四千年的文献就立刻展现在他面前了。对于他不存在学习中古汉语和上古汉语的负担。”（中文译者注：“这里的‘中古汉语’和‘上古汉语’指古代字音，即古音。”）在中国也有人宣传和帕氏相同的观点，而且把这种观点作为汉字优越性的根据。如袁晓园、申小龙、《汉字文化》等。

3. 汉字表示语素的意义

孙均锡说：“文字是记录语言的符号，而语言里的词和词素有音和义两个方面。作为‘文字符号’，它不是表音的就是表义的。从本质上说，汉字不是表音而是表义符号，就是说，它并没有变成字母，它同语言的声音的联系不像拼音文字那样是直接的。”（《中国汉字学史》，学苑出版社1991年版）

苏培成也有类似的意见：“从记录语言的方式来看，世界上的文字可以分为两大类，一类是表音文字，一类是表意文字。”“任何一种语言都是由语素构成的，语素是最小的语音语义结合体，语音是语素的形式，语义是语素的内容。”“用书写符号从语音方面来表示语素的叫表音文字，或拼音文字。用书写符号从语义方面来表示语素的文字叫表意文字。”（何世达主编《现代汉语》，北京大学出版社 1986 年版）

4. 汉字因义构形

王宁说：“汉字是表意文字。这样的定性只是说，汉字是因义构形的，因此，它的形体直接带来的信息是意义，由义而知音。这与拼音文字直接带来语音信息，由音而知义，正好相反。”（《论汉字简化的必然趋势及优化的原则》，《语文建设》1991 年第 2 期）。她又说：“汉字是表意文字，早期的汉字是因义构形的，也就是说，汉字依据它所记录的汉语语素的意义来构形，所以词义的据词而造的字形在汉字里是统一的。这一点，在小篆以前的古文字阶段表现得更为直接、明显。”（《汉字汉语基础》，科学出版社 1996 年版）

（二）“意音文字”说

50 年代后半期，有的学者在对文字发展的一般规律进行深入探讨的过程中，对汉字的性质有了新的认识，提出了汉字不是“表意文字”，而是“意音文字”的观点。具体的看法又有所不同。这里主要介绍周有光和裘锡圭两位先生的意见。

1. 周有光的意音文字说

最早提出意音文字说的是周有光先生。周先生在 1957 年发表了《汉字演进的一般规律》（《中国语文》1957 年第 7 期），认为“用文字表达语言，有三种基本的表达方法，就是表形、表意和表音。”“三种表达方法并不等于文字的发展阶段。文字发展史的分期应以客观存在的文字体系的整个状况为根据。”按照表达方式把文字发展分为三个阶段：表形兼表意阶段，表意兼表音阶段，拼音阶段。认为汉字属于表意兼表音的文字。他说：“综合运用表意兼表音两种表达方法的文字，可以称之为‘意音文字’。汉字就是意音文字一种。在甲骨文里，象形字就有一部分已经不很象形；一到隶书，所有的象形字除非追溯来源就无法再认出原来事物的形状。甲骨文当中除象形、指事和会意外，已经有不少假借字和形声字。假借字是脱离原义的音符，形声字是音符（声旁）和表示意义范畴的类符（形旁，部首）的结合。在汉字的发展过程中，表意符号（包括指事、会意和不象形的象形字）的比重相对缩小，表意兼表音的形声字成为全部文字的主体。汉字字典里形声字的比重很早就达到了90％以上。从甲骨文到现代汉字，文字的组织原则是相同的，也就是说，我们的文字在有记录的三千年中间始终是意音制度的文字。古今的不同只是在形声字的数量和符号体式上的变化上。”

其后，曹伯韩先生把世界上出现的文字类型分为意音文字和拼音文字两种，也认为汉字属于意音文字。

2. 裘锡圭的意音文字说

裘锡圭先生在研究汉字的性质时，提出了两层符号的理论。他说：“文字是语言的符号，跟文字本身所使用的符号是不同层次上的东西。例如汉字‘花’是花草之花这个词的符号，‘艹’和‘化’则是这个‘花’所使用的符号。”“文字所使用的符号称为‘字符’，各种文字的字符大体上可以分为三类，即意符、音符和记号。跟文字所代表的词在意义上有联系的是意符，在语音上有联系的是音符，在语音和意义上都没有联系的是记号。”（《文字学概要》，商务印书馆1988年版）

根据上述的字符理论，裘锡圭先生作出如下判断：“汉字在象形程度较高的早期阶段（大体上可以说是西周以前的阶段），基本上是使用意符和音符（严格说来应该称为借音符）的一种文字体系；后来随着字形和语音、字义等方面的变化，逐渐演变为使用意符（主要是义符）、音符和记号的一种文字体系（隶书的形成可以看作这种演变完成的标志）。如果一定要为这两个阶段的汉字分别安上名称的话，前者似乎可以称为意符音符文字，或者像有些文字学者那样把它简称为意音文字；后者似乎可以称为意符音符记号文字。考虑到这个阶段的汉字里的记号几乎是由意符和音符变来，以及大部分仍然由意符、音符构成等情况，也可以称这个阶段的汉字为后期意符音符文字或后期意音文字。”这种说法与语素——音节文字有联系。

（三）“表音文字”说

早在学界开始探讨汉字性质问题之初，就有个别学者认为汉字是“表音文字”，刘大白在其《文字学概论》（1933年3月上海大江书铺出版）中指出："中国的汉字是单音节词表音文字。"至二十世纪70年代末，有的学者又重新提出汉字为"表音文字"说。1979年，吉林大学古文字研究室的同志撰文说："古代汉字，就其文字符号的来源说，也就是从其构形原则来说，它是从象形符号发展而来的。但是，从它的发展阶段来说，它已经脱离了表意文字的阶段，而进入了表音文字的阶段。这就是说，这种文字，并不是通过它的符号形体本身来表达概念，而是通过这些文字所代表的语音来表达概念。绝大多数的古文字，其形体本身与所要表达的概念之间，并无任何直接的关系。"他们认为，纯表音的假借字在最早的成体系的汉字甲骨文中是使用频率最高的，也是数量最多的，它占了全部文字的90%以上，所以，"从它（甲骨文）所处的发展阶段来说，只能是表音文字，而不是什么表意文字（或象形文字）"。后来，姚孝遂先生又进一步阐述了这个观点。他说："古汉字，包括最早的、成体系的甲骨文在内，由于其有了固定的读音，它已发展到了表音文字的表音节阶段。也就是说，这种文字符号已具备了语音符号的性质。"在他看来，古汉字是"表音节的表音文字"。

汉字为表音文字的观点得到了不少学者的支持。周大璞先生据汉字的假借现象申述了这一学说，他在《假借质疑》一文中指出："假借的出现，表明汉字已经由象形的图形开始变成标音的符号，这是汉字发展史上从象形表意阶段向表音阶段过渡的开始。"崇冈先生赞同"表音文字"说，并认为汉字是"特殊性质的表音文字"，他说："汉字是表形的，还是表音的？文字学家明确指出，汉字早已越过文字史上的象形阶段，进入了表音阶段。汉字虽然不是以音素为单位的拼音文字，却是以音节——词素为单位的特殊性质（即有形义成分残余）的表音文字。"

吉林大学的专家和姚先生所说的表音文字跟一般对表音文字的理解并不相同。刘宁生说："姚先生把文字是否具有固定读音作为'表音文字'和'表意文字'的区分标准。""即使按照姚先生的意见，根据有无固定读音把文字分为'表意文字'的'表音文字'两类，似乎也没有什么价值。结果是：英语的书写符号系统、日语的书写符号系统、汉语的书写符号系统……都成了一类。由此得到一个最简单的公式：一切文字=表音文字。"

(四) 语素文字说

1. 赵元任的语素文字说

语素 (morpheme) 理论产生以后，国内外就有学者认为汉字是语素文字。最早提出汉字是语素文字的是赵元任先生。不过他把 morpheme 叫做词素。1959 年，赵元任先生在台湾大学出版的《语言问题》一书中谈到语言与文字的关系，他说："用一个文字单位写一个词素，中国文字是一个典型的最重要的例子。" 1980 年，该书由北京商务印书馆刊印，由此，国内学者也开始倡导语素文字（或词素文字）的说法，并进行了进一步的探讨。

2. 语素文字说的正式提出

1983 年，尹斌庸先生发表了题为《给汉字"正名"》的文章，明确地把汉字称为"音节——语素文字"，简称为"语素文字"。他说："近年来，汉语语法学界引进了'语素'这一概念。所谓语素，就是语言中语音和语义结合的最小单位。汉语中绝大部分语素是单音节的。语素独立使用是就是词（单纯词），不独立使用时就是词素（合成词的构词成分）。以汉字来说，一个汉字可以表示一个语素，如'鸟'；也可以表示两个或两个以上的语素，如'花'（'花草'的'花'，'花钱'的'花'）。以出现频率累积达百分之九十九以上的四千个汉字来统计，这些汉字代表了不到五千个不同的语素，平均每个汉字约代表一点二个语素。四千个汉字中约有百分之九十的汉字是一个字代表一个语素（统计学上称为'众数'）。因此，从平均数和众数的角度看，我们都可以说，一个汉字表示一个音节。因此，综合上述理由，我们建议把汉字定名为音节——语素文字，或简称为语素文字。这一名称较好地反映了汉字的本质特点。"

3. 国内许多知名的学者赞同语素文字说

吕叔湘先生说："世界上的文字，它的形式是多种多样的。但是按照一定的原则来分类 ，可以分成三类。一类是音素文字，一个字母代表一个音素（又叫做音位）。英语、法语等所用的拉丁字母，俄语、保加利亚语所用的斯拉夫字母，都是音素文字。第二类是音节文字，一个字母代表一个音节，就是辅音和元音的结合体。日语的字母、阿拉伯的字母，都属于这一类。音素文字和音节文字都属于拼音文字，拼音文字的字母原则上是没有意义的，有意义的是偶然例外。第三类文字是语素文字，它的单位是字，不是字母，字是有意义的。汉字是这种文字的代表，也是唯一的代表。汉字以外的文字都只是形和音的结合，只有汉字是形、音、义的结合。”（《汉语文的特点和当前的语文问题》，《语文近著》，上海教育出版社 1987 年版）朱德熙、李荣等也持这种说法。

4. 裘锡圭先生在认为汉字为“意音文字”的同时，对“词文字”和“语素文字”进行了新的探讨，发表了富有建设性的意见。他在《汉字的性质》一文中指出：“在今天，一个汉字往往只是一个语素的符号，而不是一个词的符号。这是有些人不愿意把汉字叫做词文字，而要叫语素文字的原因。按照这种考虑，词——音节文字这个名称也可以改为语素——音节文字。”“音素、音节、语素，是语言结构系统里由低到高的不同层次。我们可以把语素文字解释为字符属于语素这个层次，也就是说，字符跟语素这个层次发生关系而跟音素、音节这两个层次没有关系的文字；语素——音节文字可以解释为既使用语素这个层次的字符，又使用表示音节的字符的文字。”在裘先生看来，汉字不应该简单地称为“语素文字”，而应该称为“语素——音节文字”。这种观点最终定为语素——音节文字和音节——语素文字，更加突出了汉字的特点——一个汉字是一个音节。

（五）“词文字”说

几十年以前，国外的某些语言学家就提出了“词文字”或“词——音节文字”的名称。30 年代，布龙菲尔德在《语言论》中把汉字符号的类型称为 word writing，袁家骅先生译为“词文字”。50 年代，美国学者又提出了“词——音节文字”说。

1984 年，王伯熙先生进一步阐明汉字为“拼符的表音文字”。王先生既不赞成表音说，也不赞成表意说，他说：“和表音文字并称的表意文字，是不妥当的说法。因为表音文字所记写的音节、音素，是脱离了意义的、独立的纯语音；而所谓表意文字所记录的并非脱离了语音的、独立的纯语义，所记写的永远是粘着语音的语义。”“汉字也不是什么表音节的表音文字。汉字字符所记录的不是单纯音节。古老的汉字，其符号体系和形体结构是很有趣、很有特色的。汉字有超方言性，若是表音文字，其超方言的性质就是不可想象的。”因此，他从汉字所记录的语言单位的角度来分析，得出了汉字是“拼符表音文字”的结论：“汉字所记录的语言单位主要是词和语素；记录语言的方式主要是记音标义，还有记义传音和记音传义；其符号形式，古汉字是象形符号及象形符号组合，现代汉字是方块符号组合。”“所以，古代汉字（小篆以前的汉字）是一种象形拼符表音文字；现代汉字（汉隶以后的汉字）是一种方块拼符表音文字，或者也可以说现代汉字是一种方块拼符语素文字。”

高明先生也认为汉字是“音节词字”，他在其《中国古文字通论》中说：“由于汉字中同音节的字数甚多，意义的区分就比较重要，这一特点在其他文字中是很少有的。汉字不仅每字各代表一个音节，还具有独立的词义。所以应该把它区别于一般的音节文字。而称之为‘音节词字’。”

以上关于汉字性质的讨论，其实是从两个不同的角度进行的。前三者着眼于汉字字符本身的特点，即汉字字形与字义、字音的联系；后二者着眼于汉字所记录的语言单位。

在前三种说法中，表意说影响很大，较为流行。它的依据是，汉字中的象形字、指事字、会意字以及形声字的形符表意而声符并不固定；表音说所依据的是最早的成系统的汉字——甲骨文中存在的大量的假借字；而意音说则着眼于形声字的大量存在。三者从各自的着眼点出发，称汉字为某种性质的文字，不免有以偏概全之嫌。不过，对于汉字发展的某个阶段来说，又各有其合理的地方。要想把有几千年发展历史的汉字归为某一简单的类型，几乎是不可能的。

后两种说法，“语素文字”既适合于现代汉字，也适合于古汉字，因为，尽管古汉字记录的基本上是古代汉语的单音节词，但词也可视为成词语素的。所以这种说法较适合汉字记录语言的特点。当然，无论“语素文字”还是“词文字”，都还是概率性的结论，因为有的汉字记录的只是一个音节，如单纯词中的各字：“垃圾”、“踌躇”、“巧克力”等中的“垃”、“圾”、“踌”、“躇”、“巧”、“克”、“力”。

文字是记录语言的符号，这是一切文字的共性。要确定某种具体文字的性质，就要看这种文字的基本单位记录的是什么样的语言单位。汉字的基本单位是字，字记录的是汉语的语素，所以汉字是语素文字。从内部结构说，汉字主要是由音符和意符组成的，或者说主要使用的是表意和表音的方法，所以可以叫作意音文字。

许多人认为汉字是表意文字，对这种说法要做具体分析。认为汉字是表意文字，如果指的是汉字可以直接表示概念，这是错误的；如果指的是汉字表示汉语的意义，这种说法并不准确；如果指的是汉字表示汉语的语素，就是正确的。不过这样使用表意文字的说法容易造成误解。

第三章 汉字的起源

第一节 汉字起源的传说

汉字是一种独立体系的文字，它是经历了相当长的原始文字阶段之后，才发展成为完整的文字体系的。汉字是何时起源的，怎样起源的，它的发展进程又是怎样的，这些都需要明确。但由于目前尚缺乏原始文字的材料，对这些问题还无法做出确切的答复。但是，我们可以从与汉字起源有关的书面文献记载中，从对历史有折射反映的神话传说中，从已经发掘出土的与汉字起源有关的考古资料中，窥见原始汉字发生的因由，以及由原始汉字向成熟汉字体系过渡的某些历史遗迹。

一、神赐说

神赐说是独立发展的文字共有的说法。两河流域的楔形文字、埃及的圣书字都有关于神赐的传说。有关汉字的传说中也保留着一些神赐的影子。《易·系辞上》："河出图，洛出书。"《论语·子罕》："子曰：'凤鸟不至，河不出图，吾已矣夫。'"可见古代出现过河出图、洛出书的传说。那么图与书究竟是什么？古人也没说清楚。《书·顾命传》："伏羲王天下，龙马出河，遂则其文，以画八卦，谓之河图。"据此推测所谓的河图不过是简单的符号。《河图玉版》："仓颉为帝，南巡狩，发阳虚之山，临于无扈洛洞之水，灵龟负书，丹甲青文，以授之。"由此看来，河图又好像是文字。不管怎样，神赐说是不能成立的，它只是一种对文字符号产生所做的虚幻不实的解释。

二、结绳说

结绳是原始民族普遍采用的一种记事方法。《周易·正义》引郑玄注："结绳为约。事大，大结其绳；事小，小结其绳。"这表明上古在没有文字的时代确实有过结绳记事的现象。宋代朱熹曾说："结绳，今溪洞诸蛮尤有此俗。"严如煌《苗疆风俗考》云："苗民不知文字，……性善记，惧有忘，则结于绳。"解放前云南哈尼族人、独龙族人、台湾高山族人也有用结绳记事的实例可考，表明中国从中古至近现代都还保留过结绳记事的遗俗。

关于结绳与汉字的关系，最早的记载是《易经·系辞下》："上古结绳而治，后世圣人易之以书契。百官以治，万民以察，盖取诸夫。"《说文解字·叙》："及神农氏结绳为治而统其事。"宋郑樵《通志·六书略》："汉字由绳形而来。"明确地把结绳记事的传说看作文字的起源是晚清的事。第一个提出来的是湘潭人王闿运，后来刘师培、朱宗莱都有这种看法。这种说法的出发点即是古汉字表数目的"十""廿""卅"等字取象于结绳。汉字是以象形符号为基础的文字，它的字形可以以物体的形象作为构字符号。用结绳作为记事符号，说明结绳记事对汉字的产生有一定的影响，但不能由此得出整个汉字体系都起源于结绳的结论。从史料和遗俗看，结绳只是用来帮助记忆，作契约凭证，传递信息，起记事符号的作用，它本身不能独立完整地记录事情，更无法表达语言中的读音。因此结绳只是原始记事的一种方法，根本不具备汉字的性质，也不可能演变成汉字，与汉字的起源无关。

三、契刻说

古人常"书契"连言。《易经·系辞下》："上古结绳而治，后世圣人易之以书契。"《说文解字·叙》："黄帝之史仓颉……初造书契。"二者把书契都看作是文字的起源。书契中的书即书写，《说文解字》："书，箸也。从聿者声。"契的初文为"丰"，"丰"象两卷之间所刻之齿，契即剖为两半，用作凭信的竹木。在文字发明以前，刻木为契曾是原始的记事方法，除可用作凭证外，还可帮助记忆，传递消息。这种原始的记事方法同文字有本质的不同，不能看作是文字的前身。因为它还没有和语言中固定的词联系起来，其内容只有双方才能明白，因此不是辅助语言进行交际的完善的工具。不过这种形式会可能是最早的文字书写形式，所以有促进文字产生的条件。

四、八卦说

认为汉字起源于八卦是较晚的一种说法。八卦出自《周易》，是古代筮占的符号，是由直线“—”“— —”组成的八种图形。

☰	☷	☳	☴	☵	☲	☶	☱
乾	坤	震	巽	坎	离	艮	兑

这八种图形是巫人根据算筹的不同摆法制作出的一套卦象符号，它们分别代表天、地、雷、风、水、火、山、泽八种自然现象。

《易经·系辞下》认为八卦是“通神明之德”、“类万物之情”的象征性符号，并谈到与文字的联系，许慎《说文解字·叙》论及文字的起源时谈到八卦，认为八卦是文字的前身，与《周易》说相差不大。宋代的郑樵在其《通志·六书略·论便从》中明确指出“文字起于八卦”，认为八卦符号的纵横变换，就是各种各样的文字，如水、火、川。近人刘师培也说：“大约《易经》六十四卦，为文字之祖矣。”

八卦的卦爻与数有关，但是八卦只不过是三个奇数或偶数的排列符号。认为文字起源于八卦的说法令人难以信服，这是因为：①为数众多的汉字不可能从几个八卦符号变化而来；②八卦之名始见于《周易》，最早不过是殷商时的东西，而殷商甲骨文已是相当完备的文字。八卦出现晚于文字，不可能是汉字的前身。

五、仓颉造字说

在有关汉字起源的各种传说中，影响最远的是仓颉造字说。“仓颉造字”的传说，盛传于战国末年。《荀子》、《吕氏春秋》、《韩非子》等都有记载。秦汉时期流传得更为广泛，李斯编写《仓颉篇》有“仓颉作书”，《淮南子·本经训》：“昔者仓颉作书而天雨粟鬼夜哭”把前人传说吸收后加以整理，正式写入早期汉字史的是许慎。他在《说文解字·叙》里说：“黄帝之史仓颉，见鸟兽蹄迒之迹，知分理之可相别异也，初造书契，百工以乂，万品以察，盖取诸‘夬’。”又说：“仓颉之初作书，盖依类象形，故谓之文；其后形声相益，故谓之字。”关于仓颉，有的著作将其神化，认为他是有四只眼睛的神人。历史上到底有没有仓颉其人，他是什么时代什么身份的人，历来说法不同。许慎认为他是黄帝的史官，也有人认为仓颉是“商契”的转音，商契即殷商的祖先虞舜之臣契，也有人认为仓颉是“创契”的转音，历史上本无其人。战国末年的学者，常常把文化演化的历史归于假想中的一个帝王，认为仓颉造书是很自然的事。但文字的创造绝非一人之力，对仓颉造字的传说，其实早在战国时期就有人提出异议。《荀子·解蔽》说：“好书者众矣，而仓颉独传者，壹也。好稼者众矣，而稷独传者，壹也。”尽管如此，上古结绳记事，仓颉制字代绳的传说还是在历代广为流传。为了尊崇这位创造如此精致、丰硕、传神的文字的文化先知，宋朝以前的学校暨京师文武百官，每年到了秋季，都要举行迎神赛会的活动，用祭祀的方式，纪念这位被称为“千古功之魁”的仓颉。传说往往是某些历史现实的折射反映，我们可以这样理解这个传说：文字初创时期，字数不足，异体很多，字形很乱，需要整理、统一和增补，做这种工作的，即是从专事降神的巫中分化出来的史官。仓颉可能参与了文字整理的工作。另外，我们可以从中得到如下启示：①在结绳记事无法适应“庶业其繁”的变化时，人们从“鸟兽蹄迒”之迹中得到了“依类象形”、“分理别异”的启示，而逐渐创造文字，这正是文字起源的某种轨迹。②由原始文字发展为完整的文字体系的过程中，起主要作用的是为部落首领或国家统治者服务的巫、史一类人。

第二节 原始陶符的启示

二十世纪三十年代以来，考古工作者在原始社会遗址出土的器物上先后发现了我国原始社会时期遗留下来的一些几何形刻绘和一些像具体事物的图形。这些符号都刻绘在陶器或陶片上，如仰韶文化、龙山文化、良渚文化、崧泽文化、大汶口文化的遗址中皆有发现。古文字学家对这些陶符给予了高度重视。这些考古材料的发现，使人们对汉字起源的认识有了较大的突破。

一、半坡类型陶符

半坡遗址在西安市东郊半坡村，是新石器时代的文化之一——仰韶文化的典型。距今六千年左右。

在半坡遗址出土的陶器符号有一百多例。如：

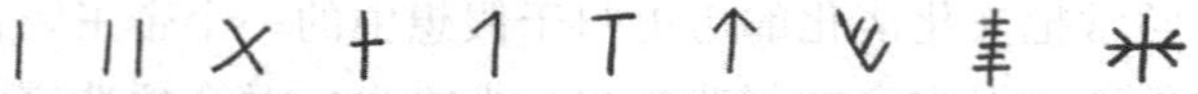

这些刻划符号时代比较早，资料比较丰富，为汉字起源提供了宝贵资料。但这些陶符是否是原始汉字，学者们有不同的看法。郭沫若先生认为半坡彩陶上的刻划“是具有文字性质的符号……可以肯定说就是中国文字的起源，或者说是中国原始文字的孑遗。”于省吾先生、唐兰先生也有同样的看法。如于先生不仅认为这些符号是原始汉字，还直接把它们与商周古文字相比附作考释，如释╳为五，丨为十，十为七，丅为示，↑为矛，ψ为艹，为阜。也有学者不认为这是汉字，认为它们只是对汉字产生起到一定影响的符号。汪宁生先生认为，这些符号是标明个人所有权或出于制作时的某些需要而随意刻划的，并无确定意义，仍属原始记事范畴，但一再使用固定其形，并结合一定的读音，就是真正的汉字。裘锡圭先生认为这些刻划符号不是汉字，除了少数符号是记数符号，为汉字吸收外，它们的形成与汉字没有直接的关系。高明先生认为这些刻划符号一直独立存在，从不和汉字共同使用，它们和汉字并不属于同类事物。我们可以这样认为，半坡类型符号属于刻划系统。虽然往往刻在一定的部位上，并有较强的规律性，但它们差不多都是单独出现的，关于这些符号是不是原始的文字，缺乏充分的证据。但不能否认它们对汉字的产生有过直接的影响。

二、大汶口文化符号

在属于大汶口文化的山东莒县陵阳河遗址出土的陶器上，发现了四个符号：

大汶口文化是原始社会晚期的文化，而陵阳河遗址属于大汶口文化的晚期，距今四千五百年左右。关于大汶口文化陶符的性质，学者们存在两种看法：一是认为它们是比较原始的文字，并对其进行了考释，认定即是后来的某某字。如于省吾、唐兰分别对某些符号进行了考释。另一种看法则认为这种符号不是汉字。如汪宁生认为它们仍属于图画记事的范畴，是代表个人或氏族的形象化的图形标记。真正的文字要从表音开始，是能够记录语言的符号，而陶器上的几个孤立的图形，还无法证明这一点。裘锡圭认为把这类符号看作是原始文字根据不足，把它们直接看作古文字的前身就更不妥当了，大汶口陶符有两种用途：一是用作性质接近后世的族氏或人名的标记，一是用作器主或其所属之族的职务或地位的标记。

大汶口陶符虽然不能被认定为原始文字，但它们毕竟是我国现已发现的最像古代象形文字的一种符号。而且这种符号已经具有了相当的稳定性。我们认为把它们看作是原始文字的先驱是合理的。这些图形符号，在汉字形成过程中所起的直接影响是相当大的。裘锡圭先生说："大汶口文化象形符号已经用作原始文字的可能性，应该是存在的。当然，这只有在发现了用这种符号记录成组成句的词实例之后才能证实。至于它们究竟是不是原始汉字，目前就更无从断定了。不过，如果说大汶口文化象形符号可能曾与原始汉字同时存在，相互影响，或者曾对原始汉字的产生起过一定的作用，距离事实不会太远。""由此推测，汉字形成过程开始的时间，大概不会晚于公元前第三千年中期。"

第三节　汉字起源于图画及体系形成的推测

一、汉字起源于图画

唐兰先生在《古文字学导论》中曾明确提出："文字的起源是图画。"现在"图画"已成为学术界普遍接受的一种文字起源的主要因素。

汉字起源于图画是合情合理的。史前绘画在旧石器时代已经产生，它的萌芽期或许还要更早一些。由绘画而孕育文字，世界上并非只有中国。目前我们所知道的世界上几种最古老的文字，图绘性都很强，表明它们与图画之间有一种渊源关系，它们都是由图画发展而来的。在古埃及早期国王之前（距今六千年前），埃及人就发明了象形文字，如"山"字画成夹峙河流的两座山峰，"水"字画成波浪形的三条横纹，和中国古文字"山"、"水"写法很相近，这些字自然是由图画演变而来的，几乎与此同时，两河流域的苏美尔也出现了象形文字。

很多学者对汉字形成的过程作了理论上的猜测。如张桂光认为，记事画“由于画面的组合未能与语言发生直接的联系，其表意的明确性和稳定性就不能不受到一定的限制，……记事画要突破上述局限，唯一的出路是向语言靠拢，成为语言的替身，而最有效的办法，是把整幅画拆散成个别的图形，使每个图形都能与语言中的每个语素相对应（即有一定的读音和意义），然后把这些代表语素的个别图形，按照具体语言中组词造句的顺序作线性排列起来，……图画发展到这一步，就已经为语言所吸收，便成为语言的一种形式，从代表事物形象的图画飞跃到代表语言的文字了。”（《汉字学简论》，广东高等教育出版社 2004 年版）刘志成认为，“原始的记事方法，已不能适应人们交际的需要。人们迫切需要一种能表达语言而把客观事物和思想准确详尽地记录下来的工具。于是，先民们凭着长期使用各种记事方法所积累的经验，借鉴原有的标记方法，收集各种记事符号和图像，加以吸收、整改，并创造出更多新的符号和图像，来代表语言成分，形成了一系列有音有义的形体符号，作为记录语言符号的文字就产生了。”（《汉字学》，天地出版社 2001 年版）

从图画到汉字是一个质变的过程，那么先民是怎样把图画和汉语联系起来，并让符号与词挂上钩的呢？裘锡圭认为“用形象符号表示族名，很可能是原始表意字产生的一个重要途径”，用形象符号表示的族名主要是我们所说的“图腾”。“图腾”一词来自北美奥杰拜人，意为“我的血亲”、“种族”。从这个词义可以看出图腾崇拜的中心内涵：将自然界中动物、植物或其他自然物、自然现象引为自己的血缘亲族，深信其崇拜对象或者是本族的祖先，或与本族祖先有过血缘交流的某种存在，是本族成员生育和生命的根源所在。由于图腾与崇拜者有着这样的联系，所以图腾既是崇拜对象，又可以作为该族及其个人的名称、徽号或标志，同时也是本族的保护神。人们在村落前立图腾柱，在房屋、生活用具上绘制图腾，甚至纹身以为标志，都是为了表现图腾神灵经常和本族在一起保佑大家的意思。

图腾崇拜在原始社会是相当普遍的。可以想象原始氏族把野兽作为族名，并画出野兽的图像，在熟悉这些氏族的人们中间，指图呼名，这些图形就以族名为契机，与汉语中代表某一事物的词牢固地联系起来，形定音定而义有所指，约定俗成就成了汉字。原始社会中氏族很多，这就可能有上百个不同的图腾标记陆续转变为汉字。在商代文字里写法特别古老的族名金文大量存在，把它们与一般的甲骨文、金文相对照，也不难看出在构形上的一脉相传。这说明图画通过族名演变为汉字的推测是有历史依据的。

有的学者认为文字的形成与巫术、原始宗教以及国家的形成有关。“在原始社会时期，由于人们对大自然的畏惧和崇拜，巫术产生了。一部分生活经验比较丰富，能预知和解释事物现象的人成为巫师。在巫师的法术活动中，经常用图形符号来象征神灵和一些事物，这些图形符号有单个的，更多的是成幅成组的。……巫术图画或符号是记事性质的，但还不是文字。当巫师把他们做法事的经验或念诵的经文用图形或符号记录下来的时候，就成了文字。”（孔祥卿等编著《汉字学通论》，北京大学出版社 2006 年版）“原始部落阶段，人类的活动以部族为组织，人们交往的范围较小，天天在一起，有语言作交际工具基本上就能满足交流的需要，尚没有对文字的迫切需要。到部落联盟甚至早期的酋邦阶段，人们的社会活动不再是部族联系，更多的是地域联系。这时的语言分歧是存在的，但还不足以影响交际。国家的形成包括了更广泛的地域，众多的民族，此时，距离较远的不同民族间语言的差异已经不能正常交际。要对这地域广泛、民族众多的国家实施统治，需要有超越时空的统一的交际工具，这就是文字。世界上几大古老的文字都出现在国家形成之后。”（同上）

二、汉字体系形成的推测

（一）汉字产生的年代

汉字产生于什么年代，众说纷纭。总括起来，大致有以下几种意见：郭沫若认为：“中国文字到了甲骨文时代，毫无疑问是经过了至少两千年的发展的。”唐兰认为：“历史是文字很发展以后产生的。中国的上古史，目前虽然没有完整的记载遗留下来，但是我们如果说距今四千年前已是有史时期，并不是过分的。卜辞里所记先公先王，一部分是在夏时，《古本竹书记年》、《世本》、《史记》对夏商两代的世系、年数和史事，都有过详细的记载，春秋时铜器铭辞记载禹的功绩，孔子称尧、舜、禹，许多虞夏的文化，在春秋以后还保存着，这些都可以证明夏代已经是有史时期。同样，我们可以说夏代，文字一定已很发展。”（《中国文字学》，上海古籍出版社，1979 年版）。裘锡圭认为：“汉字形成过程开始的时间可能在公元前第三千年的中期。”（《中国古代文化史》上卷，北京大学出版社，1989 年版）

（二）体系形成的时代

由图画到文字是一个飞跃，这个飞跃并不是一朝一夕能够完成的；而飞跃实现之后，文字本身还得经历一个由产生到成熟、由成熟到完善的不断发展的过程。从理论上说，文字从开始产生到形成体系，大致要经过以下几个阶段：

第一阶段是个别符号的创造。个别文字符号的创造是以表达某一具体事物为主的，如我们前面介绍的原始社会的图腾标记。在文字符号创造的初期，符号往往因人而异，带有很大的主观性和随意性。由于尚未得到社会的公认，通用的范围很窄，还没有完全具备交际功能。

第二阶段是约定俗成的原始文字。个别创造的符号在经过比较大的范围内的传播和流通之后有所选择和淘汰，最后留下一个比较固定的形体去记录语言中的词并得到社会公认。

第三阶段是经过统一整理的成体系的文字。原始文字只记录部分词语，还不能有效地记录语言中的句子，从而完整表达比较复杂的思想内容。为了适应日益迫切的交际需求，还要有一些表达具体概念之外，能够串通句子，即能记录多种语言成分的符号，才能在表达语言中应付自如。这样，一套成体系的书写符号才告正式形成。

迄今所能见到的真正成体系的汉字最早的是商代的甲骨文，甲骨文已经是成体系、比较成熟的文字了。那么汉字体系是什么时候形成的呢？对于汉字形成的时代，主要有以下几点，1. 孟维志（1980）认为形成于夏代；2. 裘锡圭（1978）认为形成于夏商之际；3. 徐中舒等（1983）认为形成于商代后期；孙钧锡（1988）认为形成于夏代的中后期。

关于汉字产生的年代及汉字体系形成的年代，我们可作如下的总结：由图画传递信息到产生图画汉字，再由图画汉字和族徽的表意成分转变为约定符号以至记词符号，这就是汉字起源的过程。迄今为止，我们看到的最古材料是半坡刻画符号、大汶口图形符号和丁公龙山符号，我们可以暂时把这一时期定为汉字起源的上限。至于汉字起源的下限，我们可以从小屯村殷墟甲骨文往上推，当图画汉字与族名徽号演变为记词字符，汉字由零散的、个别的字符逐渐积累，达到一定数量后，再通过人为的规范，成为一种文字体系。甲骨文已是能够完整记录汉语的文字体系，这个体系形成的开端应当在夏商之际。正如裘锡圭先生（1988）所说："原始汉字的出现大概不会晚于公元前第三千年中期。到公元前第三千年末期，随着夏王朝的建立，我国正式进入阶级社会。统治阶级为了有效地进行统治，必然迫切需要比较完善的文字，因此原始文字改进的速度一定会大大加快。夏王朝有完善的世系流传下来这件事，就是原始文字有了巨大改进的反映。汉字大概就是在这样的基础上，在夏商之际（约在前十七世纪前后）形成完整的文字体系的。"

第四章 汉字的结构

第一节 关于汉字结构的理论

一、传统的"六书"说

(一)"六书"名称的由来

用"六书"分析汉字的构造，大量的是从汉古文经学家开始的。而"六书"的名称则在战国末年就已经出现了。"六书"一名，最早见于《周礼》。《周礼·地官·保氏》："保氏掌谏王恶，而养国子以道。乃教之以六艺：一曰五礼，二曰六乐，三曰五射，四曰五御，五曰六书，六曰九数。"可见"六书"是"六艺"之一，但文中没有具体说明"六书"的性质和内容。一般认为"六书"是分析汉字结构的六种方法，有人认为相当于现在小学的"语文"，但究竟是哪六书，没有定论。直到西汉末年，刘歆的《七略》才讲到"六书"的细目，后来被班固录于《汉书·艺文志》中："古者八岁入小学，故周官保氏掌养国子，教之六书，谓象形、象事、象意、象声、转注、假借，造字之本也。"其次，郑玄《周礼·地官·保氏》注中引郑众《周礼·解诂》："六书，象形、会意、转注、处事、假借、谐声也。"名称和次序与刘歆不同。再后，许慎《说文解字·叙》又对"六书"作了比较详细的解释，他所定的"六书"名称和次序是：指事、象形、形声、会意、转注、假借。又跟以上两家有所不同。由此我们可以看到，最早把"六书"解释为六种造字方法，并进行分析的是东汉的学者。根据唐兰先生的考证，三家之说同出一源，皆本于西汉古文经创始大家刘歆。因为班固的《汉书·艺文志》是根据刘歆的《七略》删节而成的，所列六书名目、次序也应本于刘歆所述，而郑众、许慎的学术师承又与刘歆有渊源，郑众之父郑兴是刘歆的弟子，许慎之师贾逵的父亲贾徽也是刘歆的弟子。刘歆是我国西汉末年著名的文献目录学家，其说也必有所本。其实用“六书”分析汉字并非起自刘歆，汉代说字之风已很盛行，上至通人，如司马相如、董仲舒等，下至“俗儒鄙夫”，都喜欢分析汉字。《说文》还引用了孔子、楚庄王、韩非子以及《左传》、《谷梁传》、《国语》等书对字形的说解，可见春秋战国已有说字之风。汉平帝元始五年（公元5年），召爰礼等百余人令说文字于未央宫，刘歆记述所闻，写进《七略》。所以洪诚先生说：“近人把象形、象事等名的发明权归于刘歆一人，这未免太夸大刘歆在文化事业上的个人作用。”又说：“东汉人所说的‘六书’之名，乃是西汉中叶整理文字产生的效果，不是刘歆所造。”

东汉三家之说本于刘歆，大同小异，但次第和详略有所不同。许慎在《说文解字·叙》中不仅提到了“六书”的名称，还对“六书”一一作了阐释和举例，而郑众和班固都没有对“六书”的具体内容加以阐释，这说明许慎在文字结构理论上的贡献是有开创意义的。后世学者在阐述“六书”的理论时，多依朱宗莱的主张，从许慎的名称而遵班固的次序，即：象形、指事、会意、形声、转注、假借。

（二）传统“六书”说的内容

许慎在《说文解字·叙》是这样阐述“六书”的：“一曰指事，指事者，视而可识，察而可见，上下是也；二曰象形，象形者，画成其物，随体诘诎，日月是也；三曰形声，形声者，以事为名，取譬相成，江河是也；四曰会意，会意者，比类合谊，以见指撝，武信是也；五曰转注，转注者，建类一首，同意相受，考老是也；六曰假借，假借者，本无其字，依声托事，令长是也。”依据这一阐述，许慎对9353个汉字进行了形义分析，完成了中国第一部文字学巨著——《说文解字》，从而使人们对于千差万别的汉字形体结构有了规律性的认识，创立了传统的“六书”说这一经典理论。“六书”的理论贡献是巨大的，它是前人长期对汉字的造字规律进行不断探索的重要结果，基本上符合汉字的实际情况。一千八百多年来，我国传统文字学研究一直是围绕着“六书”进行的，“六书”成为人们研究汉字的纲领，至今仍为文字学研究和教学所采用。但是，“六书”也存在一定的局限性。由于“六书”理论建立在对当时小篆的理解之上，它既不能很好地说明甲骨文、金文等古文字的造字结构，更无法来分析隶书、楷书等今文字的造字结构，加上当时时代和科学水平的局限，"六书"不是完全成熟和没有缺陷的。唐兰先生在《古文字学导论》中比较客观地指出了"六书"说的弊端："第一是不精密，我们不能用它来分析一切文字，第二是不清晰，我们很难知道它们确切的定义。""六书"的缺陷大致有两点：一是，"六书"中的象形、指事、会意、形声与转注、假借的性质不同，对于孤立的汉字来说，任何一个字的结构都应属于前四书，它们是造字的方法，而转注、假借不属于造字法，它涉及到的是字与字的关系。再者，"六书"并不能包括所有的汉字的形体结构，如于省吾先生曾先后发现了两类"六书"以外的古汉字（独体形声字、附画因声指事字），就不是"六书"概括得了的。有一些后起的简化字更是"六书"概括不了，解释不了的。自汉末以来，历代文字学家都非常重视对"六书"理论的补充和修正，有些学者试图对传统的"六书"说作出新的解释，其中，较有代表性的是"四体二用"说、"三书"说等。

二、"四体二用"说

明末杨慎在《六书索引》中说："六书，象形居其一，象事居其二，象意居其三，象声居其四。假借者，借此四者也；转注者，注此四者也。四象以为经，转注、假借以为纬。"把"六书"区分为四经二纬两部分。清代著名的语言学家戴震本于此，首倡"四体二用"说。戴震是著名的小学家，对六书有专门的研究，著有《六书论》（已佚）。他在《答江慎修先生论小学书》中说："大致造字之始，无所凭依，宇宙间事与形两大端而已。指其事之实曰指事，一、二、上、下是也；象其形之大体曰象形，日、月、水、火是也。文字既立，则声寄于字，而字有可调之声；意寄于字，而字有可通之意，是又文字之两大端也。因而博衍之，取乎声谐，曰谐声；声不谐而会合其意，曰会意。四者，书之体止于此矣，由是之于用，数字共一用者，如初、哉、首、基之皆为始，卬、吾、台、予之皆为我，其义转相为注，曰转注。一字具数用者，依于义以引申，依于声而旁寄，假此以施于彼，曰假借，所以用文字者，斯其两大端也。六者之次第出于自然，立法归于易简。"这一学说提出后，很快被一些文字学家所接受和采用。《说文》研究四大家中的段玉裁、朱骏声、王筠均采用了戴说。段玉裁《说文解字注》："戴先生曰：'指事、象形、形声、会意四者，字之体也；转注、假借二者，字之用也。'圣人复起，不易斯言矣。"对戴说推崇备至。"四体二用"说的提出对后世影响很大。至今，我们看到教学体系中涉及"六书"的问题，都是把"六书"一分为二，前四书是讲造字法，后二书是讲用字法，依据正是源于"四体二用"说。

"四体二用"说将具备自身结构特点的象形、指事、会意、形声四书，同不具备自身特点的转注、假借加以区分，认为前者是造字法有其合理性，但把后者简单地归结为用字法，则未免失之偏颇。转注、假借并不是单纯的用字法，它们与汉字的产生、分化有密切的关系。假借是借字表音，虽然它本身不产生新字，但它能促使新字产生。例如"其"是"箕"的本字，借为代词和助词后，为了区别词义，又给本义令造"箕"字。而且假借字是借用别的同音词去记录新词，也相当于为新词造了一个字。正因为如此，后来陈梦家和裘锡圭先生的三书说都收入了假借字（或表音字、音符字）。关于转注，一直说法不一，有人认为转注就是引申，有人认为是用同一部首去记录的同义词等等，不管如何，戴震说转注是"数字共一用"，不够严谨明确。"四体二用"说在传统语言学中对破除望文生训的陋习，引导人们因声求义，通过字去把握词，具有一定的积极意义。但就文字结构理论而言，"四体二用"说并无新的建树。

三、唐兰等人的"三书"说

（一）唐兰的"三书"说

从二十世纪三十年代开始，利用出土的甲骨文、金文资料对个体文字作更深入的分析和研究，纠正了《说文解字》的某些错误和不足之处，学者们有机会认识更多的早期文字结构形态，这就为汉字结构理论研究的突破准备了条件。唐兰先生正是基于新出土的古文字材料的归纳整理，首先对传统的"六书"说进行了批判，提出了汉字结构的新理论。他在一九三五年出版的《古文字学导论》中，首次提出了"三书"说，把汉字结构分为象形、象意、形声三类。在一九四九年出版的《中国文字学》进一步对传统“六书”说进行了批判，并对“三书”说作了深入的阐发和详细的说明。“三书”中的形声即“六书”的形声字，象形和象意与旧说有所不同。唐氏取消了指事，将其归入象形，象意多数是会意字，但又把一部分象形归入会意字。在《中国文字学》中他是这样论述的：“象形文字画出了一个物体，或一些惯用的记号（注意：这里所说的记号，跟一般所说的记号不同），叫人一见就能认识这是什么。画出一只虎的形象，就是‘虎’字，象的形状，就是‘象’字，一画二画，就是‘一二’，方形圆形就是‘口○’。凡是形象文字：一、一定是独体字，二、一定是名字，三、一定在本名以外，不含别的意义。例如古‘人’字像侧面的人形，一望而知它所代表的就是语言里的‘人’，所以是象形字。古‘大’字虽则象正面的人形，但是语言里的‘大’，和人形无关……这个字已包含了人形以外的意义，那就只是象意字……象意文字是图画文字的主要部分。……不过象意文字不能一见就明了，而是要人去想的。……象形、象意、形声，叫做三书，足以范围一切中国文字，不归于形，必归于意，不归于意，必归于声。形意声是文字的三方面，我们用三书来分类，就不容许再有混淆不清的地方。”

唐兰不固守传统，敢于突破“六书”经典，对后来汉字结构理论的研究有着重要的开拓和促进意义。但也有很多不足的地方，也未能很好地解决实际问题。后世的学者对“三书”说作过一些批评。如陈梦家在《殷墟卜辞综述》(1956) 中第一个批评了“三书”说的不完善。裘锡圭(1988) 继陈梦家之后，对唐兰的“三书”说进行了较为深入地批评。认为“三书”说存在以下四个方面的问题：①把三书跟文字的形意声三方面相比附；②没有给非图画文字类型的表意字留下位置；③象形象意的划分意义不大；④把假借排除在汉字基本类型之外。裘锡圭认为，唐兰的“三书”说，虽然对文字学的发展起了促进作用，却没有多少价值。

（二）陈梦家等人的“三书”说

陈梦家、裘锡圭先生在对唐兰先生的“三书”进行批评之后，也分别提出了自己的“三书”说。

陈梦家在《殷墟卜辞综述》的“文字”章里，描绘了甲骨文字的发展过程，并且附带谈到了整个汉字发展的问题，把汉字分为象形、假借、形声三种基本类型。陈氏认为假借字必须列为汉字的基本类型之一，唐兰的象形、象意应合并为象形。其所谓象形实际上包含许慎所说的象形、指事、会意和无声符的转注字，其所谓形声实际上包含许慎所说的形声和有声符的转注字。陈氏说："象形、假借、形声并不是三种预设的造字法则，只是文字发展的三个过程。汉字从象形开始，在发展与应用的过程中变作了声符，是为假借字；再往前发展而有象形与假借之增加形符与音符的过程，是为形声字。形声字是汉字发展的必然结果。"

裘锡圭先生在《文字学概要》中认为陈氏的"三书"说基本上是合理的，但应把象形改为表意，假借不应限制在本无其字的假借的范围里，应该把通假也包括进去。提出"三书说把汉字分为表意字、假借字和形声字三类。表意字使用意符，也可以称为意符字。假借字使用音符，也可以称为表音字或音符字。形声字同时使用意符和音符，也可以称为半表意半表音字。这样分类，眉目清楚，合乎逻辑，比六书说要好得多。"并举例阐述了他的理论体系。裘锡圭先生对汉字结构的研究全面深入，例证丰富，分析精要，材料可靠。可以说裘氏"三书"理论体系的建立，表明汉字结构理论的研究跨入了一个新阶段。

刘又辛先生（1957）也提出了与陈梦家"三书"说类似的看法，把汉字发展的历史划分为三个阶段：第一阶段是形意字阶段，这个阶段的文字以六书中的象形、指事、会意字为主，时间的下限当为甲骨文以前；第二个阶段叫做假借字阶段，这个阶段的文字以假借字为主，时间从商代甲骨文开始到秦朝统一；第三个阶段叫做形声字阶段，从秦汉到现在，汉字以形声字为主体成为定型。

陈梦家、裘锡圭诸家对"三书"说的批评改造，使"三书"说更趋合理和完善。但是汉字有一些不能纳入六书的文字，同样也有一些不能纳入新三书的文字。现在讲汉字的结构的人大多数仍沿用六书说。

第二节 六书释例

传统的“六书”说是基于小篆的字形结构，但对小篆以前的古汉字也是适用的。虽然六书条例还不够完善，许慎对它们下的定义也不够准确，界说也不很清楚，但对于绝大多数汉字的构造，它是可以说明的。现行汉字是楷书简体字，从字形上我们一般已经无法用“六书”推测它所表示的意义了，但是分析古汉字的形体结构，从而说明古人的造字意图，使用“六书”的造字条例，还是比较方便的。所以，近两千年来，“六书”说在汉字研究中一直占有统治地位，绝不是偶然的。有些字难以归类或不便说解，那是因为“六书”条例还不够周密和完善；或者字形讹变，不能得其本义；或者资料不足，无法确定本义。但我们研究古文字、古汉语还必须掌握传统的“六书”条例，对它进行更科学的分析和解说。

一、象形

许慎《说文解字·叙》说：“象形者，画成其物，随体诘诎，日月是也。”意思是说，象形字就是字形画成字义所表示事物的形状，随着物体的弯曲的线条而曲折字的笔画。“日”、“月”就是这种字。

“日”字篆文像太阳形，中间一短横是填空隙的饰画，无实义；“月”字篆文象弦月形，中间一画，也是饰画。如考察商周文字，二字象形程度更高。然而许慎未见过商周文字，仅据篆文来作分析。

从许慎的定义可知象形就是描摹词所概括的客观事物的具体形象来表示词义的一种方法，它所记录的对象一般都是有形可像的指物名词，包括的范围很广，如自然现象、地理环境、植物动物、人体器官等，一般只用比较简单的线条，勾勒出物象的特征部分，不必纤毫毕肖。

依据汉字的构形方式，象形字可以分为两类：

（一）独体象形。这类字又叫纯体象形，是最古的初文。其特点是：所表现的是不同角度实物的形体，特征鲜明，区别性强，浑然一体，不可分割。因而不需要其他初文掺杂其中来烘托陪衬。如果把它们强行分割，则均为不成字的部件。如：

山　像山峰。

木　像树木，上有枝下有根。

目　像人的眼睛。

行　像十字路口。

虎　像虎的身形。

（二）增文象形。又叫合体象形。这类字的特点是所表示的常是分体或局部，形体特征不鲜明，区别性差，如果单画一个形象，不能显示其为何物，必须加上与它有关的初文烘托陪衬，才能确定其义。例如：

果  像树上长有果实。单独看，莫名其妙，但增一树形于下，则果实之像了然。这类字近于会意字，但与会意字有所区别，因为所表形象，不成字。更不是指事字，所表形象只是轮廓画，而非指事符号。

州 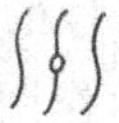 洲字初文，本义指水中的陆地，字形把水的两岸一并画出。

眉  其字上像眉毛，下面“目”像眼睛，“目”是用来衬托眉毛的。

合体象形用来陪衬烘托的初文，一般都是成字的，如上“木”、“目”。

以上两种类型，出于段玉裁“有独体之象形，有合体之象形”（《说文解字注》），但有学者认为，凡是一物，体积无论大小，或独立，或附与它物之上，都是一个完整的个体，构成的象形字都是独体字，故对象形字作“独体象形”和“合体象形”的分类，实无必要（刘志成《汉字学》）。

象形是一种最简单的造字法，很难用于表示意义抽象或没有具体形象的概念，所以象形字在汉字的字数中所占比例很小，但它是汉字构形的基础，指事字、会意字和形声字的构形都离不开象形字，所以，象形字在汉字的构成方面起了重要的作用。

二、指事

《说文解字·叙》："指事者，视而可识，察而见意，上下是也。"意思是说，指事字刚一看见就可以知其形之所指，仔细观察就能发现它的意义，"上"字和"下"字就是这种字。但这只是是从认字的过程来说的，如果从造字的方法看，则指事就是用指事性的符号来表现词所概括的无法模拟的客观事物或抽象概念的造字法。象形字可以按实物形象构成文字，但对有些抽象的概念的表达则不能完全象形了，有些字要用指事性的抽象符号来表达。许慎以"上""下"两字为例，说明什么是指事字以及指事字的具体形式。这两个字是无形可像的方位概念，古文"（上）"和"（下）"与甲骨文、金文相近，都是由一长横（或一长弧）和一短横组成，长横起标界作用，相当于横坐标轴，短横则表明空间的位置。指事字和象形字的区别在于：（1）符号的性质不同，象形字用的是模拟物象的图形符号，指事用的是起指示作用的假定的记号；（2）表现的对象不同。象形的对象是可以模拟的物象，指事的对象是无法模拟的物象或概念。

关于指事字的分类，前人说法不一。王筠在《说文释例》中分指事字为正例和变例两类，他认为凡独体之象有形之物者为象形，非象有形之物者皆为指事之正例。正例又叫"独体指事"，其《文字蒙求》称之为"纯体指事"。所谓指事"变例"，指用两个符号组成的合体字，其中一个符号成字，另一个符号不成字，不能归于会意字之内，皆为指事变例。又把指事字分为八项，诸如"会意定指事"、"省体指事"、"借象形以指事"等等，细目繁多。朱东莱《文字学形义篇》分指事为纯体指事、合体指事和变体指事三类。高亨《文字形义学概论》则分加体指事、减体指事、反体指事和变体指事四类。他否认有纯体指事存在，认为"许氏所举上、下两字非指事也，乃独体象形也。"又说："指事者皆以一固有之字为基础而造成者。"我们按照一般的说法把指事字分为三类：纯体指事、合体指事、其他。

（一）纯体指事。即由纯粹的指事性符号构成。如"上、下"、"一、二、三、四"、"乄"等，用简单的线画表示抽象的意念，而不是用浑然一体的图形模拟具体的物象，这是纯体指事和独体象形的区别。它们都是不可切分的独体初文。

（二）合体指事。即在象形字基础上添加简单点画的指事性符号，绝大多数的指事字都属于这类指事字。如：

刃《说文解字》四下：“刀坚也。象刀有刃之形。”

卒《说文解字》八上：“隶人给事者衣为卒。卒，衣有题识者。”

寸《说文解字》三下：“十分也。人手却一寸动脉，谓之寸口。从又一。”

本《说文解字》六上：“木下曰本。从木，一在其下。”

末《说文解字》六上：“木上曰末。从木，一在其上。”

甘《说文解字》五上：“美也。从口含一。一，道也。”

合体指事和合体象形都是在一个独体象形字的基础上添加上不成字的符号，要注意区别这个不成字的符号的性质和作用。合体象形所加的是象形符号，并且作为这个字的主体符号用来表物之形，而那个有关的成字符号则是客体，只是作为背景起陪衬作用。合体指事所加的是指事符号，这个指事符号，对形不可像之物指出事物的要点或其特定的部位，如“刃、寸、本、本”等；对无形可像之意则标明其特定的意义，如“甘”等。对形不可像之物而又无法确定其部位，或者单是指明部位仍不足以表意的，仍然起着标明其特定意义的作用，如“卒”。

（三）其他

有的学者在前面两类指事字之后，又增加一些其他类型的指事字，我们这里作一简要的介绍。

1. 减体指事。在象形字的基础上，减去某些部件以揭示字义之所指。小篆的如“孑”“孓”都是以“子”缺右臂和左臂，来提示“单也”

“短也”之意。“片”以“木”字缺去左半来提示劈木成片之意。“中”为“艸”的一半，表示草木初生。

这一类裘锡圭先生称之为“变体字”。

2. 变向指事。在象形字的基础上，改变一下方向位置从而揭示字义。如甲骨文的“屰（）”以正立的人形（大）倒置，来提示“不顺”之意。“左（）”，以改变“又（，右手象形）”的方向示意。

这一类裘锡圭先生归为“象物字式的象事字”。（着重于表意的特点：代表的词不是“物”的名称，而是“事”的名称。）

1、2 两类字的形和义都依附于独体象形字的初文，通过对初文的联想来对这类字加以识别和理解。所以有学者把它们看成是象形字的一种，称之为“变体象形”。

3. 因声附画。于省吾先生说：“指事字的构成，有的连一个独体偏旁也不具备，而由极简单的点画所构成，这是原始的指事字，有的仅有一个独立的偏旁，而附加并非正式偏旁的极简单的点画以发挥其作用，这是后起的指事字。本文所论证的是古文字中附画因声指事字的一例。……这一类指事字的特征，是在某个独体字上附加一种极简单的点画作为标志，赋予它以新的含义，但仍用原来的独体字的音符，而其音读又略有转变。这当然是陆续后起的指事字。”（《甲骨文释林·释古文字中附画因声指事字的一例》）这类字有丕、吏、千、事、左、右、史等。

指事字“视而可识”的特征使之混同于象形，段玉裁认为，有事则有形，固指事皆得曰象形。《说文解字》对这两类字的说解词例也基本相同，如“从某”，“象某形”等。但从根本上来看，象形所描写的对象，是具体的东西，用客观的态度和写实的方法，重点地描写物形的外部轮廓。指事所描写的对象，是抽象的东西，用客观兼主观的态度和象征的方法，重点描写事态的内在性。基于以上的认识，我们可以把象形和指事区别开来。另外，指事字和象形字的共同特点是一般都不能再拆开为两个独立的部分，文字学家常把它们合作一类，叫“独体字”，而把会意字、形声字合作一类叫“合体字”。合体字的特点是由两个或两个以上的独体字构成的。

三、会意

《说文解字·叙》：“会意者，比类合谊，以见指撝，武信是也。”意思是说，会意字是把两个或两个以上的表意符号结合起来以表示一个新的意义，“武”、“信”就是这样的字。比，并也；类，字类也；合谊，即会意。会意字一般是由两个以上的表意符号组成的复合体，这种复合体表示一种新义，但又不是几种表意符号的简单拼合，复合体如果没有表示新义，就不是会意字。另外需要注意的是，会意字的组件必须成文，否则只能是象形字或指事字。其组件中不能含声，否则只能是形声字，但音读偶合字除外。《说文解字》举的两个例字是“武”和“信”。《说文解字》二下：“武，楚庄王曰：夫武，定功戢兵，故止戈为武。”此说本自《左传·宣公十二年》：“夫武，禁暴、戢兵、保大、定功、安民、和众、丰财者也。”这是春秋时代对“武”的理解，不是造字时代的意义。“武”字甲骨文从戈从止，“戈”是兵器，“止”是足形，为荷戈行走，以表征伐，此义正是武的本义。《说文解字》二上：“信，诚也。从人从言。”《谷梁传·僖公二十二年》：“人之所以为人者，言也。……言之所以为言者，信也。言而不信。何以为言？”这就是“人言为信”的由来。虽然事实上言而未必都有信，但是，“言必信”确实反映了造字时代的道德观念。

常见的会意字有三类：纯体会意、部位会意和兼声会意。

（一）纯体会意。这类字不管组件或同或否，均系文意相会。此类会意多比意会意，比意会意也可以看作是会意字的一种形式，虽然也是由两个或两个以上的象形符号组成，但它不是依靠两种或两种以上的图形的组合来表示字义，而是用两种或两种或以上的符号的意义来构成字义。如：

祭　表示用肉祭祀鬼神。从肉从又从示，示像古代的一种神主或牌位。

医　一种装箭的匣子。从匚从矢。

初　做衣以剪裁为始，从衣从刀。

男 从田从力。以会男性的社会特征。

斩 本义为以斧斤斫木修车。今义仅有砍伐义。

珏《说文解字》："二玉相合为一珏。"

（二）部位会意。这类会意字的特点是不管其组件或同或否，以其所居部位会意。这类字多比形会意，即以象形为基础，以图形的组合来反映某些词义的具体物征，使人看到物的形体，就可以联想到语言中的某些词。所以，这类字略寓象形之义，但绝非象形。这类会意字在会意字中占大多数。如：

班 以刀剖玉，结果玉为两半。

出 从屮（其实是"止"的初文）从凵，古人穴居，"凵"象坎穴之形。整个字形以止离坎穴表示外出。

企 《说文解字》："企，举踵也。"企望本来就是踮起脚望的意思。字形在人形下加趾形以示义。

伐 从人从戈，表示用戈砍人头。甲骨文中"戈"的刃尖处从人的脖颈处穿过。《说文解字》说"伐"字"从人持戈"，不确。

北 "背"的初文，字形象两人相背，表示脊背。由于北方是背阴的一面，由本义引申为方位词"北"。

从 字形为两人相从，表示一个人跟着另一个人。

（三）兼声会意。会意字中有一部分字符除了表意外兼表音，这类会意字可以称为兼声会意。如：

琥 古代用来发兵的玉制的信符，上面刻有虎文。《说文解字·玉部》："发兵瑞玉，为虎文。从玉从虎，虎亦声。"

珑 古代天旱求雨所用的玉，上刻有龙纹。《说文解字·玉部》："祷旱玉，龙文。从玉从龙，龙亦声。"

城 城池。《说文解字·土部》："以盛民也。从土从成，成亦声"

酣 《说文解字·酉部》："酒乐也。从酉从甘，甘亦声。"

有学者把这类字处理成形声字，认为其声符具有示源功能。由于字所记录的本源词分化为派生词，字形被假借，一些汉字出现了一字多义现象，为表义明确，就在其上增加形符造出分化字来记录其某一义项，这是早期形声字的主要来源。在这类形声字中，声符是由本源字直接转

化成的，自然具有表义示源作用。（王凤阳《汉字学》）

我们认为形声字的确有一部分声符具有表义示源功能，是后期的加旁形声字。这个问题在后面的“形声”一部分会谈到。但上面这类会意字的构成部分是自然相会表示一个意义，不需展转求通，所以不是形声字；而且未见其表音成分在该字意义上单用之例，所以也不是所谓的加旁形声字（即后起字）。

这三类会意字，以前两种为主。一些学者从另外的角度把前两种会意字分为同体会意字和异体会意字。同体即由两个或两个以上的相同的表意符号组成，异体即由两个或两个以上的不同的表意符号组成。这种分类方法虽然不能概括绝大多数的会意字，但也基本上包容了会意字。

会意字的特征是会合二字以合成新义，这就注定它必然会带来表达的缺陷。因为会意字表意是造字者的主观见解所规定的，是从一个概念的许多特征中选择某一种作为对象，基本上是片面的，缺少全面性。事物的发展是无穷的，方块字的位置有限，要想把一个复杂的意义表示在一个方块字里，而表示得恰切又没有遗漏，几乎是不可能的。比如“莫”，从日在茻中，会日暮之意，为什么不能理解为草原升起太阳，会朝晨之意呢？又如“休”，人依木，会息止之意，为什么不能理解为劳作砍木之类的意思呢？“窜”字，鼠在穴中，会隐匿意；“突”，犬在穴中，会奔突意，造字之意相同，概念却恰好相反。因此理解会意字也不是随便可以望文生义的。

指事字和会意字的区别：就形式方面说，指事字是独体的，或独体加指事性的符号，而会意字是合体的，会合两字以组成新意。就本质方面说，指事字的重点在描摹事物的形象，会意字的重点有沟通会合之字在意义上的联系，其出发点是思维和概念，是理性认识的深入。

会意字、象形字和指事字，是汉字中完全不带表音成分的一类字，属于纯粹的表意汉字，它们在汉字中占的比例不大。据学者统计，在篆文中也不过占了六分之一左右。用象形、指事、会意的方法造字，不可能满足记录语言的需要，形声造字法的产生，就打破了这个局限，语言中凡无形可像、无事可指、无意可会的词，都可以用形声的办法造出新字来记录。

四、形声

《说文解字·叙》："形声者，以事为名，取譬相成，江河是也。""事"指事类，"为名"即作意符，"譬"这里指读音相近的声符。"相成"即组合成字。整句话的意思是用表示事类的构件作形符，再取一个读音近似的声符（即读音与新字相同或相近的字）配合而成。例字是"江"和"河"。江河皆水名，故以水作形符。上古"江"读如"工"，二者同为东部见母；"河"音似"可"，二者同属歌部牙喉类（河，匣母；可，溪母），故取以配水。形声是一个非常能产的造字方法，形声字也是一个出现频率较高的字体结构。

（一）形声字的产生

由独体的文到合体的字，由象形、指事、会意等纯粹表意字到带表音成分的形声字，这是汉字发展的规律。形声字是在四种造字方法中最后出现的。正如朱宗莱先生所说："盖象形者，象物之本体，形无可象则必属诸事，事不可指则属诸意，至于意不足谕，则造字之法穷矣。形声者，不徒取义，兼譬其声，所以济三者之穷也。"（朱东莱《文字学形义篇·六书释例》）

那么形声字是怎样产生的呢？

于省吾先生认为："形声字的起源是从某些独体象形字已发展到具有部分表音独体象形字，然后才逐渐分化为形符和声符相配合的形声字。"他把具有部分表音的独体象形字看作形声字的萌芽，是介乎象形和形声之间的所谓"独体形声字"，并列举了一些例字。（《甲骨文释林》，中华书局，1979 年版）

裘锡圭先生认为："最早的形声字不是直接用意符和音符组成，而是通过在假借字上加注意符或在表意字上加注音符而产生的。就是在形声字大量出现之后，直接用意符和音符组成形声字，如清末以来为了翻译西洋自然科学，特别是化学上的某些专门名词，而造'锌'、'镭'、'铀'等形声字的情况，仍然是不多见的。大部分形声字是从已有的表意字和形声字分化出来的（这里所说的表意字和形声字，包括用作假借字的以及已经变作记号字、半记号字的那些字），或是由表意字改造而成的。"（《文字学概要》，商务印书馆，1988 年版）

我们把形声字产生的类型分为五种。

1. 加形字。指某一个字原来用于某词，后来加上意符（形符）仍用于该词，或分表该词一个义项的字。有以下几种：

（1）明确本义。如：

它/蛇　止/趾　州/洲　北/背　采/採　益/溢　孚/俘　禽/擒

这类字很多，需要加注意符以明确本义的字，多数有比较通行的引申义或假借义。后起字出现之后，初文就逐渐不再用来表示本意了，而只用表示引申义或假借义了，后起字实际上起了分化字的作用。在后起字中“初文”不表示意义，只是一个声旁，所以这类字是形声字无疑。

（2）明确引申义。如：

取/娶　景/影　右/佑　鱼/渔　解/懈

这样产生的字一般都是形声兼会意字，如“娶”字，《说文解字》：“娶，取妇也。从女从取，取亦声。”既可分析为从“女”“取”声，也可以分析为从“取、女”会意。

（3）明确假借义。如：

师/狮　止/祉　舍/捨　隹/唯　巳/祀

这是在假借字上加注意符来专门表示假借义。另外还有“徜徉”、“蜈蚣”、“鸽鹏”等字，也都是在假借字上加注意符而成的形声字。

一般人认为加注意符形成的形声字的产生是为了解决假借形成的混乱局面，但有的学者认为在甲骨文中（1）、（2）类多于（3）类，这表明形声字来源于本字本用的象形字、会意字，而非需要加形的假借字。如“宿”，在甲骨文中有两种形体：“”和“”，这两种形体每个组成部分都是表义的。甲骨文字型没有定型，部件常常可有可无，没有某个表义符号，文字不缺少什么，有了某个表义符号，原字就变成声符（加声则变成意符），这种现象多了，人们便悟出字符可以分表义和表音两种不相干的部分，于是在假借字上加形，造成单纯的形声字。（李海霞：《古汉语研究》2000年第1期）

2. 加声字。指原用于某词的表意字，后来加上声符仍用于该词或分表该词一义的字，这类字很少，如“鷄”，简化字作“鸡”，“鷄”的初文是像物字，后来加注了音符“奚”，再后来像鸡的形符又被换成了“鸟”旁，就成了一般的形声字。“凤”的初文，象高冠美羽的凤鸟，后来加注音符“凡”，鸟形简化成“鸟”，“凡”字又移到上方，就成了“凤”的繁体“鳳”了。“裘”、“齿”等都属于这类字。

3. 讹变改造字。这是由于形体讹变或经有意改造而形成的形声字。即一些表意字把字形的一部分改换成声符而成的形声字，这是形声字形成过程中的一个变例。分“改换”和“讹变”两种。如：

（1）改换：把字形的一部分换成完全不同的声旁。

→圃　　　圉→圄

（2）讹变：把字形的一部分换成跟这一部分形体相近的声旁。

年　甲骨文从人从禾，会谷物成熟之意，金文的“年”为“”“人”变为“千”成为声符。

何，甲骨文写作“”，是负荷的“荷”的本字（“荷”的本义是荷叶，表示负荷的“荷”是其假借义），其表义初文像人肩荷一物，后来荷物之人简化为一般的“人”，象所荷之物的形符改成形近的“可”，成为声符。

4. 改换形声字的偏旁。在汉字里，改换某个形声字的偏旁，分化出一个新的形声字来专门表示它的某种意义的现象也很多。如：

振→赈　赴→讣　张→胀　帐→账

绵→棉　莩→殍　潦→涝

5. 新造形声字。这一类都是后起的形声字。如“绿、媚、狼、氨、钠”等。

（二）形声字的结构

1. 形声字的结构形式

形声字的结构形式指形符和声符的位置，有八种形式：

左形右声　　麒　诂　堵　浩

右形左声　　期　胡　都　鹄

上形下声　　箕　苦　蒿　窖

下形上声　基　辜　煮　靠

外形内声　衢　固　裹　闺

内形外声　闷　辫　哀　衡

形居一角　荆　匙　颖　修

声居一角　旗　徒　病　聽

2. 省声和省形

造字或用字的人，为求字形的整齐匀称和书写方便，把一些形声字的声旁或形旁省去了一部分，称为省声和省形。

(1) 省声。大体可分为三类：

① 把字形繁复或占面积太大的声旁省去一部分，如：

潸　《说文解字》为“从水，（散）省声”。

珊、姗　《说文解字》为“从玉删省声”，“从女，删省声”。

② 省去声旁的一部分，空出的位置就用来安置形旁。如：

夜　《说文解字》：“，……从夕亦省声。”这种写法的“夜”已见于西周金文，历史悠久。楷书的“夜”已经根本看不出“亦”声的痕迹了。

畿　《说文解字》：“畿，……从田幾省声。”

③ 声旁和形旁合用部分笔画或一个偏旁。

黎　《说文解字》为“从黍，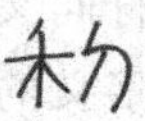（古文“利”）省声”。其实，“黎”字左上角的“禾”既可看作是“黍”的上部，也可看作是“利”的左旁，即这个字也可以分析成“从黍省，利声。”

羆（罴）　《说文解字》为“从熊，罷省声”。其实，“羆”字中间的“能”既可以看作是“熊”的上部，也可以看作是“罷”的下部，所以这个字也可以分析成“从熊省，罷声”。

这种类型的省声，王筠在他的《说文释例》中称为“两借字”。

省声字在《说文解字》中比较多，但是，《说文解字》中的许多省声字是靠不住的，段玉裁就说过：“许书言省声多有可疑者，取一偏旁，不载全字，指为某字之省，若家之为豭省，哭之为狱省，皆不可信。”

（《说文解字注》，二上）段玉裁、朱骏声都认为“哭”的本义是犬哀嗥声，“凡从犬字多移以言人”（《说文通训定声·孚部》）。甲骨文、金文的“家”有繁简两体，简字从“豕”，繁字则在“豕”的腹部加一阳性生殖器的符号，表示公猪“豭”，但“豭”是后起字，怎么能从豭省声呢？王筠则进一步指出，有些省声字是“传写者不知古音而私改者也，亦有非后人私改者，则古义失传，许君从为之辞也。”（《说文释例》卷三）

（2）省形。省去形旁的一部分。如：

釜　《说文解字》“从金，父声”，本义是一种锅，今形符被部分省略，省作“釜”。

亭　《说文解字》“从高省，丁声”，本义为设在路旁有楼的公房。

（三）形声字的形符。

形声字的形符又称形旁，其作用是表示字的意义范畴。形符相同的字在意义上都有一定的联系，如言旁的字都同人的言语有关，心旁的字都同人的心理活动有关，页（xié）旁的字都与人的头面有关，广（yǎn）旁的字都同房屋有关，厂（hǎn）旁的字都同岩崖有关。大部分形声字的形符表示的只是一个意义类别，只给人一个笼统的概念，仅凭形符还无法了解其具体含义。如从水的江、河、湖、泊皆水域之名，洗、涤、沐、浴皆表示清洗，但具体含义并不能从形符中得到。

有少数的形声字跟形符同义。如船、爸、爹等。

虽然形声字的形符跟字义的关系大都泛而不切，但有时也能帮助我们确定字的本义，弄清字义发展变化的过程。例如“理”字从“玉”，本义应该是玉的纹理。按照玉的纹理来剖析它、整治它，也称为“理”，所以《说文解字》训理为“治玉”。由玉的纹理引申出一般的纹理以及条理、道理等意义，由治玉引申出治理、整理等意义。这里要注意形声字形符所表示的意义只限于字的本义，而不一定是它的常用义。例如，我们现在通常把“荤”与“素”对举，指鱼肉蛋之类的荤菜，可是“荤”从艹军声，形符同它的常用义正好相反，因为“荤”的本义是“臭菜”，即有浓厚气味的蔬菜，如葱、蒜、韭之类的菜。古人在斋戒期间所谓“不饮酒，不茹荤”，就是禁止吃这类蔬菜，但并不排斥吃肉，相反，据《周礼·天官·膳夫》“王日一举，……王斋，日三举。”即说周天子平时每天杀牲一次，而在斋戒期间每天要杀牲三次，吃新鲜肉，以取其洁净。后来佛教徒和道教徒也实行斋戒，他们所谓的“吃斋”或“吃素”，则是指禁止吃鱼肉蛋之类的荤菜。“荤”字的意义也起了变化，常用的引申义通行，本义就废止了。所以由于词义引申和文字假借等原因，有不少形声字的形符已经丧失了表意作用，变成记号。如“特”的本义是公牛，故以“牛”为形符，“寺”为声符，由于这个字的本义早已不用，形符“牛”已经没有表示义类的作用。声符不表音，形符不表义，这个字现在看来已经不是形声字，而是一个记号字了。

形声字的形符反映字的本义，往往受到古人思想观念的限制，而且同古代的物质生产条件有关。如，“心”本来是身体内推动血液循环的器官，可是古人却把它作为思维的器官。《孟子·告子上》有“心之官则思”。所以凡是表示心理活动的字都以心为形符。古人还把心误解为呼吸的器官，以为气是从心里呼出来的。《说文解字》十下：“息，喘也。从心从自，自亦声。”实际上气是从肺里呼出来的，而不是来自心里。再如“镜”字从金，因为古代用青铜镜，而我们现在的镜子是用玻璃制成的，还有“枕”字，其形符表明古代的枕头是用木头制成的，而现在做枕头的材料多种多样，但绝对没有木头。另外有些表示恶德的字从女，如“奸、婪、妄”等，反映古代统治阶级对女性的歧视，是十分不合理的。

有许多形声字的形符在表义上有相通之处。例如，“足、止、彳、辶”等都与“走”有关，所以可以互相替代，形成异体字。如“遍”又作“徧”，“迹”又作“跡”。“言、口、欠”也相通，互相替代也可形成一些异体字。如，“咏”又作“詠”，“欣”又作“訢”。当然相通并不是可以任意替换的，如“逃”与“跳”，“喟”与“谓”都是不同的字。

(四) 形声字的声符

1. 声符跟字音的关系

从理论上讲，形声字的声符应该尽可能准确地表示形声字的读音，但是由于种种原因，大多数的形声字都跟声旁不同音，而且彼此的差异有时还很大。换一种说法就是，同一声符的字往往有各种不同的读音。

例如，从“者”声的形声字就有十多种读音：赭、锗、堵、煮、箸、奢、暑、楮、都、睹、屠、绪等。有些形声字的声符已经变得没有一点表音的作用，只能看成是一个记号了。如，“耻”，本是从心耳声的字，后来“耳”“耻”二字的读音变得毫无共同之处，在“耻”字中，“耳”只是个仅有区别作用的记号。

有人曾据《新华字典》里可以分析出偏旁的7504个字（绝大多数是形声字）进行统计，结果读音跟声符完全相同的形声字只有355个，占4.7%；声母、韵母同而声调不同的只有753字，占10%，二者相加也仅占15%弱（转引自叶楚强《现代通用汉字读音的分析统计》，《中国语文》1963年第三期）。估计与其声符的声母、韵母相同（不计声调）的形声字在总的形声字里所占的比重不会超过五分之一。

大多数的形声字的读音与声符之所以会存在差异，而且差异还很大，是有其历史原因的。这主要是语音演变的结果。可以猜测，在造字时代形声字的声符应该起到注音的作用，否则这种造字方法就没有理据。我们可以根据古音学的结论把《说文解字》所收的形声字分为三类：

（1）形声字和声符在上古读音相同。这里所谓的相同是指声母和韵母相同，声调不计。这就是所谓的母子同音。前人称此声符为声母，由它得声之字为声子。如：

台《说文解字》二上：“说也，从口厶声。”即怡悦之“怡”的初文。与之切。

诒《说文解字》三上：“相欺诒也。一曰遗。从言台声。”与之切。

怡《说文解字》十下：“和也。从心台声。”与之切。

以上三字上古音均为喻母之部平声。

（2）形声字和声符在上古韵部相同或相近。这是指母子叠韵，同部异纽之字。如：

易《说文解字》九下：“蜥易，蝘蜓，守宫也。象形。”羊易切。上古喻母锡部入声。

锡《说文解字》十三下：“银铅之间也。从金，易声。”先击切。上古心母锡部入声。

赐《说文解字》六下："予也。从贝易声。"斯义切。上古为心母锡部入声，中古为心母寘韵，去声。

以上三字上古同属锡部。锡赐二字上古同音，同属心母，齿音。而易字上古则属喻母，舌音。

形声字中这类情况比较普遍，所以段玉裁通过自己的研究提出"谐声者必同部也。"（《说文解字注·六书音韵表一》），认为同一个声符的形声字在上古韵部相同，人们根据这一发现，研究《说文解字》的形声系统，所获上古音韵部区分的理论，与归纳诗骚韵例的结果基本一致，而且有互补之处。

（3）形声字和声符在上古声母相同或相近。声母相同是指那些母子双声，同纽部的字。如：

肃《说文解字》三下："持事振敬也。从聿在𣶒战战兢兢也。"息逐切。上古心母觉部入声。

萧《说文解字》一下："艾蒿也。从艹肃声。"苏彫切，上古心母幽部平声。

啸《说文解字》三上："吹声也。从口肃声。"苏弔切，上古心母幽部去声。

以上三字上古同属心母，但"肃"为觉部，"萧"和"啸"为幽部。

这种类型中常见的是形声字和声符的声母相近，即发音部位相同或相近。

从以上三点，我们可以知道大多数的形声字的声符在造字时代是有标音作用的，按照古今字音的对应规律，我们可以了解这些形声字的声符和从其得声之字的语音关系。但是，裘锡圭先生（1988）在谈到形声字和其声符读音差异的时候，认为除了语音演变的原因外，"在造形声字的时候，就存在用不完全同音的字充当声旁的情况。"他分析主要有两种原因：

A. 声旁不宜用生僻的或字形繁复的字充当。在选择声旁时，为了照顾这方面的条件，有时就不得不在语音条件上放松一点。现代人为形声结构的简化字所选择的声旁，并不一定和这个字完全同音。例如，

“审”跟“申”声调不同、“灿”跟“山”声母、声调都不相同。……古人造形声字的时候，当然也会有类似的情况。

B. 形声结构的分化字，有不少在产生的时候就跟声旁不完全同音。古汉语的词往往通过语音上的细微变化，派生出新词来。这种语音跟母词略有区别的派生词，在文字学上可以称为变音的引申义。加注意符形成表示引申义的分化字，是形声字产生的途径之一。在这种分化字里，有很多字是表示它们所从分化的母字的变音引申义的。这些字跟由它们母字充当的声旁，必然不会完全同音。例如“懈”跟“解”就是这样。“懈”指心理上的松懈，是“解”的变音引申义。“懈”是在“解”字上加注“心”旁而成的分化字。它跟声旁“解”的读音有去声跟上声的不同，当然，后来声母也发生变化。

由于一个字原来的读音跟它用作假借时的读音不一定完全相同，在假借字上加注意符而成的形声结构的分化字，也有可能跟声旁不同音。例如，古代借耆老之“耆”来表示“嗜”（《孟子·告子上》：“曰：耆秦人之炙，无以异于耆吾炙。”）“耆”跟“嗜”不同音，因此在“耆”上加注“口”旁形成的形声字“嗜”也跟声旁不同音。

2. 声符跟字义的关系

（1）声符表义

有些形声字的声符兼有表义的作用，这是指在某个字上加注形符分化出一些字来表示这个字的引申义的字，这些字一般都是形声兼会意字，就是说，在这些字中原来的母字有注音的作用，同时也表示与分化字有关的意义。也就是说，这些母字不但示音，也示义。例如：

娶《说文解字》：“取妇也，从女从取，取亦声。”

婢《说文解字》：“女之卑者也，从女卑，卑亦声。”

谊《说文解字》：“人所宜也，从言宜，宜亦声也。”

婚《说文解字》：“妇家也，礼娶妇以昏时，……从女昏，昏亦声。”

有些字《说文解字》虽没有言明“亦声”，但从字形上可以看出其为会意兼形声。如：

茁《说文解字》一下：“草初生地貌，从艹出。”段注：“言会意以包形声也。”

栅《说文解字》："编竖木也，从木册声。"

但是，这类字的数量不多。据朱骏声《说义六书爻列》统计，形声兼会意只有 337 个字，占形声字的 4%，当然，朱氏的统计也会有遗漏，但这种情况不会太多。

有人认为"形声字的声符代表的是词的语音，它和词义并没有必然的联系。……'义兼声'的说法是靠不住的。"（梁东汉《汉字的结构及其流变》，上海教育出版社 1959 版）认为《说文》里形声兼会意的字都是"以意为之"、"站不住脚的"（同上），从根本上否认这种特殊的形声字的存在。另一种意见与此相反，认为所有形声字的声符都有表义的作用。唐兰先生说："形声字的声符所代表的是语言，每一个语言不论是拟声的、述意的、抒情的，在当时总是有意义的，所以每一个形声字的声符，在原则上，总有它的意义，不过有些语言，因年代久远，意义已茫昧，所以，有些形声字的声符也不好解释了。"（《中国文字学》，上海古籍出版社，2001 年版）傅东华先生也持这种观点，他认为形声字的声符并不是标音的，而是表义的，每个形声字的声符都有意义，"不过那些形声字的声旁有些用本义，有的用引申义，又有的只用借义。"（《汉字》，上海教育出版社，1960 年版）

无论如何，一些形声字中声符有义的情况确实是存在的，这种有义的声符对词义研究，特别是对语源研究很有用途。当然，如果把无义的声符错认为是有义，就会误入歧途，给词义研究工作添加不必要的麻烦。所以我们对待这个问题的态度应该审慎。

（2）"右文说"

一些同出一源的亲属词（即同源词）的形声字，都用同一个声符，这类声符是研究这组形声字的意义，特别是词源的重要线索。由于声符多数位于字体的右边，故研究这种文字现象的学说称为"右文说"。

"右文说"萌芽于晋代，杨泉《物理论》中就有"在金曰坚，在草木曰紧，在人曰贤"的说法（见《艺文类聚·人部》），"坚"、"紧"、"贤"三字都从"臤"声。

宋代人正式提出了"右文说"。宋仁宗以后，由于社会的变革，促进了学术风气的转变，怀疑经传，荡弃家法，摒弃汉唐故训，另创新义，成为一时的风尚。空衍“性命”的理学取代了注重文字训诂的传统经学。在这种学风的影响下，出现了王安石的《字说》、王圣美的“右文说”等文字学研究的新突破。王氏认为，字的不同发音和笔画的不同形状，都含有“义”，都本于“自然”，而不是人为的规定。因此《字说》对文字形体的分析一反汉字结构约定俗成的社会性和历史的传承性，一概以会意说字，尽穿凿附会之能事。其对文字字形的说解，完全是主观随意的。宋人邵博《闻见后录》有这样的记载：“王荆公晚说字，客曰：‘霸字何以从西？’荆公以西在方域主杀伐，累言数百不休。或：‘霸字从雨不从西也。’荆化随辄曰：‘时雨之耳。’其学务凿无定论类此。”王氏说经是为了解经，最终目的是为其政治主张服务的，在文字学史上，《字说》虽没有太大的价值，却很有影响。“右文说”为王子韶所倡。王子韶，字圣美，北宋熙宁人。曾得王安石引荐，官至礼部员外郎。王圣美善于对文字的解说，曾“入对神宗，与论字学，留为资善堂修订《说文》官。”（《宋史·王子韶传》）又“王安石以字书行于天下，而子韶作《字解》二十卷，大抵与王安石之书相违背，故其《字解》藏家而不传。”（《宣和书谱》卷六）“右文说”是王圣美研究字学的一大发现。其主张就是“凡字，其类在左，其义在右”。即形声字的形符只表示类属意义，而声符则表示字义。沈括《梦溪笔谈》卷十四：“王圣美治字学，演其义以为右文。古之书皆从左文。凡字，其类在左，其义在右。如木之类，其左皆从木。所谓‘右文’者，如‘戋’，小也，水之小者曰‘浅’，金之小者曰‘钱’，歹而小者曰‘残’，贝之小者曰‘贱’。如此之类，皆以‘戋’为义也。”由此可见王圣美的“右文说”与王安石的《字说》大相径庭。尽管他们都突破了《说文》分析文字的模式，但是王安石说字从根本上废弃了形声字，而“右文说”讲声符有义，则是从形声字的声符入手，综合不同形声字的共同声符，概括一个具有较大的包容性的意义。当然，王圣美的“右文说”可能受到王安石的《字说》的影响和启发。

“右文说”对语言文字的声义关系有所发现，在汉语文字史上占有重要地位。从文字学的角度看，“右文说”指出声符含义的现象，揭示了汉字孳乳过程中同源形声字的源流关系。但是，必须指出的是，声符含义只是形声字的一部分，不能以偏概全。“右文说”认为凡字其义均在声符，失之绝对。从汉字孳乳的历史看，声符所含的“义”，只是形声孳乳遗留下的痕迹。对于形声字的声符而言，它的功能只是记录语音，从而体现文字记录语言的符号功能，不需要也不可能同时兼顾表达概念的任务。一般的形声字在选用声旁时，主要考虑它的读音，而不考虑它的意义，一般没有表义作用。不少异体字都是表示音近声旁的变换，就是其声旁只表音不表义的很好说明。有人解释“蚂蚁”的“蚁”之所以从“义”，是因为蚂蚁有君臣之义，但“蚁”字还有一个从“岂”的异体，怎么解释？这种强作解释的做法就类似王安石解说文字了。“右文说”主要适用于那些以声符为核心增加形符孳乳来的形声字。需要注意的是，用“右文说”来研究词义，要持谨慎的态度。千万不要因为某些字是同一个声旁，就轻率地用同一种模式来解释这些字的意义。例如，上文所举的几个以“戋”为声符的字，它们的意义就分两个系统，一个与残损一类意义有关，一个与浅小一类意义有关。“戋”在甲骨文里写作“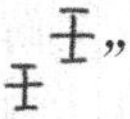”，象两戈相向，为“残”的初文，所以“残”的本义应是残害，“歹而小者曰残”的说法是毫无根据的。“钱”本是上古一种重要的生产工具的名称，后世的铲就是由钱变来的。这种工具显然是由于主要用于铲（古文从戋从刀）土而得名的，所以“钱”、“铲”、“残”是同源词，它们都跟“残损”的意思有关。在正式货币出现之前，钱这种工具大概在交易中起到等价物的作用，所以早期的金属铸币往往模仿它的形状，这是金属铸币称“钱”的原因。所以“金之小者曰钱”的说法也不可信。只有“浅”和“贱”的字义，才可以解释为小。当然浅小之意和残损之意可能是有联系的，二者有可能是同源的，但只能是先有残损后有浅小，浅小是残损的结果，所以宋人对“残”和“钱”的解释是不对的。（参见裘锡圭 1988）

从声符入手探讨形声字的声义关系，很自然发展为形声字字源的研究。清代学者研究形声谱系，不能不说受到“右文说”的某些影响。“右文说”对训诂学贡献尤其重大，清代以来，经著名学者黄生、段玉裁、王念孙、黄承吉、阮元、黄侃、刘师培、沈兼士、章炳麟、杨树达等人的发扬推阐，“右文说”在训诂学中得到充分运用和发展。由“以声为义”到“声近义通”、“因声求义”，再到语源学的探求，“右文说”逐渐发展成为训诂学的重要条例，从而推动了清代训诂学的革命，并为汉语科学语源学的建立开创了重要的门径。

应该注意的，清人的声近义通，并不限于同一声符。另外，同源词主要是语言中的音义问题，同文字的形体没有必然的联系。但形声字的声符既然是标示读音的，那自然就和同源词发生了联系，音近或音同的同源词就有可能用同样的声符来表示。反过来说，声符相同的形声字，其中一些就有可能是从同一语源中分化出来的。

由“右文说”衍生的音近义通、因声求义理论，在具体的实施中可以用来分析同源字、通假字、声训等语言现象。

五、转注

《说文解字·叙》：“转注者，建类一首，同意相受，考老是也。”许慎对转注的定义过于简略、不明确，其中的“类”和“首”可以从不同角度去理解，另外，除“考”和“老”二字外，《说文解字》在解释九千多字中没有用文字特别指出哪些是转注字，因此从古到今对转注的不同解释非常多，转注成了六书中争论最多的一个问题。唐代以后，对转注这个定义的解释不下数十种，迄今仍未取得一个一致的看法。把各种看法归纳起来，可分三类：

（一）形转说

此类说法以南唐徐锴和清代江声为代表。他们认为，“建类”就是把同义类的字归在一起。“一首”就是同一偏旁部首。“同意相受”就是同义类、同部首的字可以互相训释。江声更是由此推论，认为《说文解字》一书中，“凡某之属皆从某”，即“同意相受”也。这显然是错误的，因为《说文解字》同一部首的字，大多数意义都不相同。这一派看法中的合理部分为后来的一些文字学家所接受，如近代刘师培就以“同部互训”为转注，高亨先生则进一步阐述其说，认为“转注其条件有二：一，其形同旁；二，其义互训。”（《文字形义学概论》）

（二）义转说

此类说法又称为“互训说”，以戴震、段玉裁为代表。戴震在其《答江慎修先生论小学书》中说：“震谓‘考’、‘老’二字皆谐声，会意者，字之体，引之言转注者，字之用。转注之云，古人以其语言，立为名类，通以今人语言，尤曰‘互训’云尔。转相为注，互相为训，古今语也。”戴氏的“互训说”得到其弟子段玉裁的赞同，段玉裁在《说文解字注》十五卷上说：“转注犹言互训也，注者，灌也。数字展转互相为训，如诸水相为灌注，交输互受也。转注者，所以用指事、象形、形声、会意四种文字，数字同义，则用此字可，用彼字亦可。”按照这种说法，则凡是可以互训的字都是转注字，不限于《说文》里同部的字。这种主张只能解释“同意相受”，不能解释“建类一首”。

（三）声转说

此类说法以章太炎先生为代表。他认为“以文字代语言，各循其声，方语有殊，名义一也。其音或双声相转，叠韵相迤，则为更制一字，此所谓转注也。”其结论是：“转注者，经以同训，纬以声音，而不纬以部居。”（《章氏丛书·国故论衡》）章氏所说的转注字实际上就是同源字，所以他强调字的音、义联系，只要音、义有联系就是转注字。他认为“建类一首”的“类”是声类，即音同，或声同或韵同；“首”是指同源派生词的语根；“同意相受”指同一语根派生出来的一组同源词的意义联系。

除此以外，朱东莱先生还主张“转注以形通、音近、义同为准”（《文字学形义篇·六书释例》），梁东汉认为转注指同一部首，声音相近，可以互训。（《汉字的结构及其流变》）这些说法是上面介绍的三派说法的综合。

朱骏声在《说文通训定声》中认为：“转注者，体不改造，引意相受，令长是也。”把转注说成是词义引申。他不但修改了转注的定义，而且更换了转注的例字。按照朱氏的说法，当古人从某一本义引申出另一意义，不另造一个新字，就是转注。朱不迷信古人，敢于独树一帜，这种精神是值得肯定的。

我们认为，要讲清楚转注，还要紧扣许慎对转注下的定义和所举例字。按照许慎的定义，所谓转注字是指那些同一部首而意义又能互相授受的字。有的字虽然是同一部首，意义不通，也不是转注字。

六、假借

《说文解字·叙》："假借者，本无其字，依声托事，令长是也。"意思是说，语言中有某个词，却没有相应的字来表示，就借与此词同音的他字之形来表示这个词，令、长就是这种字。

本来这个定义是很清楚的，但因举"令""长"二字作为例字，引起后世的许多不同看法。按《说文解字》的解说，"令"字的本义是"发号也"，"长"字的本义是"久远也"。而汉承秦制，有万户人口之县的行政长官称"令"，不到万户人口之县的行政长官称"长"。许慎把表示县级行政长官的"令"字和"长"字作为假借的例字，这表明许慎所谓的假借字是指的字形不表示本义（即造字时表示的意义）的字，当一个字表示它的本义之外的某种意义时，它就被假借了。从许慎的定义和例字，可以看出假借字的特点：字形结构不能表示出其字义。

（一）关于许书"假借"定义的分歧

1. 认为"令""长"为词义引申

在谈到"转注"时，我们提到朱骏声认为"转注"就是引申，并举了"令""长"两个例字。关于"假借"，朱骏声说："假借者，本无其意，依声托字，朋来是也。"（《说文通训定声》）这样，朱氏不仅改变了许书关于假借的用例，而且还改变了假借的定义。所谓"本无其意，依声托字"是指本有其字的假借，而许书的"本无其字，依声托事"的假借，是造字之初的假借。高亨在他的《文字形义学概论》中进一步阐发："故发号之令转为官名之令，年长之长转为爵位之长，皆一义之引申。非假借也。故朱骏声易令长为朋来，甚可从也。"

2. 认为"令""长"就是假借

梁东汉在他的《汉字的结构及其流变》中指出："假借完全是从声音相同或相近这一点出发的，假借字和被借字之间可以毫无意义上的联系。也就是说，被借字是当作一个纯粹表音符号来使用的。例如，令，本义不清楚，《说文》云：'发号也'，这是假借义，不是本义。又假借'县令'的'令'，'令长'的'令'。现在只用假借义。长，本来是象形字，像长头发，后来因为声音相同假借为‘长短’的‘长’，‘县长’的‘长’，现在只用假借义。”

梁东汉先生对“假借”的论述是非常精辟的，但是他认为“令”“长”就是假借字的说法却不可从。前面说过，“令”字的本义是“发号也”，这个字在甲骨文中就已出现，从发号施令引申为长官的令，也就是县令的令；“长”字的本义的确是长头发，从头发之长可以引申为一般的长，从短到长，又可以引申为成长的长，年长的长，长官的长，县长的长。所以我们同意朱骏声的观点，把“令”“长”看作是引申。

3. 认为许书的假借就是引申

章太炎先生在他的《国故论衡》中说：“故有意相引申，音相切合者，义虽少变，则不为更制一字，此所谓假借也。”陆宗达《说文解字通论》说：“词义发展了，不另造新词新字，而是给旧词旧字增加上新义。这在训诂学上叫做‘引申义’，以造字法言之，则谓之‘假借’。”许书的假借与用字有关，它只求音通，而引申是词义的问题，我们不能把二者混为一谈。

关于许书中“假借”与“转注”两个条例的定义和例字，前人多有分歧，莫衷一是，是可以理解的。因为，假借与转注确实不能与前四书相提并论，而且许慎本人也没有把它们说明白，说透彻。后代的学者之所以各执一词，瞎子摸象似的进行各种猜测是因为他们崇拜许慎，迷信权威，只是在许慎划定的圈子里来解释，结果越解释越不清楚。在这种情况下，戴震越出“六书”造字之法的局限，大胆地提出了“四体二用”说，把假借归于用字之法，开辟了解决问题的途径。其实许慎在《说文》把字形分析、造字之法与‘假借’和‘转注’相联系，是时代的局限。六书的前四者，属造字之法，是对字形结构的研究，而后二者虽然不能单纯地视为用字之法，但毫无疑问它与记录语言是密切相关的。字形结构的研究属于造字法的范畴，记录语言属于写字法的范畴，二者也是相关的，但绝不是等同的。许慎的矛盾所在，就是把不能混同的两者混同起来。这种混同，在当时有其必然性，是许慎学以致用、学用结合观念的表现和统一。首先，许慎生活的汉代是一个单音节词仍占优势，字与词在单位上多数一致的时代，当时没有分清语言学和文字学的要求。另外，许慎是一个文献学家，他是通过字的研究去解读传统经典，语言或者口语并不是他的研究对象。作为文字学家，许慎也不是为了文字而研究文字的，他首先是一个经学家，其次才是一个文字学家。他研究文字的最终目的是为了解经。他本人也说他的文字研究是以解经为旨归的，只是因为文字是“经艺之本”才去研究说解文字的。作为一个文字学家，许慎有严谨的科学态度。在《说文解字》这本由形解义的著作里，他严格按照造字法去说解文字，并从文字结构里发现了象形、指事、会意、形声四书。但作为经师，他对文字的说解是为解经服务的，他在利用文字研究的成果去解说经书时，遇到了“字义”各种灵活运用的情况，这是光凭对文字结构进行静态分析的文字学所不能解释的。因为文章里的文字和词发生了联系，由此进入了语言学的领域。而“转注”“假借”正是文字作为记录语言的符号，在词义系统的体现。许慎发现了这两种现象并把它们补充到四书之后。所以我们说，“六书”是许慎学以致用、学用结合的产物，也是文字学和语言学结合的产物。

（二）本字与假借字

1. 本无其字的假借

《说文解字》：“假借者，本无其字，依声托事。”假借是一种促进新字产生的用字方法，它同时也是一种重要的构形方式——假借字。

作为一种用字方法，假借就是借用同音或音近的字来表示一个词。假借字就是被借用的同音或音近的字。而与假借字相对而言的字就是本字。一般认为，用来表示它的本义的字就是本字，如果从词的角度看，把某个词作为本义表示的字，就是这个词的本字。许慎所说的假借是“本无其字”的假借，是无本字的假借，一般人认为是文字学上的假借，是一种用字的方法。当然这种方法最终促进了文字的产生，所以也有人把它作为造字方法与通假区别开来。由于假借这种用字方法，在词义系统中就存在一种与本义、引申义相对的假借义。假借义就是假借字用来代替“本无其字”的同音词而获得的一种意义。对于本无其字的假借，我们习惯的表述是：一个字有本义，又有假借义；本义是造字之初所赋予的意义，而假借义则是这个字充任假借字所获得的意义。但从文字构形的角度看，含本义和假借义的一个字也可以看作是两个字，一个表义，一个表音。如“花”，有两个常用的义项，一个是花草的“花”，一个是花费的“花”。花草之义是本义，而花费之义是与本义无关的假借义。从词义系统看，“花”可以是多义词，从文字的构形看，“花”可以是两个同形字，一个是表示本义的字，一个是表示假借义的字，这两个字的联系是同音、同形，区别是不同义。

假借字很多，使用起来多有不便，所以后来逐渐分化。分化的情况大致有三种：

（1）终古未尝造新字

如表示干支的词“甲、乙、丙、丁、戊……子、丑、寅、卯……”，方位词“东、西、南、北”等，以及一些虚词和副词等。这些比较抽象、无法用字形表义的字，都是借用同音的字来表示的，而且这些词把同音字借用过来之后，专司其职，没造新字来表示假借义，又没造新字来表示被借字的本义，其本义也就湮没了。《说文解字》本着析形释义的原则，对于以上各字的说解几乎一无是处，其实它们不过是假借字而已，其字义不可能从它所寄生的字形上分析出来。

（2）另造新字

这就是后人所说的“分化字”。另造新字又可分为两种情况：一种是为假借义造新字，一种是为本义造新字。

A. 为借义另造新字

如：辟——避

《左传·僖公元年》：“姜氏欲之，焉辟害？”

《荀子·荣辱》：“不辟死伤。”

本义为“法度”的“辟”在上面两处均假借为躲避的“避”，后来都另造“避”字，此字已见《说文解字》。

再如：说——悦

《左传·僖公三十年》：“秦伯说，与郑人盟。”

《论语·学而》：“学而时习之，不亦说乎？”

表示“高兴”、“喜悦”的“说”，在《孟子》已改成“悦”。

像这类从本字分化出表示借义的字，王筠称之为“分别文”。也有人称这种后造的新字为后起本字。一些后起本字造出来之后，使用的人并不多，很早就成了僻字或死字。如：

须——䇓　“须”的本义是胡须，表示等待的“须”是它的假借义。《说文解字》：“䇓，待也。从立须声。”这是等待之须的后起本字，只见于《汉书》（《翟方进传》）等个别古书。

然——嘫　“然”是“燃”的初文，表示然否之“然”是通过假借得到的用法，《说文解字》：“嘫，口语也。从口然声。”这是然否之“然”的后起本字，古书中极为罕见。

B. 为本义另造新字

某一字用作假借字，久用不归，假借义已成这个字的基本义项，而本义也是经常用到的，于是人们就为其本义另造一个新字。如：

莫——暮　《左传·襄公十一年》：“其莫，晋荀莹至于西郊。”

《史记·伍子胥传》：“吾日莫途远。”

上面两例的“莫”都是用其“日且冥也”的本义。后来“莫”被假借为“否定性的无定代词”，并成了“莫”的常用义项，人们就在“莫”的基础上加了一个义符“日”，造成了表本义的新字“暮”。据《诗经·大雅·云汉》：“方社不莫。”释文：“莫，本亦作暮。”可以判断“暮”字最迟产生于六朝时期。

益——溢　《说文解字》：“益，饶也。从水皿，皿溢之义也。”又：“溢，器满也。从水，益声。”益、溢是古今字，《说文解字》对“益”的训释非其本义。

类似“暮”“溢”这类从本字分化出表示本义的字，王筠称之为“累增字”。

2. 本有其字的假借

这种假借，一般称之为“通假”。与上面谈到“本无其字”假借相对而言，是用字的假借。通假字就是古汉语书面语中同音字或音近字的通用性假借。

最早把假借分为两种类型的是王引之，他在《经义述闻·通说下·

经文假借》中说："许氏《说文》论六书假借曰：'本无其字，依声托事，令长是也。'盖无本字而后假借他字，此谓造作文字之始也，至于经典古字，声近而通，则有不限于无字之假借者。往往本字见存，而古本则不用本字而用同声之字，学者改本字读之，则怡然理顺，依借字解之，则以文害辞"。王氏的见解可谓文字学史上的创见。

既然是"本有其字"，又何必借用他字呢？其实通假产生的原因很复杂，裘锡圭先生（1988）对此作了深入地分析，他认为有以下几点：

（1）有些本有本字的假借字，性质跟现在的同音别字并无二致。大多数假借字属于这种情况。郑玄曾说："其始书之也，仓促无其字，或以音类比方，假借为之，趣于近之而已。"（见《经典释文·叙录》）指的就是这种字。只不过有些得到承认并且广泛使用，甚至于取代了本字，身份就变了，成了堂而皇之的假借字了。

（2）有些本有本字的假借字，有分散文字职务的作用。如"何"，本是负荷的"荷"的本字（"荷"的本义是荷叶，所以从艹。其表示负荷的"荷"是假借义），"何"的表义初文像人肩荷一物（甲骨文作），后来荷物人形简化为一般的"亻"旁，像所荷之物的形符""改成形近的"可"，就成为从人可声的形声字了，这个形声字被借用作表示疑问的代词，"何"就有了两个不相干的义项：其一为本义"负荷"义，其二为假借义"什么"义。后来人们就借了荷花的"荷"来表示本义"负荷"义，这样做大概是为了使"何"字可以用来表示常用的假借义——疑问代词"何"。同样，借"汝"为"女"，借"现"为"见"等也具有这种分散文字的作用。

（3）有时候，使用本有本字的假借字，是为了简化字形，如简化字借"斗"为"鬥"、以"只"代"隻"、以"姜"代"薑"等。在历史上，这种情况主要见于所谓俗字，这类俗字有的一直沿用下来，并在解放后的异体字整理和汉字简化中被采用为正体，有的使用了一段时间后就不通行了，如以"吊"代"掉"。

（4）有的时候，为了使字形不易相混，也有有意借笔画较多的来代替本字的现象。如以“四”代“亖”，以“员”代“〇”。我们现在使用的历史悠久的数字大写，都是假借字。

除了以上几点外，人们使用本有本字的假借字的原因还有不少，如喜欢用形声字代替表意字（如以“策”代“册”）；因避讳用假借字（如避孔子讳以“邱”代“丘”）；因追求典雅用假借字（如在诗文中以“棣”代“弟”）等等。

虽然使用通假字（本有本字的假借字）的原因很多，也很复杂，但最主要的原因应是第一种。

有的学者认为，通假字产生的主要原因是时代的用字习惯。在文字形成的早期，由于记言的需要，造成假借的大流行，这种流行非常广泛，以致连已有的专字也被卷入其中，表音、象声写词成为时代的风尚。这种风尚盛行于殷周时代，其流风余韵一直延续到秦汉时代。这是一种时代的文字思潮，是不可阻挡的文字潮流。到了隋唐以后，人们的观念发生了转变，除沿用古人常用的通假字以外，几乎不再出现新的通假字了，出现通假字现象被视为写别字，属于排斥之列。（王凤阳《汉字学》，吉林文史出版社）

通假字可分为三类：

① 同音通假

《诗·郑风·溱洧》：“溱与洧，方涣涣兮；士与女，方秉蕑兮；女曰观乎？士曰既且。”释文：“且音徂，往也。”

《诗·豳风·七月》：“四之日其蚤，献羔祭韭。”释文：“蚤音早。”

这两处《诗经》里提到的“且”和“蚤”就是通假字，而释文正是以其“正字”（本字）来解释这两个通假字的。“且”与“徂”、“蚤”与“早”古音同。

② 双声通假

《诗·豳风·东山》：“有敦瓜苦，烝在栗薪。”郑笺：“栗，析也。……古者声栗裂同也。”

《诗·商颂·玄鸟》：“方命厥后，奄有九有。”毛传：“九州也。”《国语·鲁语》：“共工氏之伯九有也。”韦注：“域也。”

毛传、韦注皆认为“有”为通假字，正字为“域”，故毛直接释为九州。“有”和“域”古同声。

③ 叠韵通假

《诗·周南·关雎》：“参差荇菜，左右流之。”毛传：“流，求也。”陈奂《诗毛氏传疏》：“古流求同部，流本不训求，而诂训云尔者，流读与求同。其字作流，其意为求，此古人假借之法也。”

《墨子·非攻上》：“今至大为不义，攻国，则弗知非；从而誉之，谓之义。情不知其不义也，故书其言以遗后世。”王念孙《读书杂志》：“情诚通用。”流与求、情与诚古同韵。

第五章　汉字形体的演变

汉字是不断发展演变的，其演变包括文字结构的演变和文字形体的演变，它们不仅与时代有关，也与国家或区域、文字用途、书写材料等等都有关系。汉字的形体，是指文字的书写外形，即通常所说的字体。汉字从商代到现代，字体在不断地变化，形成了一些独具特点的字体。毫无疑问，研究若干重要时代或地域的典型字体，对于了解汉字的演变是十分重要的。

汉字发展到今天，起码已有近四千年的历史。汉字在几千年的历史演变中，不断地发展变化，出现过甲骨文、金文、古文、籀文、小篆、隶书、楷书、草书、行书等多种字体。在文字学中，人们把篆文以前的汉字称为古文字（古汉字），隶楷等称为今文字（今汉字）。另外，唐兰、裘锡圭两位先生按时代先后及文字特点，又把古汉字分为商代文字、西周春秋文字、六国文字、秦系文字等。为了论述的方便，我们沿用一般的说法，即把汉字分为今文字和古文字两种。为清晰起见，列表如下：

古文字时代				过渡期	今文字时代	
甲骨文	金文	古文　籀文	小篆	秦隶	汉隶	楷书
殷商	西周	春秋战国	秦		汉	魏
前1301年至前1028年	前1027年至前771年	前770年至前222年	前221年至前207年		前206年至219年	公元220年至今

第一节 古文字

一、甲骨文

甲骨文是写刻在龟甲兽骨上的文字，内容多为占卜的记录，为公元前十四世纪到十一世纪，即盘庚迁殷到帝辛（商纣）灭亡时期八代十二王273年间的文字。甲骨文是迄今为止发现最早的已成系统的文字，是商代后期字体的代表。

（一）甲骨文的发现和鉴定

关于甲骨文最早的发现和鉴定者，大致有以下两种说法：一说是当时正在北京做官的山东人王懿荣。传说光绪二十五年（公元1898年）秋，国子监祭酒王懿荣患了疟疾，太医诊脉开处方，其中有一味“龙骨”，仆人从北京宣武门外菜市口达仁堂把药抓回，王氏发现“龙骨”上刻有似篆非篆的古文字，大为惊奇。王是当时著名金石学家，精通古铜器铭文之学，他凭着丰厚的金石学和古文字学知识，断定这是一种刻着古代文字的珍贵文物。于是王氏派人到了达仁堂，问明“龙骨”的来历，并选了一些文字较为鲜明的“龙骨”。以每字三两银子的高价全部买下，通过进一步研究，断定这是商代用于占卜的甲骨，从而引起了世人的重视。此说的真实性遭到学界的质疑，有人调查光绪年间北京菜市口没有“达仁堂”这个药店。另一说认为最先发现、鉴定和收集甲骨文的是天津的学者孟广慧和王襄。据说，光绪二十五年山东潍县有一个叫范寿轩的古董商人带甲骨到天津，给孟王二人看，二人认为可能是“古简”，叫他广为搜集；次年，王孟又买下范带到天津的一些小块甲骨，其余大块全部卖给了北京的王懿荣。据说，王懿荣在一年左右时间共收集1500余片甲骨。根据学识及收集甲骨的情况，一般认为王懿荣是甲骨文的发现者，发现时间为1899年。据《清史稿·王懿荣传》记载，王懿荣（1845——1900），字正孺，又字廉生，山东福山人。光绪六年（1880）进士，二十一年（1895）署国子监祭酒（国子监，为当时唯一的国立大学；祭酒，相当于大学校长），二十六年（公元1900年）义和团运动兴起，王懿荣任团练大臣。这一年秋天，八国联军攻陷北京，王与其妻投井自杀。后追赠侍郎衔，谥文敏。王生平嗜好金石，泛涉史书，博学有才。

甲骨文的发现，与数千里之外茫茫沙漠中的敦煌藏经洞的发现，成为中国近代文物考古史上轰动世界的两件大事。从此，甲骨文开始成为研究中国古代历史文化和文明进程的重要珍贵资料。一门新兴的学科“甲骨学”也随之产生，我国古史中某些模糊不清的问题也就有了新的答案。

（二）甲骨文的名称

目前通行的名称是“甲骨文”。但由于学者的视角不同，甲骨文还有其他几种名称。

1. 殷墟文字、殷墟卜辞、殷墟书契、殷契等。这是以其出土地点命名的。甲骨文最早及最多是在殷墟出土的，殷墟是我国商朝后半期的文化遗址，在今河南省安阳市西北小屯村一带。此处原是商王盘庚搬迁后的国都，直到商朝灭亡，共延续了二百七十三年。这个地方在商朝叫殷，所以商朝又叫殷朝、殷代或殷，商朝灭亡后，殷都逐渐衰败荒芜，后来变成了废墟，这就是“殷墟”的由来，而出土的殷墟甲骨文是商代后半期的文字。

2. 甲骨文、龟板文、龟骨文、甲骨刻辞、龟甲兽骨文等。这是以甲骨文刻写的材料命名的。甲骨文是刻在龟甲兽骨上的文字。兽骨大都是牛的肩胛骨，龟甲是乌龟的甲壳，而且用来刻字的大都是腹部的甲壳。

3. 占卜文字、贞卜文字、卜辞等。这是以甲骨文的作用命名的。殷人迷信，事无巨细，都要通过占卜来决定。占卜也叫贞卜，其过程大致如下：在经过刮治的甲骨的反面，用锋利的工具凿钻两个相连的坑；一个菱形的槽和一个圆形的钻窝，其深度接近正面极薄的地方，然后用火烧灼坑槽。透过火灼，在正面的相应部位就出现了裂纹，因为其形状与“卜”字的形体相似，这种裂纹就叫卜兆。占卜之后，由卜人根据卜兆的长短、倾斜的形状来判断吉凶，并在卜兆上刻上所要卜问的事情，这些刻上去的文字就是甲骨文。

4. 刻契、刻辞、书契、契文等。以甲骨文的制作方法命名。甲骨文大都是用金属刀具刻划出来的，故有这样的名称。

（三）甲骨文的内容

甲骨文内容非常丰富。在学术界，为了深入、细致的研究甲骨文，很多学者对其作了分类。分类最细者莫过于胡厚宜，他在《甲骨续存》序中分甲骨文为二十四类：来源、气象、农产、祭祀、神祇、征伐、田猎、刍鱼、行止、布展、营建、梦幻、疾病、死亡、吉凶、灾害、诸妇、多子、家族、臣庶、命唤、成语、纪数、杂类。分得较简单的是陈梦家，他说“卜辞内容大别为六”：一、祭祀，对祖先与自然神祇的祭祀与求告；二、天象，风、雨、启、水及天变等；三、年成，年成与农业等；四、征伐，对外战争与边鄙的侵犯等；五、王事，王之田猎、游止、疾、梦、生子等；六、卜旬，来旬与今夕的不问等。郭沫若主编、胡厚宣负责编辑的《甲骨文合集》将甲骨文分为四大类，即阶级和国家、社会生产、思想文化、其他。每类之下又分若干小类，共计二十二小类，即：1. 奴隶和平民，2. 奴隶主贵族，3. 官吏，4. 军队、刑罚、监狱，5. 战争，6. 方域，7. 贡纳与聚敛 8. 农业，9. 渔猎、畜牧，10. 手工业，11. 商业、交通，12. 天文、历法，13. 气象，14. 建筑，15. 疾病，16. 生育，17. 鬼神崇拜，18. 祭祀，19. 吉凶梦幻，20. 卜法，21. 文字，22. 其他。这是集中了许多专家学者的意见后采取的分类法，可以说是一种新的尝试。这样的分类，有利于对商代阶级关系、经济状况以及思想文化等方面的研究。

甲骨文是占卜的记录文字，一般字数都不多。少则几个字，多则几十个字，最长的可达上百个字，但极少见。据学者研究，一片完整的甲骨包括四个方面的内容：①前辞（叙辞），占卜的时间和卜人的名字；②命辞（贞辞），即命龟之辞，记卜问的事情；③占辞，即根据卜兆判断吉凶的言辞；④验辞，即记录事后的效验。例如：

①戊子卜，贞㱿②帝及今四月令雨？贞：帝弗其及今四月令雨？③王占曰：丁雨，不由辛。④旬丁酉，允雨。（《甲骨文合集》第14138片）

这篇甲骨文出土后最早著录在董作宾的《小屯殷墟文字乙编》第三零九零版，内容是商人祈雨的记录。译成现代汉语是：

戊子日占卜，殼卜问道：上帝到了四月会命令下雨吗？又卜问道：上帝大概不会命令下雨吧？根据兆象判定：丁酉那天下雨，不该是辛卯那天下雨。从占卜的戊子日起至第十天丁酉日，果真下雨了。

也有的甲骨文不是用来记录占卜情况的。主要内容有：

1. 表谱文字

包括干支表、家谱、祀谱等。以干支表最为重要。我国古代以干支纪年、月、日，文献以干支记日，始于甲骨文。即以十天干、十二地支相配，始于甲子，终于癸亥，循环一周为六十日，俗称一甲子。目前发现最完整的干支表，为容庚《殷契卜辞》第 65 片（收入《甲骨文合集》第 37986 片），刻在牛胛骨上，字迹清晰，完整无缺。

2. 记事文辞

包括有关纳贡、收藏的记事文辞，有关历史事件的记事文辞等。后一类甲骨文多属殷商末期，内容多为田猎游乐、征伐方国、祭祀赏赐等，数量不多，但有极珍贵的文献价值。

(四) 甲骨文的字体特点

甲骨文是迄今见到最早且数量最多而又成体系的古文字资料，既反映了汉字的原始性，又反映了汉字的成熟性。其字体特点大致是：

1. 多保留原始文字的特点，即图画性比较强。但从整个文字体系来看，其形体已经经过了符号化的改造，在线条化和规范化方面都已具有相当的规模。有大量象形字，且常有繁简二体，繁的与实物接近，形象逼真，近似图画；简的只是象征性符号，表现了图画到文字的过渡和由表形到表意的发展。如：

鹿：　马：

2. 形体结构没有定型。表现在：

A. 异体字多，有的字有几十种写法。如“羊”有下面多种形体：

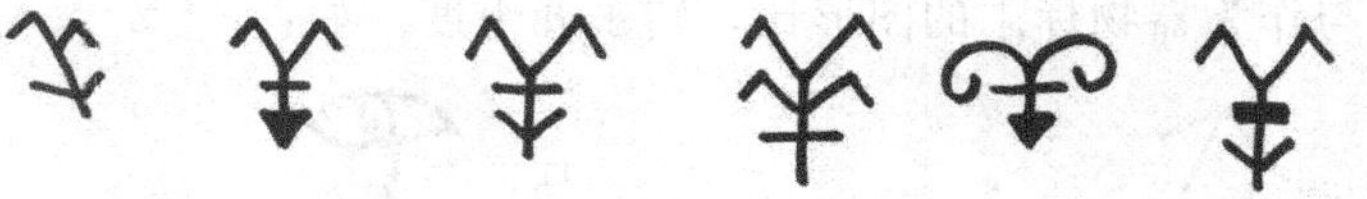

B. 部位不拘，正写、反写、侧写、倒写自由。如：

令：　　帝：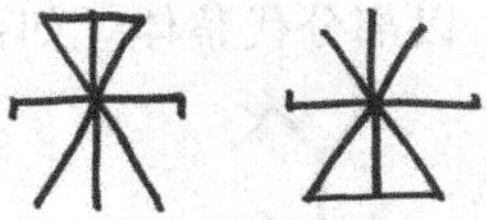

C. 在不发生混淆的前提下，同一字允许笔画、偏旁损益，即可以增减笔画甚至偏旁。

并：　　介：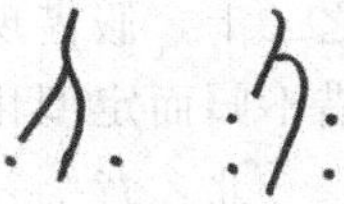

D. 上下左右内外易位，如：

好：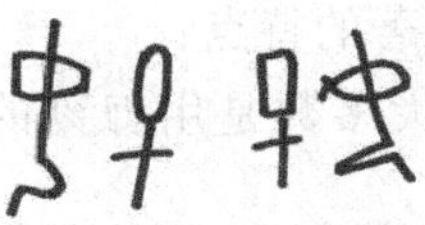　　牝：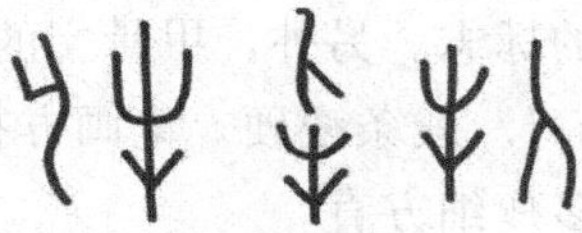

E. 在书写上偏旁不定，即性质相近的偏旁可以互相代替。例如：

牢：

可以从牛、羊、马。

3. 有相当数量的合文。合文或称合书，是把两个或两个以上的字合刻或合写在一起，在行款上只占一个字的位置，形式上像一个字而实际上读两个或两个以上的音节，代表两个或两个以上的词或语素。甲骨文中使用合文形式的，主要是先公先王的称谓、人名、地名、月份、十以上的数字以及某些常用熟语。如：

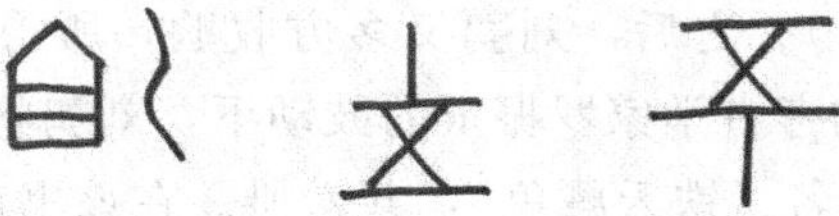

4．以直书代横画。鸟兽以横画为标准，但甲骨文多用直书，其作为文字与作为器物标志的图形比，转了九十度。如：

豕：　　马：

5．以部分代整体。如：

羊：　　（羊头的形象）

6．六书俱全。其中以象形字、会意字为主，有少量的指事字，形声字占百分之二十，假借现象已很普遍，假借字大量使用，而且这些字后来都因久借不归而定型化了，又为其本义另造了新的形声字。如：

其：箕　　北：背　　来：麦

甲骨文字体的前三个特点是其原始痕迹的表现，后三个特点是其成熟的标志。另外，甲骨文的书写也有两个显著的特点：

1．线条瘦硬，笔画方折。由于甲骨文大多数是用刀刻的，故笔画大多瘦细方直。

2．行款无定格。甲骨文的篇章，有的直写，从上到下从左到右，有的从上到下从右到左；有的从右到左横写，有的从左到右横写。有的同一片甲骨上的文字行款也有不同。

（五）甲骨文研究概况

自 1899 年甲骨文被发现并为学者所鉴定，至今已有一百多年的时间。据统计现在甲骨文片子大约有 15 万片左右，其中甲骨文单字四千五百多个，只有三分之一的字被释读，仍有大部分的字有待于继续研究和识别。

中国第一部著录甲骨文的专书是《铁云藏龟》。1900 年王懿荣殉难后，其所收藏的甲骨文大部分由他的儿子王翰甫卖给了《老残游记》的作者刘鹗（字铁云）。之后，刘鹗又多方收购，所得甲骨共五千余片。1903 年，在当时的考古学家罗振玉的鼓动下，刘鹗将其所藏的 1058 片甲骨影印出版，取名《铁云藏龟》，共六册。在该书的序言中，刘鹗指出了甲骨文“乃殷人刀笔文字”，这也是将甲骨文的时代确定为商代的第一个文字表述。《铁云藏龟》虽然只对甲骨作了录存而未作释文，但不能否认其在甲骨学史上开山之作的地位。次年，朴学大师孙诒让见到了《铁云藏龟》，以其敏锐的科学眼光和深厚的学问功底，仅用了两个月的时间就写成了甲骨学史上第一部考释甲骨文的研究专著《契文举例》，此书共分两卷，孙氏将编纂繁乱的《铁云藏龟》进行了梳理归纳，将这些文字按内容分为十类：日月，贞卜，卜事，鬼神，卜人，官氏，方国，典礼，文字，杂例。孙氏的《契文举例》为甲骨文发凡起例奠定了第一块基石，在甲骨文的研究史上具有里程碑的意义。可以说，科学的古文字学正是由他的研究开始的。其后，甲骨文的重要学术价值逐渐为人们所认识，研究甲骨文的人越来越多，方法也日臻缜密。据胡厚宣统计，从1899年甲骨文为学者所鉴定，到1949新中国成立的五十年间，中外研究甲骨文并有论著发表的学者共计289人（其中外国59人），出版论著共计876种（见《五十年甲骨学论著目序言》）。其中，成绩最为显著的是被称为“四堂”的罗振玉（号雪堂）、王国维（号观堂）、郭沫若（号鼎堂）、董作宾（号彦堂）。罗振玉最早弄清了甲骨文的出土地点，并进一步断定“此卜辞者，实为殷室王朝之遗物”（见《殷商文字考序》），为甲骨文的研究奠定了基础。另外，罗氏汇集、保存并刊印了大量甲骨文原始资料，并用比较科学的方法对甲骨文字作了系统的考证。其代表作有：《殷商贞卜文字考》（1910年）、《殷墟书契考释》（1914年）等。王国维在甲骨文研究上的最大成绩是他首创以甲骨卜辞证史的方法，把甲骨文研究和商史的研究结合起来。1917年初，王国维发表了《殷卜辞中所见先公先王考》及《殷卜辞中所见先公先王续考》等著名论文。他根据出土的甲骨文考证了殷代先公先王的名号、世系和称谓，证明《史记·殷本纪》所载是大体可靠的，同时也纠正了《殷本纪》中个别世系的错误。王氏把甲骨文的考释和商代的历史结合起来进行研究，开辟了史学研究的新领域。郭沫若曾称赞说：“我们要说殷墟的发现是新史学的开端，王国维的业绩是史学的开山，那样评价是不过分的。”（《古代研究的自我批判》）郭沫若是第一个用辩证唯物主义与历史唯物主义来研究古文字的人。他的《中国古代社会研究》

(1930年)是一部划时代的著作，其中“卜辞中之古代衣物”一章系统地运用了甲骨文来研究商代历史，从而奠定了他在史学界中的重要地位。郭沫若对甲骨文的贡献是多方面的：在甲骨文的汇集著录、文字考研、分期断代、断片缀合、残辞互补、卜法文例等方面，都取得了卓越的成绩，其代表作有《卜辞通纂》(1933年)、《殷墟粹编》(1937年)等，他晚年主编的《甲骨文合集》是我国第一部大型甲骨文资料总集，此书的出版，对于今后甲骨学和历史学的研究，具有重大意义。董作宾对甲骨文研究的巨大成就就是对甲骨文作了断代研究，其代表作有：《小屯殷墟文字甲编》、《小屯殷墟文字乙编》上中下三辑、《甲骨文断代研究例》等，在《甲骨文断代研究例》中将殷墟出土的甲骨文分为五期。郭沫若说：“由于董氏的研究，我们可以知道每一辞或每一片甲骨是属于哪一王朝的绝对年代了。这样，便更增进了卜辞的史料价值。”(《十批判书》)董作宾将甲骨文进行分期断代，使对甲骨文字本身的研究和以甲骨文为主要依据进行的商史研究建立在科学的基础上，其断代理论的提出，无疑是对甲骨文研究的重大贡献。

除了“四堂”之外，对甲骨文研究作出突出贡献的还有其他一些学者，如唐兰、于省吾、商承祚、徐中舒、杨树达、胡厚宣、朱芳圃、陈梦家等。近几十年来，在甲骨文研究方面取得丰硕成果的还有高明、李学勤、裘锡圭、姚孝遂等学者。他们在许多方面超越了前人，使得甲骨学研究更加缜密和深入。

(六)甲骨文的释读方法

李学勤先生在《殷契选释序言》中说：“常有青年朋友询问，学甲骨文要求哪些准备知识，我个人的想法，以下三点是必要的：首先是文字学的一般知识。甲骨学是古文字学的一个分支，学甲骨文应当对古文字学有一概括的了解，如古文字形、音、义的规律，文字发展的概况及各阶段的特点等。学甲骨文不能仅限于甲骨文，对其他古文字材料，如金文等，也应涉猎。《说文解字》一书影响甚大，不可不通读掌握。其次是殷墟考古的知识。甲骨学的对象是殷墟出土的甲骨，是殷墟文化遗存的一部分。认识甲骨的性质，判别甲骨的年代，多不能与殷墟考古割裂开来，所以我们学习甲骨文，对殷墟考古工作多年来的成果不能忽略。再有商代历史知识。甲骨系占卜所用，卜辞内容反映了当时社会历史的许多方面。甲骨文作为商代历史条件的产物，只有置于特定的历史背景中才能正确理解。同时，又必须与有关商代的传世文献结合起来。前人在这方面已有很多成绩，值得我们学习吸取。”

王国维在《毛公鼎考释序》中说：“文无古今，未有不文从字顺者，今日通行文字，人人能读之解之。《诗》、《书》、彝器亦古之通行文字，今日所以难读者，由今人之知古代不如知现代之深故也。苟考之史事制度文物以知其时代之情状，本之《诗》《书》以求其文之义例，考之古音以通其义之假借，参之彝器以验其文字之变化，由此而知彼，由甲以推乙，则于字之不可识、义之不可通者，必间有获焉。然后阙其不可知者以俟后之君子，则庶几乎其近之与?”（《观堂集林》卷六）于省吾也说：“古文字是客观存在的，有形可识，有音可读，有义可寻，其形、音、义之间是相互联系的。而且，任何古文字都不是孤立存在的，我们研究古文字，既应注意每一字本身的形、音、义三方面的相互关系，又应注意每一个字和同时代其他字的横的关系，以及它们在不同时代的发生、发展和变化的关系。只要深入具体地全面分析这几种关系，是可以得出符合客观的认识的。”（《甲骨文字释林序》）

依据唐兰先生《古文字学导论》，并结合学者的研究将甲骨文（其实对其他古文字也适用）的释读方法总结为六个方面：

1. 今字对照法

这种方法也称字形比较法、因袭比较法。即利用汉字系统性和古今发展的相互关系，拿已确认的字与已识字做形体上的整体比较和对照，来考释未识字的方法。方块文字自古迄今一直沿用，不管它的形体经过多少剧烈的变化，总有踪迹可寻，总有端倪可察。尤其是《说文解字》等字书载有大量的古文字，更是可以利用的桥梁和途径。

今字对照法可分为两个方面：一是横向比较，即将同一时代层次已识字与未识字相比较，求同别异，来考释未识字；一是纵向比较，即将处于不同历史层次的已识字与未识字相比较，寻求字形在不同时代的发生、发展和变化的线索以及因袭关系，从而以已识识未识，一些学者所总结的据《说文解字》释字，据《汗简》释字，据金文释字，都属于这个方面。

2. 古籍参读法

将古文字资料同有关文献记载相比较，“地下之实物与地上之遗文互相释证”，也就是罗振玉、王国维所谓的“二重证据法”，很多甲骨文、金文就是这样释证出来的。应注意的是，这样释读的材料可以通其句读，未必能识其字。因为字有正、借不同情况，如果碰到借义，而不知其正字，不加以改读，也就是读了别字。

3. 辞例推勘法

这种方法也称辞例归纳法。辞例是指未识字所处的语句及存在的具体语言环境。辞例推勘法是考释古文字出现的语言环境，通过对辞例的分析、比较、归纳，去推知确认未识之字在其中的含义和用法，有时碰上成语或套语时，甚至可以立刻判定某即某字。可以分为两个方面：一是通过跟时代相同或相近的其他古文字材料以及传世的文献典籍中同类辞例的比较，来推断这个字在其中的含义和用法，与已认识的那一个字相当；一是通过对上下文辞义的考察和分析，来推断这个字在其中的含义和用法来辨识文字。其缺陷同古籍参读法。

4. 偏旁分析法

先把已经认识的古文字分析为若干单体部件，再把每个单体的各种不同的书写变体集合起来，看它们的变化；遇到未识字，也只要将它分析为若干单体，各个单体都认识了，再合起来认识那个生字。这种分析可以分为两个方面：一是对已识的合体字做偏旁分析，再将其偏旁与未识的独体字或合体字的偏旁比较，来考释未识字；一是用已知的独体字与未识的合体字的偏旁比照，来辨识未识字。如唐兰先生《古文字学导论》从已识的合体字中提取出“斤”这个偏旁的写法，从而考释出甲骨文中的“斫、折、兵”等二十余字。于省吾《甲骨文字释林》识得甲骨文的“心”，像人心脏的轮廓，然后与一些未识的合体字偏旁对照，从而辨识出一些难字。由这种方法虽未必能辨识所有难字，但由此认识的字，一般来说是准确的。偏旁分析法自孙诒让系统使用以来，经过后人的不断努力，日趋精密，是行之有效的科学方法。

5. 历史比较法

单就古文字本身而论，从甲骨文到小篆也有一千多年的历史，早期文字和晚期文字之间往往有着极大的差异。就是同期字体也会由于书写个人和地域的不同而呈现出不同变体。如果能够把一个字的发生、演变的来龙去脉基本考查清楚，那么这个字乃至一系列字便可以彻底认识。偏旁分析法研究汉字横的方面，历史比较法研究汉字纵的方面；偏旁分析法便于研究固定的文字形式，历史比较法则便于研究流动的形式。这两种方法在古文字的考释中最为重要，而相比较而言，历史比较法尤为重要。

6. 综合论证法

这种方法也称据礼俗制度释字法。即综合运用各个相关学科的知识，把考古、文献、民俗和古文字研究结合起来，探索某个字的字源和语源，据以考释古文字。这种方法是王国维“二重证据法”的引申和发挥，是对传统的继承和发掘。汉字的形体结构及其演变必然受到古代社会生活、文化、礼制等影响，所以字形往往反映古代社会各方面的情况，这是这种方法得以成立的条件。运用这种方法考释文字，可资利用的材料主要有三类：一是与古代生活有关的文字记载，包括传世的文献典籍和出土的文字材料；一是古代的实物，包括考古发掘的各种遗址；一是不同的民族保留下来的风俗习惯。

(七) 甲骨文释读的意义

甲骨文的发现和释读是中国近代学术史上的一件大事，尤其是甲骨文的释读把汉字研究推上一个新的阶段。它使我国古代史籍中关于殷商时代的诸多记载得到了直接的印证，从而推知古史中关于夏、商、周三代的大部分记述都是真实可信的。这就把中国的信史一下子推前了一千年（由前十一世纪立国的周代上推到前二十一世纪的夏代）。通过对甲骨文的研究，我们对商代后期的政治、经济、军事、文化、社会习俗、医药卫生等等都可以得到一个具体、清晰的认识。甲骨文为我们提供了迄今为止最早的文献语言，而且是未经扰动的本来面目。这份丰富、翔实的素材是汉语史（包括汉字史）研究的可靠基础。单就方块汉字的研究而言，甲骨文的释读为我们补上了远古文字的重要一环，从而对汉字的起源和发展、六书结构的运用和变化、前代字书说字的依据以及难免的误说等问题都有了一个更近准确的认识。

1. 前面谈过，甲骨文的原始特征之一就是其书写反正倒顺往往无别，一横二横、三点四点随意而施，甚至偏旁也可易位，所有这些现象说明一个事实：即文字的创始并非一人之力、一时之功，而大概是各自为政、异彩纷呈的。为了互相交际的需要，开始可能由各地方集团加以整理，最后再由更大的统治集团综合整理，这些加工整理者一定是当时的"知识分子"——巫史之流，如仓颉等。看来文字的创立，应该是边创造、边整理的无限往复的过程，一直到如今。这些异体字（以及一时不用的废弃字）乍看起来是文字的赘疣，其实乃是汉字形体的宝库，一旦需要，随时可以拿来使用，只不过音读和含义多有变化，这种现象可以说是古已有之。

2. 从甲骨文字的整体来看，在普遍使用象形、指事字的同时，也已造就了一批会意字和形声字，除此之外还有大量的假借字以补充文字的不足。发现这一点有两方面的作用：一是说明甲骨文虽是早期文字，但不是原始文字。准确地说，甲骨文字应当是成熟文字的早期阶段，汉字产生的时代还得再向前推。二是说明六书发展的先后不是如原先所认为的那种单线关系，而是一种较复杂的复线联系：即由象形、指事到会意、形声到假借；象形、指事也可直接用于假借。

3. 甲骨文（以及金文）中保存着大量的方块汉字，其图画性一般较强，形象直观，往往较易看出造字本义，从而纠正旧注和字书中的误说。这里仅举几个据甲骨文以订正《说文》的例字。其中甲骨字形的说解均见徐中舒主编的《甲骨文字典》。

《说文》："元，始也。从一，从兀。"桂馥谓"当作兀声"。

甲骨文"元"字从二（上）从人，人之上会意为首。《左传·僖公三十三年》："狄人归其元。"《孟子·滕文公下》："勇士不忘丧其元。"两处正用"元"字的"脑袋"本义。

《说文》："晶，精光也。从三日。"

甲骨文"晶"字从三个菱形、或方形、或圆形，方形、圆形中或加一点，象众星罗列之状，为"星"的本字。后世以此为精光之义，又加声符“生”，为星辰之“星”。

另外，《说文》记载的一些古字古义往往古籍无证，但在甲骨卜辞中可以找到证据，这样自然增加了《说文》的可信度。如：

《说文》：“自，鼻也。象鼻形。”

甲骨文中不但有像极了的鼻子形状，而且卜辞中也有用例，如“贞有疒自，隹有蚩?”

4. 甲骨文的发现和释读不仅为汉字的研究提供了丰富的佐证，同时也为上古历史的研究提供了丰厚的资料。甲骨文自1899年发现后，到现在已经经历了一个多世纪，对甲骨文的研究，逐步发展成为一门学科——甲骨学。学者们已将甲骨资料运用于商周阶级关系、经济状况、思想文化等方面的研究之中。有学者认为，史前的社会稍纵即逝，甲骨文字是最得力的追捕手，甲骨文是活的社会化石，这些观点都是非常正确的。下面选两个侧面说明甲骨文与中国古代史研究的密切关系。

殷商统治者崇尚迷信，重视祭祀，所以甲骨卜辞中有大量关于商朝祖先（先公）和商王（先王）的名称和世系的记载。著名古文字学家王国维运用这些材料，与司马迁的《史记·殷本纪》中的有关记载相对照，证明了《史记·殷本纪》基本上是可信的。同时他又将《史记》记错了的内容，加以纠正。例如“王亥”误写为“振”等等，这是运用甲骨文资料检验与订正史籍的极好范例。

我国医学有着优良的传统和丰富的遗产，是古代劳动人民在与各种疾病作斗争的实践中总结出来的经验。甲骨文里有不少关于人体各种疾病的记载。胡厚宣在其《殷人疾病考》中说：“殷人之病，凡有头、眼、耳、口、牙、舌、喉、鼻、腹、足、趾、尿、产、妇、小儿、传染等十六种，具备今日之内、外、脑、眼、耳鼻喉、牙、泌尿、妇产、小儿、传染诸科。”这说明早在殷代，我国医学就有了很大发展。

随着甲骨文研究的深入，对殷人所患疾病的研究有了新的发展。据研究，甲骨文里有“心疾”，而《左传》襄公三年、昭公元年记载，我国古代所有的“心”，其功能与现代所说的大脑功能相当。有人认为甲骨文里的“心疾”，应是我国古代关于脑神经系统病症的最早记载。甲骨文卜问疾病的记录，从某种意义上说，应是我国最早的医案。它不仅使我们在研究古代医学时可以了解殷人所具有的各种有关疾病的知识，而且还可以使我们了解到殷人对某些疾病已有了细致的划分。甲骨卜辞中有关于“龋齿”的材料，这是我国最古老的有关龋齿的记录，是我国医学史上很有意义的发现。据我国医学史专家研究，这比《史记·扁鹊仓公列传》关于龋齿的记载，提前了一千多年。而在外国医学史上，埃及发现龋齿在公元前三百至四百年，印度最早关于龋齿的记载是公元前六百年，古代希腊最早关于龋齿的记载是在与印度大体同时的希波克拉底斯的著作中。而我国早在公元前13世纪的武丁时期卜辞里就发现了龋齿的记载，比上述几个国家要早七百至一千年，这是殷人对世界医学宝库所做的重大贡献。

二、金文

金文是铸刻在青铜器上的文字。青铜是以铜、锡、铅为主要成分的合金，因其颜色青灰，故称青铜。青铜早在公元前一千三百多年前的商代前期就有了，但是盛行于周代。商代前期的青铜器只铸图徽，极少有铭文。商代中期的铭文十分简单，有的仅有一两个字，记载器人的族名或为某人作器。至商代后期才逐渐有了较长的铭文，长者达四五十字。殷商时期的铭文不但字数不多，而且字体同甲骨文相似。西周是我国青铜器发展的高峰时期，这个时期的青铜器铭文一开始就有了长篇巨制的出现。成王时代的《金彝》187字，康王时代《大盂鼎》291字，西周末年定王时代的《毛公鼎》长达497字，是迄今所见字数最多的铜器铭文。青铜器的出土，无代不有。据《史记》、《汉书》记载，早在西汉汉武帝、宣帝时已发现了出土的青铜器。东汉许慎的《说文解字叙》：“郡国亦往往于山川得鼎彝。”可知汉代的确已有青铜器出土。据孙稚雏《金文著录简目》一书所载，面世的刻有铭文的先秦铜器约八千件，其时代自商王朝至战国。据容庚《金文编》所载，金文单字约3093个，其中已考释出的有894个字，尚待考释的有1199字。金文延续的时间很长，上起商代中期，下迄秦王朝以小篆统一中国文字之前，但具有史料价值的长篇铭文主要是在西周时代。因此，人们谈到铭文时，一般是指西周时期的文字。

（一）名称

青铜器上的文字不像甲骨文那样有许多不同的名称，但也有几种不同的称呼。

1. 金文。古代称铜为吉金，铸刻在上面的文字叫吉金文或金文。金文是目前国际国内通行的名称。

2. 钟鼎文。青铜器包括礼乐器、工具、兵器和生活用具等，其中以乐器的钟和礼器的鼎最富有代表性，所以人们又把青铜器上的文字称作钟鼎文。

3. 钟鼎款识。青铜器上的文字，其凹入器面者，称为“款”，其凸出器面者，称为“识”。

4. 青铜器铭文。“铭”意谓“刻”，青铜器上的文字由铸刻而成。有些文字须事先刻在浇铸的模具上，而有些文字却是在青铜器铸成以后直接刻上去的，因此，这些文字又叫青铜器铭文。

5. 彝文。殷周两代都十分重视祭祀用器，用作祭祀的青铜器被称作“彝器”，上面的铭文被称作彝文。

（二）内容

在人类文化史上，从新石器时代进入青铜时代是一个伟大的进步。古代人往往把重要的文献托之于青铜器，是为了传之久远。金文的内容非常丰富，记载奴隶主贵族的祭祀、征伐、册第、训诰、赏赐、盟誓、契约，以及表彰仁德、颂扬战功等大事。于是，这些青铜器就成了代表政权和礼制的镇国之宝。周天子赐封诸侯大夫，同时要赐予重器，以此作为信符的标志，这种情形在文献中多有记载，如《左传·昭公十五年》：“诸侯之封也，皆受明器于室。”《左传·宣公三年》：“楚子观兵于周疆，定王使王孙满劳楚子，楚子问鼎之大小轻重焉。”“问鼎”是垂涎国家政权的代称。如果消灭一个国家，也要毁其宗庙，迁其重器。春秋战国时期，由于战争频繁，当一个国家面临灭亡时，往往要把“金器”藏起来，以免被人掠夺。贵族死后，也常以青铜器殉葬。

（三）金文的字体特点

金文和甲骨文是一脉相承的同一体系的文字，但由于历史的发展，以及用途、书写条件等各方面的原因，金文在字形结构上具有自己的特点。与甲骨文的字体有明显的区别。

1. 图画性很强。有些字保留着比甲骨文更原始的写法，所画物象非常逼真，这是因为金文有细致加工的可能。如“王”“父”“正”等。

（上为西周早期，下为西周晚期）

2. 结构没有定型化，异体字较多。如“盉”在古代是调和水和酒的器皿，在金文中一个“盉”字就有以下多种写法：

但金文字形较甲骨文稳定，有的字和偏旁逐渐趋于定型，所以异体字与甲骨文比相对减少。如甲骨文“逆”字有从彳、从止、从辵（辶）三种偏旁的情况，西周金文基本上固定为后者。

3. 虽有合文，但是较甲骨文数量大大减少。这是由汉字单音节的性质促使而成的。

4. 笔画变化多端，装饰意味浓。甲骨文和金文，从文字体态来看，都没有脱离象形的特点，但比起甲骨文，金文更是饶有变化，茂美多姿。常常一个字出现于不同的器物都各具形态，风格全殊。有所区别的主要原因是，甲骨文是贞卜的记录，只是作为档案保存；而金文用于宗庙祭祀、宫廷宴飨，在记事的基础上要求美观。而书写方式的改变，又为文字的美化提供了条件。甲骨文是刀刻的，笔道细瘦，只能勾勒轮廓，多为直线，转折的地方一般都是方的；金文大多是铸造的，即先在泥范上刻字，再用青铜溶液浇铸而成，其笔道粗肥，可以填实，直线曲线能够自由运用，转折的地方一般都是圆的，所以这种经过加工的文字的字形显得圆转丰润，有很高的鉴赏价值。

5. 新的标音形声字大量产生。

6. 字体规格逐渐统一，行款基本固定。西周晚期的金文，字体的大小渐趋一致，甚至还出现了打格子书写的现象，力求字形方正匀称，奠定了汉字的方块形式。上百字的铭文行与行、字与字之间已对得比较整齐了。大多数金文从右往左直行书写，成为后世汉字书写的典型款式。

（四）金文研究概况

商周金文在古文字学上占有重要的地位。首先，它是古文字发展史上的中间环节。上承甲骨文，下启战国秦汉文字，是研究汉字发展规律的重要依据。甲骨文的许多文字是凭借金文这个中介才得以认识的。其次，传世和出土的商周铜器铭文，内容相当丰富，涉及到了当时社会活动的各个方面，而且有不少长篇铭文和有韵铭文，为研究上古词汇、语法、训诂、音韵提供了宝贵的资料，也为采用各种辅助手段全方位研究古文字，开辟了更为广泛的天地。再次，早期金文保存了一些汉字的原始形态，是研究汉字起源的珍贵资料。因此，在古文字研究领域里，金文的研究举足轻重。

据现有文献记载，从西汉中叶起，历代都有铜器出土。从史传记载看，最早解读古铜器的是西汉人张敞。定帝时，汾阳发现古鼎，上献朝廷，张敞通习古文字，他根据鼎上“王命尸臣”的文字，指出“此鼎殆周之所以褒赐大臣，大臣子孙刻铭其先功，藏于宫庙也。”第一个把金文作为古文字研究的是许慎。但专事研究并有著录的当起于宋代。宋代盗掘古墓成风，出土的青铜器较前几代为多。由于不断有上古钟鼎彝器出土，金文的研究也逐渐受到重视，随之就出现了专门研究吉金贞石的金石学。宋代学者在金文研究上做出突出贡献的代表学者有：刘敞、吕大临、薛尚功等。刘敞是最早收藏并辑录古铜器的人，有《先秦古器记》一书。吕大临著《考古图》，不仅摹录铭文，也摹写铜玉器图像及尺寸大小，并注明收藏之家及出土地点，是我国最早而有系统的古器物图录。薛尚功的代表作是《历代钟鼎彝器款识法帖》二十卷。元、明两代，金石之学衰落，清代重又兴起。清乾嘉到清末，金学研究盛极一时，代表人物有：吴大澂、孙诒让。吴大澂的代表作是《说文古籀补》，吴氏根据他多年收录的大量古铜器铭文，并附以小篆以前的石鼓、货币、古玺、古陶等文字，按《说文》体例编收，对《说文》加以增补和订正，开创了用古文字校订《说文》的方法，这部书既是辑录彝器文字的专书，也是订正《说文》的创始之作。孙诒让的《名原》，把金文、甲骨文、石鼓文和《说文》的古籀等文字结合起来互相校勘，是用甲骨文考订金文的第一部专著。民国初年以后，金文的研究逐渐向科学化、系统化发展。前期代表有罗振玉、王国维等人。罗氏的代表作有《殷文存》、《贞松堂集古遗文》、《贞松堂吉金图》等，王氏的代表作是《观堂古金文考释》、《史籀篇疏证》等。他们对金文的汇集、整理、刊布以及研究，都做出了突出的贡献。尤其是王氏，在利用金文资料研究商代历史和古代制度方面，首倡二重证据法，在学术界影响深远。在考释、通读铭文方面，王氏也有精辟的见解和成果。可以说，罗、王二人的研究成果把金文研究推向一个新的阶段。其后，对金文研究卓有成绩的代表人物有：郭沫若、容庚、唐兰、于省吾等。郭氏创立了标准器系联法，奠定了青铜器断代研究的基础。代表作有《金文丛考》、《金文续考》、《两周金文辞大系考释》等。容庚的成名作为《金文编》，内容丰实，体例严谨，是古文字教学和研究者必读的工具书。唐兰在其《文字学导论》中提出了考释金文的科学方法：通过分析偏旁在某个字所起的作用，以追根求源。于省吾注重从形音义相互参证中考释金文。唐、于二人对金文考释的方法为后世研究者提供了科学有效的途径。

二十世纪七十年代末以来，许多学者以金文的字形作为主要研究对象，或对某些字的释读作深入考证，或指出金文考证中容易被忽视的问题，或对金文字形的结构、演变规律、考释方法进行探讨。如裘锡圭的《说字小论》、孙稚雏的《金文释读中一些问题的探讨》等，都反映出近年来金文研究不断摆脱历史学附庸的地位，向更深层次发展的趋向。

三、籀文

（一）籀文的种类

周朝末期社会急剧变化，形成了诸侯分立、律令异法、车途异轨、言语异声、文字异形的分裂局面，后来秦国成为与其他六国对峙的强国。后人把这一时期的文字一般分为两类，称秦国使用的文字为大篆，也叫籀文，其他六国所用的文字形体虽有差异，但统称为六国文字。籀文一名与《史籀篇》有关，《汉书·艺文志》载《史籀》十五篇，注云："史籀十五篇——周宣王太史作大篆十五篇，建武时亡六篇矣。"又说：

“史籀篇者，周时史官教学童书也，与孔氏壁中古文异体。”籀文是西周晚期周宣王创新的一种字体，后来，周平王东迁洛邑，秦居于西周故地，继承了西周文化，于是籀文在秦国发展起来。许慎著《说文》，就从这部残存的儿童识字课本中收进223个字，并注明为“籀文”，作为异体字附在正文之后，我们今天才得以看到籀文的大致面貌。由此可以看出，籀文有广狭之分，广义的籀文即大篆，与小篆相对，指秦统一之前使用的文字；狭义的籀文指《史籀篇》里的文字。

大篆的典型文字除了籀文（《史籀篇》里的文字）外，还有石鼓文、诅楚文。

唐朝初年，在陕西天兴县（今凤翔县），出土了十块石碣，因其形状如鼓，所以一般称之为石鼓文，又因其所记内容关涉田猎，称之为猎碣。每一块石鼓上刻有六七十字或七八十字的四言古诗一篇，共七百多字。其字形与《说文》所收的籀文很相似，据专家考证，这些石鼓是春秋末年到战国初年的东西，有人认为大约是秦襄公时代的东西。这些石鼓今存九个，现藏于北京故宫博物院，由于年代久远，许多文字已经残缺不清，能辨识的只有272字。石鼓文有宋拓本，但是拓本文字也不全，说明宋代时期石鼓文字就已残缺。

石鼓文

北宋嘉祐年间，在凤翔开元寺发现了三块刻字石头，文字内容是秦王祭祀时诅咒楚王的，后称“诅楚文”。诅楚文是战国中后期秦国的石刻文字，北宋时期发现三种诅楚文石刻，原石和拓片均已亡佚，今只存摹刻本，文字与小篆非常接近，说明秦国文字是从大篆到小篆逐渐变化的，其间并无十分明显的界限。

（二）大篆的字体特点

籀文、石鼓文、诅楚文和部分秦国金文，都属于同一字体，统称籀文或大篆。陈彬龢在《中国文字与书法》中称之为“古朴高华，绍古文之后，而齐整典丽，开小篆之先，比较前之文字，实有显著之变化。”其特点大致有：

1. 笔画趋于线条化。用比较均匀的线条来书写，不像殷周古文字那样用弯曲的笔道描画。

2. 结构趋于整齐。为方块汉字打下了初步基础不像殷周古文字那样接近图画形体。

由此可见，籀文在当时是经过了整理的比较规范的文字，也是当时通行的官定的标准文字，所以周宣王时用这种字体来编写儿童识字课本。秦处岐周故地，同周文化联系密切，承袭这种文字，并以它铭刻石鼓，是很自然的。但这种文字的缺点是字体繁复，一个字里同一偏旁往往重复出现。如：

败：　福：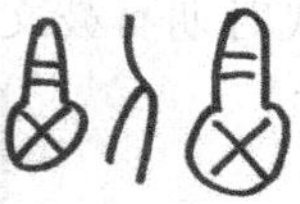

四、六国古文

六国古文也叫战国古文。春秋战国时期是我国封建社会取代奴隶社会的时期。生产力的迅猛发展，带动了科学文化的异常繁荣。“百家争鸣”使历史、文化、哲学的名篇巨著不断涌现，文字的应用范围也越来越广泛，这使汉字的变化越来越突出。另外，由于“诸侯力政，不统于王”，也造成了“言语异声，文字异形”的局面，正是由于这种地理和政治原因，当时关东六国使用的文字各有不同，与秦国使用的文字也有差异，文字学统称前者为六国古文。

（一）六国古文的种类

六国古文的种类繁多，有《说文解字》和《三体石经》的古文、六国金文、玉石文、简帛文、货币文、古玺文、陶文等。《说文》中的古文主要来自于孔子的“壁中书”。《汉书·艺文志》：“武帝末，鲁恭王坏孔子宅，欲以广其宫。而得古文《尚书》及《礼记》、《论语》、《孝经》凡数十篇，皆古文也。恭王往入其室，闻鼓瑟、钟磬之音，于是惧，乃止不坏。”据考证，这些古文是战国时人所书，大约是秦焚诗书时藏入孔宅壁中的。除此之外，还有西汉人张敞所献《春秋左氏传》的字体，今人统称之为“科斗文”，这可能是战国时代齐、鲁等国通行的文字。《说文》所采录的古文，主要也就是根据这些用战国文字书写的经传。汉代所出的古文经的抄本流传到魏，曾被刊刻在《三体石经》中。《三体石经》是曹魏正始年间由政府下令刊刻的，所以又叫《正始石经》。共三十五块，用古文、小篆、隶书三种字体，刊刻了《尚书》、《春秋》，供众人学习之用。由于《说文》经历了近两千年的辗转传抄，字体难免有失真之处，《三体石经》保存下来的文字很少，而且刻写时离战国已有四百多年，有的字体已经走样，所以研究六国古文的可靠资料应当是后世出土的战国时代的陶器、兵器、货币、印玺等上面的陶文、金文、玉石文、简帛文、货币文、玺文等。

陶　文

玺印文

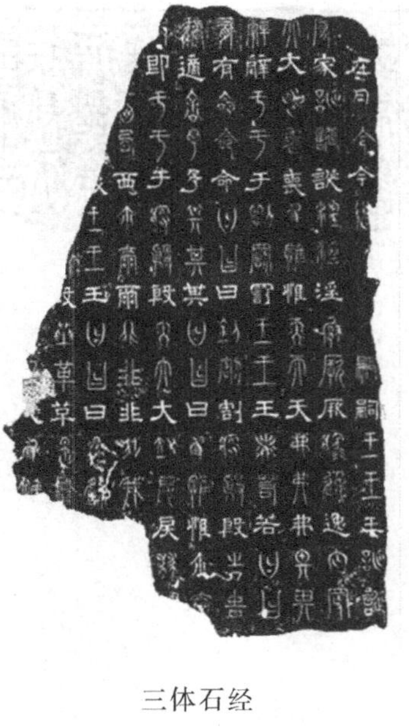

三体石经

（二）六国古文的书体特点

六国古文纷繁复杂，异彩纷呈，在字体上的特点也比较明显：

1. 文字异形的现象繁多。战国时代是一个分裂时代，“诸侯力政，不统于王”。周武王在牧野打败商纣王，推翻了商朝，建立了西周王朝，于公元前十一世纪，先后分封了一批诸侯国，诸侯国分权独立，各霸一方。汉字的不同写法，不仅反映了各国文字的地方色彩，也反映了当时各自为政所造成的文字不统一的局面。人们按文字的风格，把战国文字分为秦、三晋（韩、赵、魏）、齐、楚、燕五种类型。同一个字不但不同诸侯国有不同写法，即便是同一诸侯国，偏旁部位也往往不确定。

写刻材料与用途品类繁多也是造成文字异形现象的一个重要原因。如，玺印书写范围小，一般字收得较紧，线条以直笔居多；简帛手写随意，一般较开放，多见弧曲线条；石刻文制作时间充裕，伸展范围大，可以吸收简帛、玺印等的长处，也可别出心裁；货币文制作量大，线条硬直，字体较简。

2. 简体字盛行。战国时代是由奴隶制向封建制过渡的大变革时代，政治经济、文化等变革剧烈，文字的应用越来越广，使用文字的人也越来越多，人们为了书写的便捷，较为广泛地使用简体字。这些简体字简化的方式多种多样，纷繁复杂。如有笔画的简化，部件的删除，轮廓的保留等等。

3. 形声字占优势，假借现象普遍。形声字的迅速发展，使字的分别更为细致。六书中的“本无其字”的假借和古书中的“本有其字”的通假使用已经相当普遍。

4. 文字应用的分化。战国时期的文字，按照其不同的应用范围，已明显地分化为常体、正体与花体。

（三）六国古文的价值及研究

商承祚说：“关于战国文字，亦属于宝贵遗产之一：如玺文、货币文、陶文，以及近年出土的帛书、竹简等丰富的材料，足够我们爬梳、钻研的了。表面上看来，这些不同国家的文字形体似乎是各自分歧发展的，但若上溯商周古文，下逮嬴秦的小篆来作全面观察，则六国文字，乃是起着承前启后的桥梁作用，值得我们搜集、类别、整理的，只有这样，才可以将文字的历史全部连贯起来。”（《古刻篆文编》，科学出版社，1959年版）六国文字虽然是最早发现、最早得到研究的古文字，但二十世纪五十年代以前的古文字学家都把精力放在了甲骨文和商周文字的研究上，而无暇顾及六国古文的系统研究。五十年代以后，朱德熙的《楚器铭文研究》（《历史研究》1954年第1期）、李学勤的《战国题铭概述》（《文物》1956年第7、8、9期）、裘锡圭《战国文字中的“市”》（《考古学报》1980年第3期）、张政烺的《中山王雒壶及鼎铭考释》、汤余惠《略论战国文字形体研究中的几个问题》（《古文字研究》第15辑，1986年）等等，都是战国古文研究的力作。

五、小篆

籀文（大篆）繁重，不便书写。六国文字虽然简易，但形体混乱，各成一体。公元前二二一年，秦兼并六国，统一天下，为了巩固发展中央集权制国家，秦始皇采用了丞相李斯的建议，实行“书同文”的政策，以古文、籀文为基础，“罢其不与秦文同者”，同时删繁就简，规定字形，从而结束了“文字异形”局面，统一了文字。这是我国文字史上的一次重大改革，改革后的文字就是小篆，其被规定为在全国推行的标准文字，故小篆又称秦篆。我们现在能见到的篆文，除《说文解字》中保留的9353个外，还有秦代的刻石、秦量、秦权、诏版、玺印以及《三体石经》中的文字，资料相当丰富。

小篆是由大篆省改而来，其主要区别在于字式的简化。这种简化主要表现在两个方面：一是去繁重，包括去重和删繁；一是趋简易，包括省变和讹变。

（一）小篆出现的意义

小篆出现的意义重大，汉字从籀文发展到小篆，是一个伟大的进步。作为书面的交际工具，小篆更便于应用了。作为统一全国文字的字体，小篆具有十分重要的历史地位。小篆是在整理大篆的基础上形成的，是对殷周以来的古文字整理、加工、定型的结果。从文字学的角度看，小篆是古文字阶段的最后一种字体，它的出现为隶书、草书、楷书的产生奠定了基础。所以小篆是汉字发展史上的一个转折点，是上联古文字下通今文字的桥梁，标志着古文字发展的终结，也是今文字产生的征兆。小篆承前启后，继往开来，在汉字发展史上占有重要的地位。

（二）小篆的字体特点

比较全面系统地收集了小篆的字书是东汉许慎的《说文解字》，共收小篆 9353 字，这是研究小篆形体的主要根据。小篆与大篆在形体上比较接近，而同甲骨文和金文则有明显的差别。介绍小篆的特点，同甲骨文和金文相比较，从中可以看出文字发展的规律。小篆的特点可以归纳为以下几点：

1. 书写线条化。用单一的线条代替勾描或填实。甲骨文多勾描，金文有的还在勾描的基础上加以填实，小篆则一律线条化，其笔画圆匀弯曲，均衡平稳，甲骨文、金文中的圆点、团块、尖笔、粗细不匀的笔画消失，都变成了线条。

2. 文字符号化。甲骨文、金文的构形，主要由客观对象本身的形体来决定，没有严密的规律性。而小篆由于书写的线条化，把结构复杂的图形简化为简单的符号，减少了汉字的图画性，使文字离图画的特点更远了，向汉字符号化迈进了一步，初步确定了汉字的符号性质。同时也使文字的构形有规律可循，如《说文》的 540 部首，即是从小篆的构形中总结出来的规律。

3. 形体统一化，可分如下两点：

① 字形规格统一。甲骨文和金文的字形，大小长短不一，方圆无定，小篆则一律写成一样大小的方而略长的字形，为汉字的方块化打下了基础。

② 笔画姿态定型。甲骨文和金文中许多字，多写少写一二画都可以，有些字的笔画还可以写出多种样式；小篆的笔画则不容增损，严格划一，否则就成为另外的字了。如“天”字，小篆、甲骨文和金文的写法是：

小篆 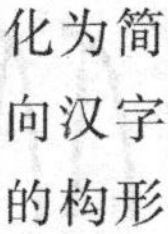 甲骨文 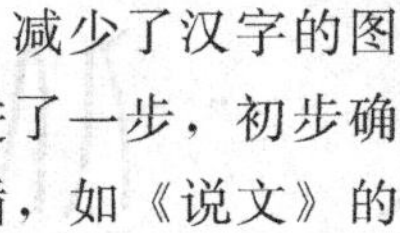 金文 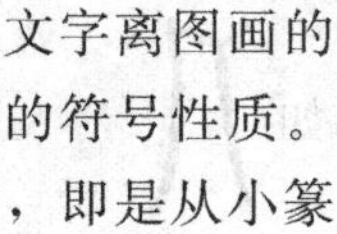

其中“天”字上边的一横，甲骨文可以画成方块，或者圆圈，也可以写成两横，两横可以连接，也可以断开。金文也大体相同，只是圆圈都填实了，其他部位也都很丰满。小篆则只有一种固定的写法。

4. 结构定型化。汉字字体发展到了小篆已经全部定型，每个字都有固定的写法，尤其是合体字。确定某个字由哪些偏旁组成，确定它们在字中的位置，一般不容随意变换更动。这就确定了一个字的基本写法。具体可分如下几点：

① 偏旁有无固定。例如，甲骨文的“贞”和“鼎”、“祐”和“又”、“祝”和“兄”、“妇”和“帚”、“物”和“勿”、“御”和“卸”都是异字同形。就是说，“贞、祐、祝、妇、物、御”等字可以不写形旁。而在小篆中则都分别是两个字，不写形旁就成为另外一个字了。

② 偏旁形体固定。例如，“牡”字，甲骨文可以从牛、从羊、从马、从豕、从鹿，小篆只从牛。

③ 偏旁部位固定。其一是排列固定，改变甲骨文、金文上下左右不拘的状态。其二是方向固定，改变甲骨文、金文左右反正自由的状态，如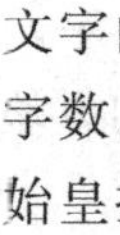“人”和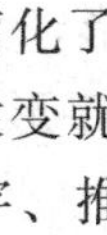“匕”、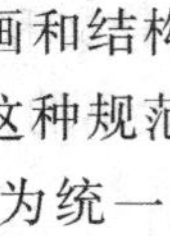“从”和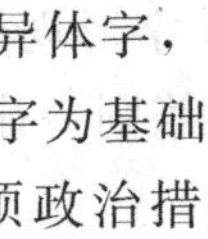“比”，这两对字在甲骨文中都没有区别，在小篆里却区分得很严格。

由此可见，小篆是一种规范化程度很高的古文字，它统一了殷周以来的古文字的形体，简化了汉字的笔画和结构，淘汰了异体字，同时也精简了字数。汉字的隶变就是以小篆这种规范化的古文字为基础的。

秦始皇把统一文字、推行小篆作为统一天下的一项政治措施。为此，作了许多重要的改革工作，除规定以小篆为标准字体，停止使用同其不一致的文字外，还依据《史籀篇》，由丞相李斯作《仓颉篇》，中车府令赵高作《爰历篇》，太史令胡毋敬作《博学篇》，将这三本用小篆书写的教科书向全国公布和推广，作为必须遵循的范本，同时还大量使用这种字体在全国各地刻石立碑，并把这种字体刻在符信、玺印上面，刻在人们日常生活使用的衡器和量器上面，所以影响极为深远。到汉代，闾里书师合《仓颉》、《爰历》、《博学》三篇为《仓颉篇》，分五十五章，每章 60 字，共 3300 字。这就是秦汉时学童必须熟读的三千常用字的识字课本。并规定“讽书九千字以上，乃得为吏”。不过小篆作为标准字体正式通行的时间不长，汉代就已经不常用了。但是，两千多年来，小篆作为一种书法艺术，在印章、装饰等方面还一直使用着。特别是小篆的产生，为汉字的隶变奠定了基础，也为我们认识甲骨文、金文等更古的汉字提供了方便，所以在汉字发展史上占有重要的地位。

第二节　今文字

在文字学上，人们把隶书以后的汉字称为今文字，今文字包括隶书、草书、楷书和行书。

一、隶书

（一）隶书的产生

小篆虽然是规范化的文字，但毕竟是一种端庄精巧的字体，修饰性很强。裘锡圭先生认为小篆的“篆”跟“瑑”同音，古代二字可以通用。“瑑”是雕刻为文的意思，那么“篆”也就有“雕刻”“铭刻”的意思了。小篆字体的特征，由“篆”的这个义项表现出来。这种精雕细刻的字体，须用匀净的线条，圆转的笔画精心描绘，故一般只用于三公册命、颂功刻石、庙堂祭享等庄重的场合。至于日常公务用字，若一律要求篆文书写，终归不便。所以秦始皇在统一中国后通行小篆的同时，还通行了隶书。隶书是篆书的草写形式，是一种俗体文字，应用于日常生活如书信、手抄书籍，以及下层官吏的公务活动等。隶书的特点就是把篆书的圆转笔画改为方折笔画，大大提高了书写速度。许慎的《说文叙》说：“秦……大发隶卒，兴役戍，官狱职务繁，初有隶书”。晋卫恒的《四体书势》也说：“秦既用篆，奏事繁多，篆字难成，即令隶人佐书，曰隶字。”这也就是一般人认为的秦时篆、隶并用和“隶书”、“左书（佐书）”等命名的由来。此外，自汉代以来，还广泛流传着程邈为秦始皇造隶书的传说。但裘锡圭先生认为这些说法与事实是有出入的。他认为秦文字的俗体是隶书产生的基础。不管隶书产生于何时，怎么产生的，毋庸置疑的是，它是以极强的实用性出现与流行的。

（二）古隶和今隶

这里我们按一般的说法，把隶书分为古隶和今隶两种。古隶在战国时代已具雏形，通行于秦汉之际，所以又叫做秦隶。秦隶类似于草写的篆书，并不是一种成熟的字体，而是与篆书并行的日用书写体。西汉建立，律令制度承袭秦制，文字也照搬小篆和秦隶，故西汉初年仍旧使用秦隶。秦隶的真迹，见于秦始皇二十六年权量诏版和湖北睡虎地秦墓出土的竹简以及马王堆汉初墓葬出土的帛书、银雀山汉初墓葬出土的竹简等。秦隶是小篆的草写，突出特点是篆书、草书因素并见。按照事物发展的一般趋势，自然是篆书这一保守因素的逐渐消亡和草书这一新生因素的日渐成长。当秦隶作为民间流行的辅助书体出现的时候，但求快捷，草率并无大碍，但当它上升为官方法定文字时，就需要庄重严谨，在使用上草率的写法逐渐收敛，而趋于美化和规范化。秦隶结构的日趋简化，线条的日渐粗细均匀，笔势的波挑、起伏日具规范，导致新的规范字体的产生，这就是今隶。今隶出现于汉魏，与秦隶相对应又叫汉隶。汉隶已由草率的字体变为正规文字，结构平整，布局稳重匀称，笔画带有明显的“蚕头燕尾”的风格，被称为“八分书”，简称“八分”。今存的汉隶，主要见于石刻，最有名的是汉灵帝公元一七五年所刻立的熹平石经，相传是蔡邕的大手笔。秦隶书写方便，秦朝时就已流行，汉隶更加方便，汉朝定为正式书体，影响深远。秦隶和汉隶的主要区别是：秦隶不过是写得较为简单潦草一点的小篆，汉隶变小篆的圆转笔画为平直方折；秦隶还存有小篆的痕迹，是辅助小篆的一种日用变体；汉隶中小篆的痕迹则不复存在，是用于庄重场合的规范字体，是成熟的隶书。

（三）隶书与篆文的区别

隶书（主要是汉隶）与篆文相比，发生了巨大变化，区别十分明显：第一，大量出现偏旁简化和形体省并，使汉字的形体特征发生了变化，致使许多隶书破坏了篆文原有的“六书”结构。第二，隶书彻底改变了汉字从金文到小篆贯穿下来的以圆转线条为特征的书写风格，篆书所遗留的象形意味几乎完全被破坏。从隶书开始，等粗的线条经过各种变化，形态丰富起来，产生出横竖撇捺点等不同的笔画。尤其是长横的一波三折，撇和捺的如翼双飞，极富装饰性。第三，字体从长变扁，打破了篆书回环缭绕的写法，将浑然一体的字形割裂开来。东汉后期，一直到南北朝为止，隶书在通行期间涌现出“各出一奇，莫有同者”的传世佳作。如《石门颂》（建和二年，即公元 148 年）、《孔庙礼器碑》（永寿三年，即公元 157 年）、《西岳华山庙碑》（延熹八年，公元 156 年）、《曹全碑》（中平二年，即公元 185 年）、《张迁碑》（中平三年，即公元 186 年）等，林林总总，蔚为大观。

（四）隶书产生的意义

隶书的产生，从根本上改变了汉字的面貌，是汉字发展史上一次空前的大变革。许慎早在《说文解字叙》中指出：“初有隶书，以趣约易，而古文由此绝矣。”小篆结束了秦以前历时数千年的古文字形体，隶书却奠定了汉以后两千多年来汉字的方块形式。由小篆发展为隶书的过程，叫做“隶变”。隶变是古文字和今文字的分水岭，是汉字发展史上的里程碑。它使汉字离象形的特点更远了。例如，“鸟”字甲骨文作“”（乙 7991），像鸟之形。小篆作“”，基本保存了原意，隶书作“鳥”，很难看出鸟的形象了。

（五）隶变对汉字形体的影响

隶变以后的汉字的特点，可以从两方面去看。从书写形式看，由象形文字发展为符号文字；从文字制度看，由不纯粹的意音文字发展为纯粹的意音文字。这里所说的“象形”，不是指造字结构的象形，而是指文字的书写形式。象形文字和符号文字是人类文字的主要书写形式，各种意音文字起初都是象形文字。符号文字是文字书写形式发展的高级阶段，它已经与象形的特点相隔绝了，也表现不出造字的原意了。当然，符号文字本身还有繁简、精粗、优劣的差别，还有不同的发展水平。书写形式的演变反映了字体的发展规律。从书写形式看，甲骨文、金文、大篆、小篆等古文字都属于象形文字。从文字制度看，它们都属于意音文字，但有发展水平高低的不同。甲骨文、金文、大篆、小篆等古文字还带有形意文字的某些特点，文字符号还有大量的表形成分，还基本上保存着造字的原意，所以我们说它们是不纯粹的意音文字。当然，这四种古文字之间又有发展程度的不同。大体上，甲骨文和金文是一个体系，大篆和小篆又是一个体系，前者文字符号中表形的成分更多一些，象形意味更浓一些，后者已经基本上线条化、符号化、方块化了，表形的成分少了一些，但还属于象形文字的书写形式。隶变以后的汉字完全符号化了。造字的原意难以看见，所以说，它们是纯粹的意音文字。隶书的出现，大大突破了古文字形体的象形性质，古文字的曲线形体和小篆的圆匀线条也一变而为方折，形成了笔画。所谓方块汉字也就是指这种隶变以后的今文字而言的。以后通行并居于正统地位的楷书，除笔锋和波折态势与隶书有所不同外，在结构上并无大的差别。所以说隶书奠定了两千年来一直沿用至今的汉字形体的基础。

隶变，首先是字体的变化，由此也引起字的结构的变化。其主要特点是：

1. 线条化、符号化。小篆为追求字形的匀称、整齐，已逐渐线条化、符号化，但还保留一定程度的象形意味，而到了隶书，汉字的象形性几乎全部丧失。变为纯笔画组成的符号。如

小篆　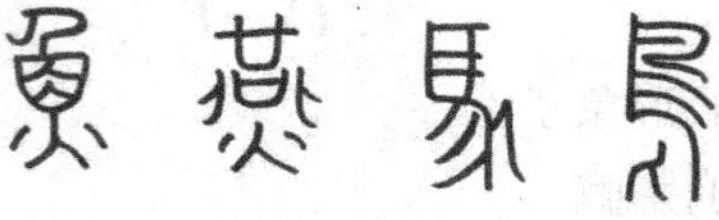

隶书　魚　燕　馬　鳥

“鱼”、“燕”的尾巴，“马”的腿和尾巴，“鸟”的爪和尾巴，都变成四点，再也看不出它们所象的原形了。因此，隶书以后的象形字，人们称之为“不象形的象形字”。隶书为汉字字体发展史揭开了新的一页。

2. 偏旁形体的变化。小篆的偏旁是对秦以前数千年古文字的整理、改造和定型的结果，一笔一画都在力求说明造字的本意，虽然事实上无法做到。可是，隶变以后的偏旁，只求书写的简便，笔画的整齐，就完全不顾造字的原形和本意了，文字的形体结构发生了质变。如“香”的本义是谷物的芳香，小篆写作“”，上边是黍字，表示谷物，下

边是甘字，表示味美。隶变以后的香字，“黍”变成了“禾”，“甘”变成了“日”，再也见不到“谷物的香”了，“书”字，小篆从“聿”（写字的笔）“者”声，隶书则省“者”成“日”，“年”字小篆从“禾”“千”声，隶书合并为不可分析的字体。由此可见，隶变以后的偏旁形体（或一些整字）只是一些表示约定俗成意义的记号，由这些记号作为部件构成的汉字，当然再也难以说明造字的本意了。除此以外，偏旁的符号化还造成了其分化和混同。小篆中的同一个偏旁，在隶书中分化为不同的偏旁。例如：

小篆 

隶书　炙　灼　赤　然　尉　光

同一个“火”旁，小篆无论在什么部位，其写法都是一样的，但在隶书里则分化为几个不同形体的偏旁，如果我们不追溯到小篆，就无法了解到这些字皆从“火”得义。

小篆中不同的偏旁，到隶书中混同为一个。例如：

小篆 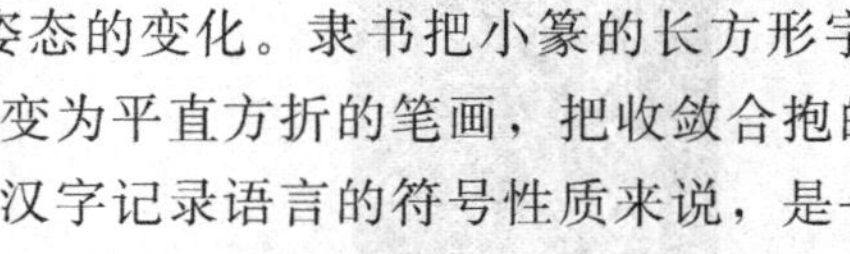

隶书　奕　奂　樊　奠　莫

以上诸字可见，“大”是由不同偏旁混同而成的。

3. 笔画姿态的变化。隶书把小篆的长方形字体变为扁方形，把圆转勾连的线条变为平直方折的笔画，把收敛合抱的笔势变为分张飞扬的波挑。这对于汉字记录语言的符号性质来说，是一场大革命，它使汉字书写的繁难程度大大降低，同时也使汉字的书写速度大为提高。

4. 书写结构的变化。这主要表现在有些字由包围结构、半包围结构变为上下结构。如

 →牢　　 →嚣

另外，上边提到的偏旁的简化、分化以及混同，也都是书写结构的简化。

二、草书

草书有章草、今草和狂草之分。章草出现于秦隶之后，《说文解字叙》："汉兴有草书。"西汉木简证明，那时的所谓草书，实际上是隶书的快写，是草率的隶书。可以说章草由秦隶中的草书因素发展起来的，是跟隶书并行的一种字体。秦隶最初只作为民间流行的辅助性书体而出现，后来被官方所接受，一方面，向官方法定文字发展成为汉隶；另一方面，继续作为民间流行的书体，向赴速急就的方向演进，形成章草。

汉隶一般是用于庄重场合的规范字体，而一般公务和日常生活大都使用快写、潦草的隶书——章草。庾肩吾《书品》："草势起于汉时，解散隶法，用以附急。"章草的成熟和流行，是在西汉末年以后。关于其得名，旧说很多。有的认为"章"为章法，与后来今草的随意简省相对；有的认为"章"来源于《急就章》；有的认为得名于东汉章帝；有的认为这种字体用于奏章。章草在体势上和用笔上遗留着明显的隶书痕迹。在起笔处，特别是"捺"的末尾，纯然是原来隶书的笔势。章草是秦隶的草率写法，秦隶又是小篆的草率写法。但是，由小篆转化为秦隶和由秦隶转化为章草，总体而言是不同的演变模式。秦隶主要是把小篆圆转的线条变为方折的笔画，结构上的联系清晰可循；而章草对秦隶的改变，主要是笔画的省简和运笔的连续，结构上往往只存大意。三国时吴国书法家皇象的写本《急就章》是著名的章草字帖。

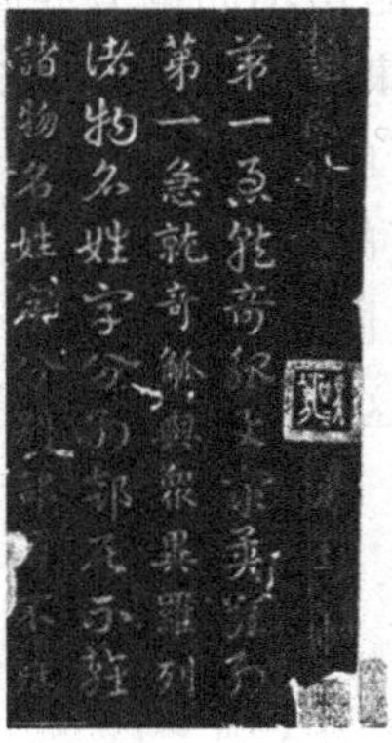

史游《急就章》（章草）

晋代以后，楷书已经出现。当时的书法家利用楷书的笔法改造章草，形成与章草风格不同的草书，为了区别，称为“今草”。今草是在章草的基础上加快行笔，增多圆环，勾连变化，一挥而成的，即或偶有不连，也血脉不断。今草已失章草的“波磔之势”，上下字之间，笔画往往相属，偏旁往往相借，书写流利，仪态万方。另外，今草又变章草的横式为纵式，使草书由隶书的体势（章草）转为楷书的范畴，因此，也可称今草为楷书的草写。唐代孙过庭的《书谱》，宋代米芾的《草书九帖》，都是今草的墨宝。存世今草，以王羲之、王献之父子的作品最为著名。狂草从今草变化而来，顾名思义，狂草就是大草，是最草的草书。唐代的张旭和怀素以狂草闻名四海，世称“颠张醉素”。后人评其书曰：走笔神速，气势不凡，露聚云散，触遇成形，电激星流，极尽其变。但因其难认、难写、难记，最终脱离了文字的实用性而成为一种艺术品。

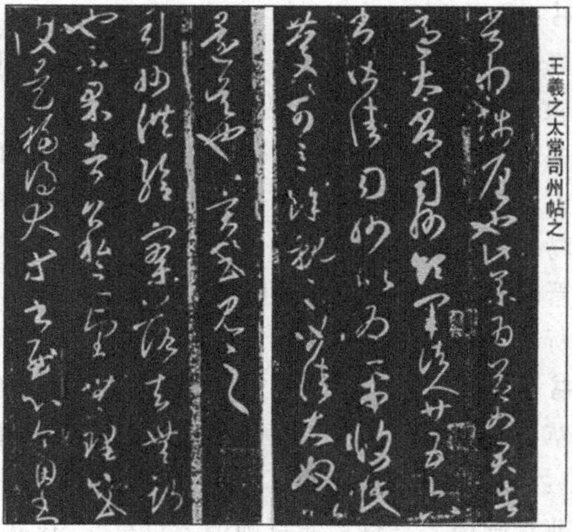

王羲之《太常司州帖》（今草）

张旭作品（狂草）

三、楷书

楷书又名真书、正书，开始通行于东汉章帝之时。江式《求撰集古今文字表》：“隶书作楷法，所谓楷法者，今之正书也。”可见楷书是隶书的变体。楷书改变了汉隶的笔势，去其波磔，杀其棱角，字体由汉隶的“八”字扁方形变为“永”字长方形，并且纠正了草书的散漫，其用笔平稳，易写易认，可作楷模，故名楷书。东汉末年到三国时代，楷书就定型了，东晋时期已经成为成熟的字体。这种字体一直沿用到今天，是我们今天通行的一种正体字。

四、行书

行书兴于草、楷之后，是介于草、楷之间的一种日用手写书体。江式《皇和书谱》：“自隶法扫地，而真几于拘，草几于放，介乎两间者行书有焉，于是兼真则谓之真行，兼草则谓之行草。”在魏晋南北朝时期，行书已经盛行。行书基本上保持了楷书的笔画结构，只是作了一些省简。行书切合实用，快捷胜于隶、楷，辨识易于篆、草，集楷书的平易和草书的流畅于一身，能够比较充分地发挥自己的特点。行书没有严格的书写规则，写的规矩一点，接近楷书，可称为行楷；写的放纵一点，接近草书，可称为行草。长期以来，行书为人们所喜爱而乐用。从晋朝到现在，一直是手写体的主要形式。东晋王羲之的《兰亭序》是行书的精品，历来被书法家奉为行书之典范，誉为“行书第一”。据说唐太宗对《兰亭序》极为喜爱，死后将真本作为陪葬，埋于坟墓，不能不算是一件憾事。聊以慰藉的是由于临摹者功力深厚，其娟秀清隽的风格仍可在临摹本中显现出来。

王羲之《兰亭序》（临摹本）（行书）

汉字历史悠久，以上我们只是介绍了汉字形体演变的大概轮廓。汉字形体的演变经历了一个漫长而又复杂的过程，其演变的轨迹不是直线式的。因此，我们不能简单地理解为甲骨文衰亡了，才有金文的产生，草书衰亡了，才有楷书的出现。其实除甲骨文、金文之外，字体混用的现象是存在的。

由于历史的发展和实践的需要，汉字自甲骨文产生之日起，其形体经历了多次的变化。在汉字形体演变史上，有两次最大的变化：一是秦始皇统一中国后推行了小篆，这是对汉字所作的第一次规范化工作；二是秦汉间发生的隶变，由于隶变，引发了汉字字体的急剧发展，章草、楷书的雏形以及行书、行草等等都已出现，隶变以后的汉字形体基本定型，再没有更大的变化。从这些变化中，我们可以看出，汉字形体演变的方向始终趋于简化和规范化的。

甲骨文字，字形较长，大小不拘，长短不一，依形而变，笔画有粗有细，似画却是文字。金文与甲骨文虽有制作与质地的不同，但从文字的角度看，属于同一体系的文字，但它比甲骨文更为成熟，无论形体、笔画都走向了划一。小篆使战国各诸侯国不同的文字得到了统一，从字型、笔画到写法都走上了规范化。从小篆到隶书，字形从竖长变为横扁，把小篆圆转方折变为横平竖直，是为了书写简易。隶变对小篆的合并、省略、混同，更体现了人们对汉字书写方便、简捷、规范的要求。但是隶书蚕头雁尾的笔法给书写也造成了一些板滞、复杂和不便。所以规正的楷书自然取代了隶书。

从汉字发展的角度看，字体变化发展的简化性和规范性是实践的需要，又是客观的必然。

第六章　汉字形体结构演变规律

作为一种文字体系，汉字的发展变化是在经常不断地进行着。一般的变化总是从偶然的、个别的、无规则的、细微的变化开始，而发展的结果就是出现了甲骨文与今日通行的楷书的巨大区别。即便是从楷书来看，魏晋以来的楷书，一直沿用到今天，字体没有变化，但字的形体结构却发生了巨大的变化，形成我们今天阅读古书的主要障碍。在《汉字形体的演变》一章中，我们简要地指出汉字形体演变的方向始终趋于简化和规范化。这一章我们着眼于汉字形体结构（又称“字式”）的变化，谈谈在汉字结构变化的纷繁复杂的现象后面，存在着的一定支配作用的规律，这个规律和趋势主要就是简化、声化和规范化。

第一节　汉字的简化

汉字在使用和发展的过程中，一直受到两条规律的制约。一个是“简易律”，一个是“区别律”。这两条规律是由汉字作为记录语言的工具，需要书写和认读的特点决定的。简易律造成汉字的简化，区别律促成汉字的繁化。在汉字发展的历史长河中，一直存在着繁化和简化两股潮流的冲撞和合流。繁化以区别字形，简化以方便书写，汉字正是在这种不断繁化和简化的过程中变化和发展着的。但是繁化、简化都是有限度的，繁化的限度在于书写，简化的限度在于区别字形，超过这个限度则繁简均不适宜。虽然如此，但迄今为止汉字形体变化的总的趋势是简化。这是因为文字的应用主要体现在书写上，随着文字应用的日益广泛，人们为了提高书写效率，对文字的简化提出了越来越高的要求，简化就成为汉字发展过程中的主要趋向。小篆将甲骨文、金文线条化、符号化，又省去了大篆的繁重，这是简化的趋势。隶书变笔意为笔势，也是简化的表现。关于简化，许慎在《说文叙》中就已指出："秦始皇帝初兼天下，丞相李斯乃奏同之，罢其不与秦文合者。斯作《仓颉篇》，中车府令赵高作《爰历篇》，太史令胡母敬作《博学篇》，皆取史籀大篆，或颇省改，所谓小篆者也。是时秦烧灭经书，涤除旧典，大发隶卒，兴役戍，官狱职务繁，初有隶书，以趣约易，而古文由此绝矣。"同时他在《说文》中也收了不少简体字。如"弃"、"蚊"、"达"、"无"等字，或作为古文，或作为俗体、或体，或作为奇字为《说文》所收。在汉隶中也有不少简体字，如"夹"、"陕"、"质"、"栖"、"继"、"属"、"盖"、"麦"、"万"等字在汉代石碑中已经出现。梁顾野王《玉篇》也收录了六朝时期的许多简体字，如"鞋"、"袜"、"尖"、"挽"、"来"等字。六朝至唐五代时期俗字盛行，俗体大都是简体。辽代幽州僧人行均编写了一本字书《龙龛手镜》，辑录了唐代前后写本经传中大量的俗字、简字。宋元以来，简体字大量流行，打破以往的记录。如宋代孙奕《示儿篇》就有这样一些简体字：献、齐、绳、国、斋、邹、庙、宝、辞、断、趋、着等。即使在正字法复古的明清时代，知识分子中仍有简体字流行。

历代简体字、俗体字的主要资料有：两汉刻碑俗体字、六朝刻碑俗体字、唐碑和唐人写经俗体字、宋元明清木刻印本俗体字。

（一）汉字简化的手段是多种多样的，从形体方面着眼，早期汉字的简化有以下两个方面。

1. 把图画化的符号线条化、笔画化

早期的文字，有很强的图画性，书写起来很不方便，在一些甲骨文、金文中还可以看出一些痕迹。人们为了实用的需要，便设法省去可省的部分，用线条形式去代替图画形式，这样，它们由复杂的图形，变成简单的线条和笔画符号。甲骨文就已符号化、线条化了。到了楷书，笔画化、符号化就十分彻底了。

2. 删去字中重复的或不重要的部分

早期文字的图画性强，不少字都近乎写实，结构容易造成繁复，也有的文字由于追求美观形成繁复的特点，如大篆（籀文）。这些文字极不利于书写的简便快捷。人们便设法抓住最能表现事物特征或字义的部分，将重复的或不重要的部分省去，达到书写方便快捷的目的。简化在甲骨文时代已经普遍，而小篆即是由大篆省改而成。

到了楷书阶段，文字的符号性更强，简化已不斤斤计较于形义的关联，保留原字的特征部分，省去其他笔画以简化形体的做法更加普遍了。如“飛”作“飞”，“聲”作“声”，“麗”作“丽”等。

除了上面的两点之外，后代汉字形体的简化途径更加丰富，我们在下面的“现代汉字的研究”中“简化字”一部分作详细介绍。

（二）简化除了着眼于形体之外，还有从符号数量的精简方面入手的。

1. 同化义近形旁

“画成其物”时代遗留下来的种类繁多的形符，使汉字体系显得臃肿庞杂，因此，人们早就注意到精简文字数量的工作。具体做法，主要是将一些义近形旁同化、合并。例如，“鸡”、“凤”两字，早期的甲骨文都是对各自的形象作具体描写，“鸣”字也是从“鸡”、从“口”会意的，后来“鸡”的象形字加上声符“奚”，“凤”的象形字加上声符“凡”，原来的形体便可以被代表一般鸟类的“鸟”或“隹”所同化，“鸣”字也由从“鸡”的象形字改为从“鸟”，这样一来，“鸡”、“凤”的象形字（包括独体或作偏旁的）都被精简掉了。

2. 废除异体字

汉字中存在大量音、义俱同而形体相异的“异体字”，这是造成汉字臃肿庞杂的又一重要因素，不仅会加重人们学习的负担，而且容易给用字带来混乱。因此，历来整理文字，都把确立正体，废除异体字作为重要内容，使汉字在数量上得到精简。

3. 合并同音字

在不会造成使用混乱的前提下，将一些同音字合并，使一字兼两三字之职，这也是从数量上精简汉字的一个有效方法。如“斗”与“鬥”合并，“丑”与“醜”合并，“饥”与“饑”合并，“出”与“齣”合并。

第二节　汉字的声化

为了有效地记录语言，文字借助声音是势在必行的。在汉字的发展历史上，起初是借用现成文字符号的语音去记录新词，接着是在借用符号上加注与新词有关的意符去创立形声字，再往后就是改造现有符号以增强文字的表达功能，汉字就是这样一步步地沿着声化的趋势向前发展的。

声化的表现有以下两个方面。

（一）假借的普遍使用

假借虽然起初只是偶然的同音顶替，但它的出现使表意文字的形体摆脱了字义的束缚而作为一种纯粹的音符来使用，在文字记录语言方面迈出了关键的一步。假借字的使用，不但可以少造很多字，而且语言中那些无形可像、无意可会的的词也有了依托，文字符号记录完整的句子才成为可能。文字记录语言的能力大大提高。

在商代甲骨文里，不但最常见的干支字全是假借字，而且否定词、代词以及人名、地名、国名一类专有名词也全是假借字。据吉林大学教授姚孝遂先生统计，在所有甲骨刻辞中，假借字所占比例在79%左右，假借字的优势由此可见。

当然，假借不能无限制的发展下去，假借的结果使一字身兼数职，势必会造成用字或理解的混乱，因此，假借发展到一定程度上就要受到节制。不过，假借为形声字的大量产生奠定了基础，假借的节制意味着声化现象将以更高级的形式向前发展。

（二）形声字的产生和大量增加

我们在《汉字的结构》一章中谈到形声字的产生时，曾引用裘锡圭先生的观点“最早的形声字不是直接用意符和音符组成，而是通过在假借字上加注意符或在表意字上加注音符而产生的。”在假借字上加注意符，在表意字上加注声符，都是形声字形成的简便途径，也是汉字声化发展的集中表现。由于形声字既可标音，又能区别字义，颇能与汉语的特点相适应，符合人们记录汉语的要求，因此，其产生后，便占尽优势，除了假借字之外，其他的表意字，如象形字、指事字、会意字，也都向形声方向转化。

在整个汉字的发展过程中，形声字所占的比例，由甲骨文时代的28%（据《甲骨文编》统计）增加到金文时代的50%（据《金文编》统计）、小篆时代的80%（据《说文解字》统计）以及现代汉字的90%以上。这些都足以看到汉字确实有很强的表音趋势。

第三节　汉字的规范化

汉字自从它产生之日起，就处于不断发展变化中。随着语言中新词的不断产生，新字不断出现；随着书写工具和书写习惯的改变，以及用字人群数量多，使用地区广泛，新的形体和字体也不断产生。这些创造在多数情况下是符合汉字发展规律的，因而是有生命力的。但是也带有一定的主观随意性，给汉字的使用造成混乱和不便，特别是对于高效地发挥文字在社会交际中的作用，极其不利。这种情况会影响社会的政治、经济和文化各方面的正常进行。战国时期严重的“言语异声，文字异形”，就是一个显著的例子。所以历代的中央政府，在一定的时候都要运用法令来对汉字进行整理和规范工作，同时也对汉字作了一定程度的改革。当然，历史上也存在着群众自发进行的规范化工作，如隶变。

汉字的整理和规范，主要包括规定每个汉字的正确形体，清理同一字中的异体字两个方面。秦始皇废除六国异体，推行小篆，是我国历史上第一次大规模进行的汉字整理和规范工作。秦始皇对这项“书同文”工作极为重视，投入了大量的人力物力。当新的规范字体——小篆产生之后，即命令手下的重要官员丞相李斯、中车府令赵高、太史令胡母敬编出《仓颉篇》、《爰历篇》、《博学篇》等字书，推广于天下。随着他时常外出巡视，又在各地树立用小篆书写的碑刻，使小篆的影响进一步扩大，加速了“书同文”的进程。

“书同文”的效果是很明显的，它结束了战国文字的混乱局面。现今出土的战国楚国文字如长沙仰天湖楚简，形体结构给人以奇诡难辨的感觉，这正是当时楚国地方文字的面貌。而几乎同在一地出土的长沙马王堆西汉帛书《老子》，时代间隔并不大，诸字的形体就相当容易辨认，地方色彩已经大为减弱了。这是秦始皇“书同文”积极效果的一个有力证据。

仰天湖楚简

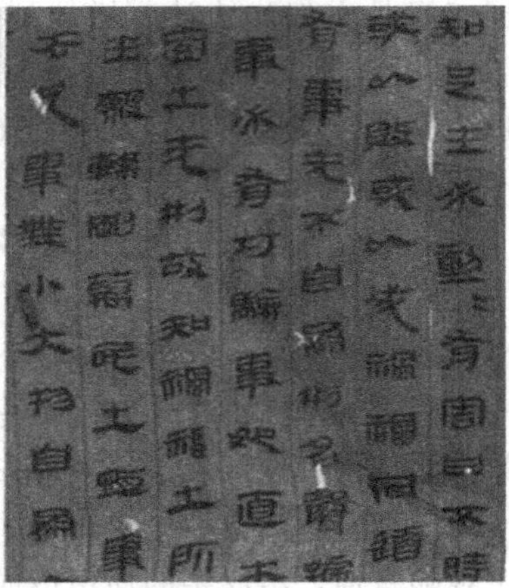

马王堆帛书《老子乙本》

其后，西汉初年、东汉初年、唐宋以来，都有运用法令整理和规范汉字的记载。东汉熹平年间（公元 172—178 年）、三国魏正始年间（公元 240—249 年）、唐代开成年间（公元 836—840 年）等，都曾经刻立“石经”，作为汉字书写的规范。当然，汉字的整理和规范工作往往不是一劳永逸的。每一次整理和规范工作之后，又有新的变化产生。因为汉字始终处于不断的发展变化中，民间在使用汉字的过程中，不断创造和流行与官方规定的“正体”字有区别的“俗体”字。“俗体”字多数是手写的简体字或草体字。这类新字由于简便易写，影响力很大，有时连官方文书和受过专门训练的知识分子也不能避免使用这种字。所以，中国历史上对汉字字形的整理和规范工作，大约每过几百年就要进行一次。

小篆是在政府行为下出现的规范文字，但它应用的时间很短，很快被隶书所取代。隶变从根本上改变了古文字的面貌，具体表现在改变了小篆及其以前的种种字体的书写形式，使书写形式进一步规范。隶变集中反映在两个方面：分化和混同。

(一) 分化

将古文字的同一种形体分化为隶书的几种不同的形体。同一种古文形体，在隶书中单独成字和用作偏旁时不一样，同是用作偏旁，在同一字的不同部位又不一样，即使所处的部位相同，在不同的字又有变化。如：

1. “人”字：单独成字写作“人”。用作偏旁：

(1) 人（在上或下）：企　介　欠

(2) 或刀（在上）：危　刍　及

(3) （右上）：临　监　饬

(4) 亻（左或上）：伯　仲　壬

(5) （左）：北

(6) 匕（右）：死

(7) 卜（右）：卧　咎

(8) 丨（中）：弔

(9) 儿（下）：兄　光　先　见

(10) 八（下）：页

2. “手”字：单独成字写作“手”。用作偏旁：

(1) 手（下）：掌　拳

(2) （下）：奉　举

(3) （上或左）：看　拜

(4) 扌（左）：指　拉

(5) （在上）：失

(二) 混同

将古文字的几种不同的形体混同为隶书的一种形体。如：

1. “日”字，本是日月的日，由变成。为早、昏、昧、旦等

字的偏旁。隶变之后，有许多原来不是日的形体也跟它混同了。

(1) （甘）：旨　香　音

(2) （白）：(《说文》七下：“，际见之白也。从白上下小见。”即墙缝中露出的一线光亮。)

(3) （舟）：恒

(4) （回）：亘（xuān），为宣、媗、桓、洹、垣等字的偏旁。

2. “月”字，本是日月的月。由变成。为明、朗、期、朔、霸等字的偏旁。隶变之后，跟它混同的有：

(1) （肉）：肯　育　胃　胄　肖　脂　胜　胡

(2) （舟）：前　俞　朕　服　滕　腾　腠

(3) （丹）：青

(4) 朋：甲骨文作“”，像两串贝玉之形；另“凤”的古文（）也作朋。为崩、绷、棚、硼、鹏等字的偏旁。

从上面所举“分化”和“混同”一部分例子中可以看出隶变是如何从根本上改变了古文字的面貌的。而隶变又主要是通过三种手段进行的：形变、省变和讹变。

1. 形变：是将随体诘诎的线条变为点、横、竖、撇、捺、钩、挑、折等笔画，并不增减构成成分，也不改变构成方式。例如：

汉隶　

小篆　

2. 省变：删掉或简化了一字中繁复结构的某一部分。

汉隶　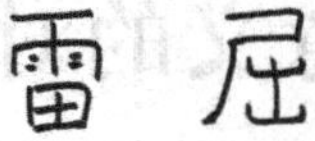

小篆　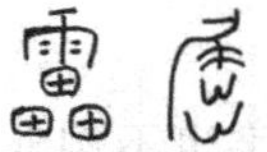

3. 讹变：构成方式的改变。讹变是一种特殊的变化方式，指文字演变过程中，某些部件被误写成与它原义不同的其他部件，造成字形结构上的错误。讹变字是发生了讹误变化的异体字。导致讹变的原因比较复杂，从甲骨金文演变到小篆的过程中讹变的现象比较普遍。这里所说的讹变，只是指由小篆演变到隶书的过程中所发生的讹变，不包括小篆本身的讹变。如：年、春。

汉隶　　年　　春

小篆　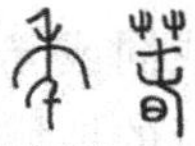

形变、省变和讹变这三种方法常常结合使用。

第七章 汉字形体与意义的对应关系

每种文字都有形、音、义三个要素，汉字也不例外。汉字作为一种古老的表意文字自有其特点：一个方块汉字既是一个书写单位，又代表汉字的一个音节，同时一般又表示一个词义。大多数汉字，特别是早期汉字的构形，与词义或语素义之间具有高度的一致性，词义是汉字构形的主要依据，字的构形是以体现词义为目的的。但由于汉字历史悠久，在其漫长的发展过程中，除了结构体式的变化外，随着客观事物的发展变化与汉语词语的孳乳分化，汉字记录的词义也在不断地发生相应的增加与调整。每个汉字都有自己的形体、字音、意义演变的历史，而成千上万个汉字从其外部看，彼此之间存在着种种或同或异的关系，从而产生不同的名目；加上汉字使用的人口众多，通行的地域辽阔，用字情况显得特别复杂。一字多词、一词多字、同字异读等现象十分普遍。

第一节 一字多词

一字多词就是一个字表示多个词。这些词有些是同音的，有些是不同音的。

一、同形字

同形字指在外形方面完全相同，但分别记录不同的词的字。从严格意义上来说，同形字应该理解为同形异字。同形字的来源有以下几种：

1. 同一字形取义的多向性。这种情况主要出现于早期文字中。如在甲骨文中，存在着一个字表示多个不同意义的词的现象，这是由于取义角度不同导致的。如“隻”，是个会意字，像“以手持鸟”，从手中抓着一只鸟的角度出发，可以表示禽类的量词，即“鸟一只”，读 zhī；从用手抓鸟的角度出发，又表示“抓获”，读 huò。这两个词的意思都能从字形反映出来。后来抓获意义的写作“獲”，“隻”（“只”与“获”）分化成两个字。再如月亮的“月”在甲骨文中像半月之形，指月亮；这个字同时也表示夜晚的“夕”，因为夜晚以天上有月亮为特征，看到月亮就知道是晚上。后来用两个异体进行分工，轮廓内加点的为“月”，无点的为“夕”，“月”“夕”分化为两个字。

这种现象之所以在文字早期比较常见，是因为此时的文字还依赖于形体表意，读音可能也不固定。当文字进入表词的阶段，字形和语言中的词形成固定联系，形体本身的显义性不再重要。此时，一个字形表示读音不同的两个词就和文字的记词性质相矛盾，也会给书面交际造成混乱。因此，利用各种方法进行分化，使得文字保持一字一词的对应，就成为文字发展的必然趋势。一字表示意义相关的几个词的现象，即便是在甲骨文中也不多见，说明甲骨文已经是比较成熟的表词文字。

2. 因造字时的时间地点不同，而发生的偶然巧合。由于文字产生的地域性和时间性等因素，往往会导致同词异字（异体字）的现象，反过来说，也会出现同字异词（同形字）的现象。如，北朝俗字以“甭”为“罢”，音 bà（见《颜氏家训·杂艺》），可以说“甭”为“罢”的异体字，同时也可以说这个“甭”是北方方言“甭”（意为“不必”、“用不着”）的同形字。另如“找”字，是“划”的异体字，其表示划船的“划”与表示寻找的“找”形成同形关系。

3. 两个不同的字因形近而偶合。如：

暴：① pù，暴晒，从日从出从廾从米。

② bào，暴虐，从本暴省声。

炮：① bāo，炮羊肉。《说文解字》：“毛炙肉也。”

② pào，大炮。《广韵》从石駮声。

有人把大炮的“炮”与炮羊肉的“炮”看成是通假关系，其实不然。大炮的“炮”，《正字通》省作“砲”，指投石机。后来发明了火药，把其用于兵器中，从“石”的炮，变成了从“火”的炮。所以大炮的“炮”是后起的形声字，只不过字形与炮羊肉的“炮”偶合罢了。

4. 本来不同形的字，由于字形变化（演变、简化、讹变）成为同形字，如：

适：① kùo，《说文解字》：“，疾也，从辵舌声”。隶楷变作“适”，古人多用作人名。

② shì，“適”的简化字。

胜：① xīng，“腥”的本字，从肉生声。隶变后，“肉”旁与“月”旁混同。

② shèng，“勝”的简体字。“勝”从力朕声。隶变后，“舟”旁与“月”旁混同，简化字又取原字左旁作象征，另加声旁“生”，于是成“胜”字。

5. 两个不同的形声字共有一个简化字，就简化字来说，它们也是同形字。如：

纤：① xiān，纖。　　　脏：① zāng，髒

　　② qiàn，縴。　　　　② zàng，臟

同音假借也会造成的一个字记录两个或两个以上不同词的情况，但不是我们这里所讲的同形字。这主要是是由于同形字（除了第五类）所记录的词义与字形有密切联系，而假借所导致的一字多义，本义与字形有联系，而假借义与字形毫无联系。

二、同源分化词共用一字形成的一字多词

词汇发展的一个重要方式是同源分化。语言产生之初，概念的命名是约定俗成的，但是，语言的基本词汇系统形成之后，新的概念的命名就会受到已有词汇系统的影响，以已有的词为源头，采取同音或音转的方式给新的概念命名。词是音义的结合体，如果用同样的语音形式来命名相关的概念，一般视为一个词的词义的引申发展，构成多义词。如果用相近的语言形式来命名相关的概念，一般视为有相同来源的两个亲属词。词的分化以音转为标志，语音形式是决定词的显性标志。文字是记录语言符号，晚于词的发展。很多时候词汇已经分化为两个形式但文字上仍共用一个书写形式，这就形成一字多词的现象。同源分化所形成的一字多词与多义词的区别在于语音有所变化。这种音义分化，又可分为四种情况。

（1）声调不同，如：

好：① hǎo，坏的反面。

② hào，爱好。

看：① kàn，看见。

② kān，看守。

（2）声母不同，如：

见：① jiàn，看见。

② xiàn，出现（使人看见）。

长：① cháng，长久

② zhǎng，年长

（3）韵母不同，如：

数：① shǔ，计数。

② shuò，多次。

（4）声韵全变，如：

畜：① chù，牲畜。

② xù，畜牧。

行：① xíng，行走。

② háng，行列。

三、同音假借造成的一字多词

前面我们多次谈到假借，特别是在第四章《汉字的结构》中我们谈到了“本无其字的假借”和“本有其字的假借”，这两种假借也是造成一字多词现象的一个重要的方面。

从本无其字的假借看，如果某个词总是假借某一个字来记写，那么字和词之间就建立其固定的联系，这个字也就获得了一个假借义。由于假借这种用字方法，在词义系统中就存在着与本义毫无联系的假借义。从理论上讲，假借义和本义不能视为一个词的两个义项，可以看作是一字多词。

这种假借造成的一字多词，有一些后来或是假借义变为专用义（其本义湮没），仍维持一字一词，如“我”字，甲骨文作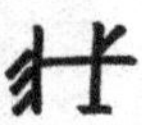，成一种

兵器的象形。但甲骨文中都用作第一人称代词，本义所表示的词早已不在语言中使用。或是另造分化字，结果是仍维持一字一义，如“莫”和“暮”，“辟”和“僻”。还有一些假借义与本义都存在，这是真正的一字多词。如“花”本是花草的“花”，假借为花费的“花”；“干”本是盾牌，又假借为干支的“干”；“耳”本是耳朵的“耳”，又假借为语尾助词的“耳”。

从本有其字的假借看，同音字的通用和假借，也使这个字获得一个假借义，而假借义也可成为这个字的固定义项，如“蚤”既表示跳蚤的“蚤”，又通作早晚的“早”。

一般假借用字并不改变借字的读音，但有的假借改变了借字的读音。如：

假：① jiǎ，虚假（本义）。
　　② jià，假期（假借义）。

折：① zhé，转折（本义）。
　　② shé，折本（假借义）。

另外，汉字简化的同音替代，也可形成一字多词。汉字简化的方法之一就是用简单的字代替形体复杂的同音字，结果造成一字表示两个或多个同音词或近音词。如“后”本是君王的“后”，汉字简化后代替前后的“後”，形成一字二词。

一字多词现象要注意与多义字的区别。多义字是指一个字同时具有互相联系的几个不同的意义，是同源分化的结果。这种字是一个字的语用变体，在不同的上下文中可以解读出不同的意义。汉语中除了少数化学元素的名称是单义的，绝大多数汉字是多义字。多义字各个义项是有联系的，但各个意义之间的联系并不是并列的，其中必有一个意义是最基本的，这就是本义，其他意义是由这个意义发展转化而来的，是引申义。有些字最早的原始意义现在已经不常用了或者是消亡了，现在的常用义并不表示本义。

第二节　一词多字

一词多字就是一个词有多种书写形式，包括以下几种情况：

一、异体字

异体字是指音义完全相同，形体不同的字。这种字在任何情况下都可互相代替，通用无碍。从字的角度看，异体字是一个字的字形变体，即一字多形。

异体字的类型：

1. 构字方法不同产生的异体（主要是会意字、形声字），如："渺"与"淼"、"它"与"牠"、"岩"与"巌"等。

2. 构字方法相同（形声字），但构字部件不同，或部位不同。

① 形符不同，如"杯"与"盃"、"炮"与"砲"、"睹"与"覩"、"遍"与"徧"等。

② 声符不同。如"烟"与"煙"、"猿"与"猨"、"裤"与"袴"、"玳"与"瑇"等。

③ 声符、形符都不同。如"诉"与"愬"、"村"与"邨"、"迹"与"蹟"等。

④ 部位不同。如"飘"与"飃"、"峰"与"峯"、"略"与"畧"、"群"与"羣"、"鹅"与"鵞"等。

3. 书写讹变。如"春"与"旾"、"丐"与"匄"、"朵"与"朶"等。

应该注意的是，历史上某些异体字在意义、用法上产生了变化，就不能再理解为异体字了。如"喻"与"谕"在唐代都是通用的，唐五代以后，晓谕义只能用"谕"不能用"喻"，但比喻义可用"喻"，也可用"谕"，二者最后的分工可能是近代的事了。

异体字或来自古字遗留，或来自地区造字，不管如何都是消极的文化现象，增加了阅读和交流的困难。在文字发展史上有过几次大规模的取消异体字的文字规范运动，第一次也是最重要的一次是秦始皇统一全国后推行的"书同文"政策。根据《说文解字》、《汉书》等记载，汉时颁布过严厉的汉字规范法律。汉代隶书成为通行的正体，隶书破坏了小篆表意的笔迹，挣脱了象形的束缚，俗体字更容易产生。《说文解字》是我国文字学史上第一部全面规范汉字的伟大著作，规定了字量、字形、字音和字义。由于异体字日渐增多，唐以后，不得不在字典之外又出了一些专门规范字形、字义的专书，如《干禄字书》、《五经文字》、《六书正讹》、《字鉴》等。可以说历代规范汉字、整理异体字的大方向是正确的，但做法上过分强调承继性，如笔画必须符合小篆笔意，民间俗体一律排斥，则是错误的。新中国成立后，异体字的整理很快被列为国务院文字改革委员会工作日程。一九五五年文改会公布了《第一批异体字整理表》，淘汰了异体字1055个。其整理是按从俗、从简、便于书写的原则进行的。如（前面是保留的，后面是废除的）：

从俗：坤堃　丐匄　村邨

从简：乃迺　沾霑　脉脈

便于书写：略畧　群羣

新中国的汉字规范、整理异体字是为了降低汉字的繁难程度，不再唯篆意是从，其方针与古代相比有了本质的变化。我们讲异体字主要是为了了解文字使用的不同情况，方便读古书，在当今社会生活中不应再使用废除的异体字。

繁简字本来不属于异体字的范畴，国家确定简化字为规范文字后，原繁体字就不再使用。可是近年来由于改革开放，受港台和海外华人的用字影响，繁体字一时盛行，这就好比一下子冒出了成百上千个异体字，给人们的工作和学习带来了不必要的负担。这种不合理的用字现象亟待解决。

二、古今字

古今字指表达同一个字义时，因时代不同而出现的形体不同的汉字。同一个字古今形体不同，情况复杂。我们所指的古今字又可称为分化字。由于词义的引申和同源分化或文字的同音假借，在汉字的历史上，有很多一字多词的现象，为了维持汉字的一字一词，区别词义，后来给其中的一个词另造一个字，进行分化，对于这个词来说，它先后有过两种不同的写法，我们把这种现象称为古今字。原先的写法为古字或本字，后来的写法为今字或后起字。其中形体有联系的也叫分别文、区别字、累增字。要注意，“古”与“今”是相对的概念。段玉裁在《说文解字注》中说：“古今无定时，周为古则汉为今，汉为古则晋宋为今，随时异用者谓之古今字。”

（一）今字产生的方式

1. 在古字的基础上增加形符，这是最常见的方式，如：

受—授　臭—嗅　责—债　景—影　反—返　其—箕

2. 改变古字的形符，如：

说—悦　赴—讣　張—脹　振—赈

3. 增添笔画或改变笔画，如：

句—勾　陳—陣

此外，也有少数今字是在古字基础上增加声符，如：食——饲，自——鼻；或造新的形声字，如：亦——腋。

（二）古今字意义上的联系

1. 今字分担古字的本义，又可分为两类：

（1）古字被引申义占用，另造新字表示本义。如：

“益—溢”。“益”的本义是水溢出来，由“水”和“皿”会水满溢出之意。引申为富足、增加、利益等意义，由于引申义使用频率高，在“益”的基础上加形符“水”造“溢”，表示本义。

“州—洲”、“奉—捧”、“止—趾”、“文—纹”等都属于这一类。

（2）古字被假借义占用，另造新字表示本义。如：

“其—箕”。“其”字是簸箕的象形，本为簸箕，后借作代词和语气词，于是另造“箕”字表示本义。

“莫—暮”、“孰—熟”、“然—燃”、“永—泳”等都属于这类字。

为分担古字本义造字的情况，传统文字学上叫“累增字”。

2. 今字分担古字的引申义

本义仍用古字表示，另造今字表示某个引申义。如：

“取—娶”。“取”的本义是获取，引申指获取女人做妻子的行为。后在原字的基础上加“女”以明确这个引申义写作“娶”。

“道—導”、“解—懈”、“昏—婚”、“见—现”、“赴—讣”等都属于这类字。

3. 今字分担古字的假借义

本义仍用古字表示，另造今字表示假借义。如：

“辟—避、僻、譬”。“辟”的本义是法，最初“躲避”的“避”、“偏僻”的“僻”、“譬如”的“譬”等字尚未产生，有关词义都借用同音的“辟”，后来为在书面上加以区别，分别另造“避”、“僻”、“譬”等字表示假借义。

“舍—捨”、“戚—感”、“采—彩”、“属—嘱”、“说—悦”等都属于这类字。

对于这一种情况，也有人把今字叫做后起本字，表假借义的古字不叫古字，而叫通假字。在这个问题上，古今字和通假字发生了交叉，关键是对两个概念的理解。如果我们把古今字定义为一个词古今有两种不同的写法，而后出字与原字又有形体上的联系，这样的记录同一个词的两种写法是古今字的关系；如果定义为形体上能反映字义的字才是本字，那么，后出的本字就是唯一的本字，原来的假借字只是临时借用，也就是通假字。

三、通假字

通假是“本有其字”的假借，是古书中同音的字的通用和借用。前面谈到这种假借可以造成一字多词现象，从另一个角度看，也可以造成一词多字现象。如“蚤”既可以表示本义“跳蚤”，也可以表示通假义“早晨”，这是一字多词；反之，“早晨”既可以用“早”表示，也可以用“蚤”表示，这是一词多字。前面我们在“汉字的结构”一部分详细介绍了通假字，这里就不再赘述。

第三节　同字异读

在现代汉字中还有一类字，字形和意义完全相同，但读音不同，叫异读字。异读字是一个字的语音变体，与词义没有关联。

一、异读字的分类

异读字可分四类：

（一）声母不同，如：

樗：chū shū 畦：qí xí

（二）韵母不同，如：

蚌：bàng bèng 崖：yá yái

（三）声调不同，如：

比：bǐ bì 姣：jiāo jiǎo

（四）声韵调有两项以上不同，如：

癌：ái yán 堤：dī tí

恪：kè què 螫：shì zhē

二、异读字出现的原因

（一）使用场合不同造成读音的差异。

（1）在不同词语里读音不同，这是习惯使然。如：

模：① mó 模式 模范 ② mú 模样 模具

答：① dá 答复 报答 ② dā 答应 答理

轧：① yà 轧花机 倾轧 ② zhá 轧钢 轧辊

（2）单用和复用的不同，如：

剥：① bāo 剥花生 剥皮（单）

② bō 剥削 剥夺（复）

血：① xiě 吐血 流血（单）

② xuè 心血 呕心沥血（复）

（3）文白差异。指读书音和口语音的不同，如：

差：① chā 差别 差错（文）

② chà 差不多 差点儿（白）

熟：① shú 成熟 熟练（文）

② shóu 饭熟了（白）

这种文白异读，往往是语音演变的历时形态在共时平面上的积淀。

（4）方言差异造成的异读，如：

救：①jiù（普通话） ②gǒu（广东话）

柜：①guì（普通话） ②jù（上海话）

（5）历史、地理、姓氏名称的特殊读音。这是古音的遗留。一般历史名词保留传统读法，地理、姓氏名词则以从俗、从众、从主人的原则处理。如：

历史名词：

大宛（国名）：Dàyuān　　龟兹（国名）：Qiūcí

先零（族名）：Xiānlián　　冒顿（人名）：Mòdú

荤粥（族名）：Xūnyù　　仆射（官名）：Púyè

地理、姓氏：

铅山（地名）：Yānshān　　番禺（地名）：Pānyú

洗（姓氏）：xiǎn　　解（姓氏）：xiè

（二）读音差异不分场合。或是传统的异读字，或是口语的异读。如：

肴：菜肴。有 yáo、xiáo 两读。

酵：发酵。有 jiào、xiào 两读。

披：披衣。有 pī、pēi 两读。

刽：刽子手。有 guì、kuài 两读。

凹：凹透镜。有 āo、yāo、wā 三读。

这些字在《审音表》中以第一读音为规范。

异读字或来自古音滞留，或来自方言读音，不管是那种情况，都是用字的赘疣，学习的负担。1985 年 12 月 27 日，国家语委。国家教委和广电部联合公布了《普通话异读词审音表》，遵循符合普通话语音发展规律和约定俗成、承认现实的原则，为普通话的读音规范解决了不少问题。但这个问题比较复杂，如文白异读以及历史上遗留下来的传统读法究竟应如何处理，目前还没有一致的意见，甚至还缺乏足够的理论探讨。

第八章 《说文解字》评介

东汉许慎所撰的《说文解字》(简称《说文》),是我国也是世界上最早的一部字典。《说文》汇集了九千多个汉代通用的汉字,根据“六书”理论,对其形、音、义进行注释。通过对字形的分析,使我们能够比较有把握地确定汉字的本义,并从而分析其引申义。这对于研究汉语文字学、词汇学、词典学以及释读古代文献,并在此基础之上研究古代文学、历史、哲学等,都有重要的意义。因此,《说文》在我国学术史上有着非常崇高的地位。其成书已有一千八百多年,时至今日,仍有很多人使用它、学习它、研究它。“《说文》以一部书,创造了一个‘学’字,人们称之为‘说文学’或‘许学’。特别是清代以来,说文学大家辈出,巨著不绝,生发出《说文》体例学、汉字构形学、汉字形义学、汉字字用学和汉字文化学等分支,为汉字基础理论的建设奠定了坚实基础。”(王宁《〈说文解字〉与汉字学》)。对学习和研究古代汉语以及汉字学,《说文》是学者必须反复熟读的经典著作。

第一节 作者和成书

一、许慎其人

《说文》作者许慎,字叔重,东汉豫州汝南郡召(shào)陵县(今河南省郾城县)人。许慎的具体生卒年今已不详。据清人严可均《许君事迹表》和陶方琦《许君年表考》等考证,许慎大约生于汉明帝永平(58—75)初年,卒于汉恒帝建和(147—149)初年,享年八十余岁。还有学者认为许慎生卒年大约在公元50—125年之间。

许慎是东汉著名古文经学家贾逵(30—102)的学生,博学多闻,被时人称为“五经无双许叔重”。许慎早年曾担任过“郡功曹”。由于他在任内“奉上以笃义，率下以恭宽”（《太平御览》卷二六四），被推举为孝廉。后来又迁升为洨长（即洨地之长，故治在今安徽省灵璧县南）。又曾担任太尉南阁祭酒，所以人们又称许慎为许祭酒、许洨长。许慎的著述除《说文解字》，还有《五经异义》、《孝经古文说》和《淮南鸿烈解诂》等书，今天都已亡佚不传。

贾逵曾于汉章帝建初元年（公元 76 年），奉诏与群儒讲学于北宫白虎观。建初八年，又在黄门署为弟子门生讲授《春秋左氏传》、《谷梁传》、《古文尚书》和《毛诗》。许“从逵受古学”（《后汉书·儒林传》），可能就在此时。

据许慎《说文解字后叙》及许冲《上〈说文解字〉表》，许慎于汉和帝永元十二年（公元 100 年）草成《说文》，到了汉安帝建光元年（121 年），于病中遣许冲进京，将此书献给汉安帝，《说文》开始广泛流传。

许冲《上说文表》：“慎博问通人，考之于逵，作《说文解字》。”又说：“慎前以诏书，校书东观，教小黄门孟生、李喜等。以文字未定，未奏上。今慎已病，遣臣赍诣阙。”由此可推，许慎草创说文，大约始于到京都任职期间，永元十二年（去世前一年）完成初稿。而许慎“校书东观”，在汉安帝永初四年（110），仍“文字未定”又过了十一年，汉安帝建光元年，此书才作为定本，奉献朝廷，可见许慎是用尽了后半生的精力完成此书的。

二、《说文》诞生的时代背景

（一）此前字书的编纂为《说文》的产生奠定了广泛而坚实的基础

中国字书的历史源远流长，可以远溯到周代。《汉书·艺文志》小学类载有周室太史所作的《史籀》十五篇，许慎《说文叙》中也说：“及宣王太史籀，著大篆十五篇，与古文或异。”《史籀》成书的年代，不会晚于战国初期。继《史籀》而作的字书有李斯等人的《仓颉篇》、《爰历篇》、《博学篇》，这些都是秦统一后，推行小篆的范本。汉初闾里书师将它们并为一书，统称《仓颉篇》。后来，汉武帝时的司马相如作《凡将篇》，元帝时的黄门令史游作《急就篇》，成帝时的大将李长作

《元尚篇》。平帝时"征天下通小学者以数百人，各令记字于庭中"，当时扬雄取其有用者成《训纂篇》，顺续《仓颉篇》。现存《急就篇》一种，是由于历代书法家多以草书摹写，故得世代流传。自东汉以来，为它注释的人很多，经过古代学者们的注释，这本汉代的识字课本，已成为考察当时名物制度的重要工具书。

以上诸字书都是为蒙童识字而编，其体例往往是杂取若干字，编成四言、六言或七言的韵文，记述生活中的事物，多为学习者必备的常识。这种文字朗朗上口，易读易记。对于字形、字音、字义不加任何解释，不具备字典的性质与功能。但为《说文》的产生奠定了广泛而坚实的基础。

（二）时代文化和学术背景

《说文》是我国语言学史上第一部分析字形、说解字义、辨识声读的字典。它诞生于中国历史上光辉灿烂的汉代，绝不是偶然的，它是那个时代文化和学术发展的必然结果。公元前206年，刘邦建立了西汉政权，他总结了秦王朝灭亡的历史教训，轻徭薄赋，废除更役制度，遣散军吏还乡，使百姓得以休养生息，实现了经济上的繁荣和社会局面的安定。在国力强盛、经济繁荣、生产发展的形势下，两汉统治者也比较重视科学文化的发展，汉武帝提出了"罢黜百家，独尊儒术"的政策，奠定了儒家在思想领域的统治地位。东汉光武中兴，朝中设立"博士"官职，令知识分子整理六艺，皓首穷经。由此以儒家经典为核心的经学和依附于经学的小学也迅速发展起来。在经传的研究方面，两汉时期存在古文经学派和今文经学派的分歧和斗争，作为一名古文经学派的代表，许慎作《说文》的目的之一，就是针对今文经学家的望文生训，任意解说经义的作为，来驳正其"巧说邪辞"，而"六艺群书之诂，皆训其意"。（许冲《上说文解字表》）

三、《说文》编纂的目的

1. 为提高古文经学的地位。由于秦"焚书坑儒"，古代典籍遭受毁灭性打击。汉代经籍有两个来源：一是由儒生口头传授，由当时通行的隶书记录下来；一是从墙壁或地下发现的古本，是用先秦的六国文字或大篆书写的。由于传本的不同，汉代经学分为今文经学和古文经学。西汉时今文经学一直占统治地位，凡通一经即可立为博士，而古文经学则不设博士，不列于学官。直到西汉末年，刘歆（古文学派创始人）才向哀帝建议，将古文经典列于学官，但此建议遭到今文学家的反对，并由此引起了两派的激烈斗争。一直到东汉末年，郑玄注《三礼》，杂取古今两派学说，这场斗争才告一段落。古今两种经典本是书写字体的不同，但由于两派学者各持不同底本，对经籍各有不同的解说，甚至对待古代人物和制度的看法也有所不同，故形成两个学术派别。今文学派的代表人物是董仲舒，他们认为经书是圣人之言，圣人的每一句话甚至每一个字，都寓有“微言大义”，所谓“微言大义”常常是离开经文而作任意的引申和比附。古文学家则重视文字训诂，根据字义来客观解释经典。许慎是古文学家，受业于古文经学大师贾逵（刘歆再传弟子），他生活在东汉末年，正是今文学开始衰落，古文经兴盛之时。其作《说文》的主要目的，即是正确解释作为“经艺之本，王政之始”的文字，以发扬“五经之道”，确立古文经学崇高的地位。

2. 从根本上纠正当时社会上任意解说文字的混乱局面。汉朝的一些人不相信古文字、古文经，不了解古文字（指小篆和小篆以前的文字）和今文字（隶书、楷书）的差别。根据当时通行的“今隶”说“文”解“字”，任意附会。如“马头人为长”，“人持十为斗”，“屈中为虫”，“此句为苛”等（《说文解字叙》），都是很可笑的。许慎作《说文》的目的之一，就是明辨文字源流，驳斥那些“俗儒鄙夫”的谬说。

第二节 《说文》的内容和体例

一、《说文》全书的内容和版本

《说文解字》全书共 15 卷（篇）。第一卷至第十四卷为正文，第十五卷是“叙目”，包括《叙》、《部首》和《后叙》。今本每卷分上下，共三十卷。按照《说文后叙》的统计，《说文》全书共收入 9353 个字，重文 1163 个字，说解字数 133441 个字。全书分为 540 个部首，将全书之字分别隶属于 540 部首之下。即凡从某个部首得义的字，都从属于该部，所谓“分别部居，不相杂厕”（《说文叙》）。

许慎在《说文》中说解汉字的理论依据是“六书”,“六书”是古人根据汉字结构归纳出来的六种条例,许慎对其作了系统的阐述,使之上升为汉字学的理论,并把它付诸于实践——对九千多个汉字进行了归类分析,从而形成了具有汉民族语言特色和完整体系的“六书”学说。《说文》的内容对后世汉字的规范及新字的创造起了重要的指导作用。

现在所能见到《说文》最早的本子是唐代的残写本,只剩下“木”部的一百八十八字。一般认为是写于九世纪二十年代唐穆宗时。这个残写本只有重要的参考价值,它不是一部完整的书籍。

现在见到的《说文解字》,是由两个系统流传下来的。一个是南唐徐锴的《说文解字系传》,称为小徐本;一本是北宋徐铉等的校定本,称为大徐本。徐锴、徐铉是两兄弟。他们对《说文解字》都有精深的研究。徐锴是弟,死得较早,《系传》完成得也较早,其特点是多发表个人见解。徐铉是兄,仕宋后于宋太宗雍熙三年(986 年)完成了《说文》的校定工作。他偏重于《说文》本身的校勘整理,力图恢复《说文》的本来面目。

从许慎到现在已将近两千年,自二徐到现在也已一千多年,经过多次的传抄翻刻,现在我们见到的《说文》一书,不但与许慎的原著有距离,而且也并非二徐本的本来面目。清代学者在这方面作了大量的校勘工作。大小徐本各有异同,至于其是非,则是千古争讼的问题。在引证《说文》时,应注明是采用哪一种本子。现在通用的是徐铉的本子,即大徐本。

二、《说文》的体例

(一)分别部居例

1. 部首编排次第

《说文叙》云:“分别部居,不相杂厕”。全书把九千三百五十三个文字分为五百四十部,每部确立一字为部首。部首是许慎的一项创造,《说文》是最早按部首编排的一部书。根据字体结构,分成表意、表音偏旁。把表意偏旁放在一部的开头作为一部之首,这就是部首(当然这时就主要情形而言的,《说文》有个别部首是表音偏旁,如“丩、不、句"等，还有少数是笔画，如"丨、丶、乚、乁、亅"等)，凡含同一形旁的字隶属其下，这就是一部"分别部居"。540部首的次序排列，原则是"据形系联"，"始一终亥"。"据形系联"是把形体相近或相关的部首放在一起，按次序排列，成为一类。如：

上、下、示，均和上有关；

三、王、玉、玨，均和三有关；

中、屮、蓐、茻，均和屮有关。

有些则是以类相从的，如：

斤、斗、矛、车，都是器用类；

甲、乙、丙、丁、戊、己、庚、辛，子、丑、寅、卯、辰、巳、午、未、申、酉、戌、亥，皆是干支类。

540部归为十四大类，这就是正文的十四篇。"始一终亥"，即以"一"开始，以"亥"终结，这是根据汉代阴阳五行家"万物生于一，必终于亥"的唯心主义思想安排的。

徐锴在《系传》中作"部叙"，段玉裁、王筠也有所分析。所谓"部叙"，就是企图说明某部一定要排在某部之后的原因。相比较，王筠的看法比较开通，他说："部首本无深意，只是有从之者，便为部首耳。""不得以始一终亥，大体有义，遂依小徐《部叙》，字字求义，如《序卦传》之不可移易者，以致周章不通也。"

对纷繁的汉字作分部归类，使其归属系统不同于此前的韵文识字课本。这种分类，非常必要，故后世长期沿用。

词例是：凡某之属皆从某。如：

一：凡一之属皆从一。　（一卷上）

示：凡示之属皆从示。　（一卷上）

玉：凡玉之属皆从玉。　（一卷上）

这一用语说明该字就是部首，在它的下面是一群意义范畴与之相关的字。

2. 部内列字次序

《说文》正篆9353字，除去540个部首，余8813字，加上重文

1163字，总计9976字，分别归于各部。《说文》的释字是从部首字开始的，然后说“凡某之属皆从某”。

《说文》部内列字先后的总原则是“据义系联”，即按字义类别编排，即“以类相从，不相杂越”。也就是说，一部之内的字，一般都是把意义相近的字放在一起。大致有以下几点：

① 先实后虚。先列表示名词首先是专名的字，后列表示普通名词、动词和形容词的字。如玉部，表玉名和玉器的“琼、璧、环”在前，表示玉的性状及有关动作的在后，如“莹、瑕、理、玩”等。

② 先吉后凶。如示部，先列“礼、禄、祯、祥、福、祺”等表吉祥义的字，而表灾祸义的“祸、祟、禁”等字排在该部的最后。

③ 本朝皇帝名讳，必列于一部之首。例如光武帝名秀，“秀”在禾部开头；汉明帝名庄，“庄”字在草部开头。但西汉皇帝名讳不在此列。如汉文帝名恒，但“恒”不在“心”部开头。

④ 由部首叠加而合成的字，或与部首形体相反的字，均列于本部末尾。例如“磊”（石部），“亍”从反“彳”，皆在本部之末。

《说文》列部列字虽然都有一定的条例，但并不严格。如“邑”部“郑”字，相隔二十四字之后出现“郔”又相隔十字后出现“邢”，又相隔六十三字后出现“鄭”，它们都是郑地而却不以类相聚。故徐铉慨叹“偏旁奥密，不可意知，寻求一字，往往终卷。”又每部所收字数，多者到四百以上，如“水”部收字四百六十八，重文三十九；“艸”部收字四百四十五，重文三十一；“木”部收字四百二十一，重文三十九，它们都是泱泱大族。而少者部内仅收一字，如“气”、“告”、“爻”等部。也有只有部首而部内未收一字者，如“三”、“久”、“才”、“克”以及“四”、“五”、“六”、“甲”、“丙”、“丁”等部。这是因为这些部首既没有所从属的字，而按其形体又不能把它们归入别的部，只得把它们当部首看待。

（二）说明“六书”例

每个汉字都是形、音、义的综合体，《说文》充分认识这一点。释字时形、音、义兼包并举。每个字先释义，再分析其形体结构，后拟其音。许慎在《说文叙》对“六书”进行了解释，而在字形的分析上，也运用了“六书”理论，《说文》是我国第一部运用“六书”分析汉字的著作。

我们知道汉字是表意文字，在构形上是有理据的，其特点是“义寄于形”，确定某个字（在某种意义上也就是词）的本义，必须依据其形体结构。《说文》即据此“以形说义”，在字义的解释上，许慎的许多解释都与先秦古籍相合。《说文》主要是解释本义，本义是一切引申义的出发点，抓住了本义，引申义就会有条不紊。

汉字数目繁多，用“六书”来分析、解说汉字，使汉字易认易记，也是教学的简便可靠的方法。

1. 象形

象形字，王筠《文字蒙求》统计为264个字。许慎对象形字，根据不同的情况，采取不同的说解。大体可分为三类。第一类，所象之形很明显，就直接标明其为象形。

词例是：象形。如：

鱼：水虫也。象形。（十一卷上）

羽：鸟长毛也。象形。（四卷上）

刀：兵也。象形。（四卷下）

第二类，所象之形不很明显，则略加说明。

词例是：象某某之形。如：

玉：石之美，有五德。象三玉之连，丨，其贯也。（一卷上）

臣：牵也，事君者。象屈服之形。（三卷下）

止：下基也。象草木出有址。（二卷下）

第三类，合体象形。

词例是：从某，某象形（象某形）。如：

胃：谷府也。从月，田象形。（四卷下）

果：木实也。从木，象果形在木之上。（六卷上）

渊：回水也。从水，象形。左右，岸也，中象水貌。（十一卷上）

眉：目上毛也。从木，象眉之形，上象额理也。（四卷上）

2. 指事

《文字蒙求》统计指事字为129字。许慎的说解方式可分为三类。

第一类，明白指出为指事。词例是：指事。如：

上：高也。此古文上。指事也。 (一卷上)

下：底也。指事。 (一卷上)

第二类是纯符号性质的指事字和在象形字上加符号。

词例是：像某之形，像某某。

八：别也。象分别相背之形。 (二卷上)

刃：刀坚也。象刀有刃之形。 (四卷下)

凶：恶也。象地穿交陷其中也。 (七卷上)

第三类，是在象形字基础上增加指事的符号。

词例是：从某，并加以解说。如：

本：木下曰本。从木，一在其下。 (六卷上)

末：木上曰末。从木，一在其下。 (六卷上)

亦：人之臂亦（腋）也。从大，象两亦之形。 (十卷下)

段玉裁认为，有事则有形，故指事皆得曰象形。故在词例上，象形和指事二者在用字上基本相同（第二类和第三类），应注意加以却别。

3. 会意

会意字，《文字蒙求》统计为1254字，其说解形式亦可分为三类。

第一类，明确指明为会意。

词例：从某，从某，会意。

信：诚也。从人，从言，会意。 (三卷上)

圂：厕也。从口象豕在囗中也，会意。 (六卷下)

第二类，指出其所组成之偏旁，暗示其会合所成之意。

词例是：从某从某，从某某。

取：捕取也。从又从耳。《周礼》："获者取左耳。" (三卷下)

役：戍边也。从殳从彳。 (三卷下)

吠：犬鸣也。从犬口。 (二卷上)

杲：明也。从日在木上。 (六卷上)

秉：禾束也。从又持禾。 (三卷下)

有的字指出其所组成之偏旁后，再加分析。如：

章：乐竟为一章。从音从十。十，乐之终也。　（三卷下）

弔：问终也。古之葬者，厚衣之以薪，从人持弓，会驱禽也。（八卷上）

兵：械也。从廾持斤，并力之貌。　（三卷上）

第三类，由两个以上偏旁组成的会意字。解释时把构成会意的部分组成词组，再加"从"字，其特征为"比类合谊"，难以归纳其词例。这一类如：

祭：祭祀也。从示，以手持肉。　（一卷上）

帚：粪也。从又持巾扫冂内也。　（七卷下）

寒：冻也。从人在宀下，以茻荐覆之，下有冰。　（七卷下）

4. 形声

形声字在汉字中的比重最大，《说文》九千三百五十三个字中有七千六百九十七个形声字，占百分之八十二点三。许慎对形声字的说解方式可以分为五类。

第一类，是一般的形声字（一声一形）。《说文》对形声字的解说不明言"形声"，

词例是：从某，某声。如：

然：烧也。从火肰声。　（十卷上）

汀：平也。从水丁声。　（十一卷上）

第二类，是多形的形声字，这种形声字具有两个或两个以上的形符，每个形符都代表一种类属或性质，其所表示的意义都是原字应包含的意义。

词例是：从某，从某，某声。如：

春：推也。从艹，从日，艹，春时生也，屯声。　（一卷下）

嗣：诸侯嗣国也。从册口，司声。　（二卷下）

奉：承也。从手廾，丰声。　（三卷上）

第三类是省形的形声字。

词例是：从某省，某声。如：

考：老也。从老省，丂声。　（八卷上）

屦：履也。从履省，娄声。（八卷下）

第四类，是省声的形声字。

词例是：从某，某省声。如：

茸：草茸茸也。从艹，聪省声。（一卷下）

疫：民皆疾也。从疒，役省声。（七卷下）

省形和省声是《说文》所发现的形声字构造的条例之一。省形和省声是为了适应结构平衡的需要，使汉字的结构匀称，笔画减少。但它使形符不能准确表意，声符不能准确表音，增加了认字的困难，汉字表意的模糊性更严重了。而且我们前面也谈到，《说文》里面很多省声字是靠不住的，如段玉裁就曾指出："按许书言省声，多有可疑者。取一偏旁，不载全字，指为某字之省，若家之为豭省，哭之为狱省，皆不可信。"（"哭"字注）。

第五类，是亦声的会意字。或称为形声字的声符兼义。这种字，徐铉多归于会意，徐锴则多归于形声。这说明它兼有六书的两个特点。

词例是：从某，从某，某亦声。如：

礼：履也。所以事神致福也。从示从豊，豊亦声。（一卷上）

婚：妇家也。礼，娶妇以昏时，妇人，阴也，故曰婚。从女从昏，昏亦声。

（十二卷下）

䰡：吴人谓祭曰䰡。从食从鬼，鬼亦声。（五卷下）

娶：取妇也。从女，从取，取亦声。（ ）

从《说文》对这类字的说解看，其中的一个组成部分既是会意字的一个构件同时又是这个字的声符。从字形的发展看，这类字多数是后起的形声字。如"娶"，在甲骨文中只写作"取"，后来分化，成了形声兼会意字。段玉裁把这一类字看成是会意字的特例，称为会意兼形声字。

有些字《说文》没有注"亦声"，也是"亦声字"。如：

叛：半也。从半反声。（二卷上）

诂：训故言也。从言，古声。（三卷上）

《说文》里有少数部首是形声字的声旁，例如三卷上"句"部，此部共有四个字，除部首字"句"外，都是"亦声字"：

句：曲也。从口，丩声。凡句之属皆从句。 （三卷上）

拘：止也。从句，从手，句亦声。 （三卷上）

笱：曲竹捕鱼笱也。从竹，从句，句亦声。 （三卷上）

鉤：曲（鉤）也。从金，从句，句亦声。 （三卷上）

“句”是所属诸字的声旁，从“句”得声的字都含有“弯曲”之意。许氏没有把这三个字分别列入手、竹、金部，而是以声旁为部首，这说明他不但看到形声字某些声旁兼表字义的作用，也朦胧意识到声旁相同的字，在意义上常有相通之处。

5. 转注

转注属于用字条例，与字的形体结构无关，所以对于转注，许慎只在《说文叙》中下了定义，正文没有涉及。

6. 假借

“六书”的假借，指的是本无其字的假借，是造字之初的假借，而不是古籍用字上的同音通假，这一点应明确。许慎的定义很清楚，但所举的例字“令”“长”却不是真正意义上的假借，而是引申。所以章太炎先生认为许慎的假借就是引申。《说文》正文涉及到的假借可以分为两类。

第一类，许慎处理为意义引申的假借，即认为后代常用之义，是由该字造时的原始意义引申而来的。

词例是：故为，故以为，以为，故因以为。如：

来：……天所来也，故为行来之来。 （五卷下）

朋（鹏的初文，凤的重文）：古文凤，象形。凤飞，群鸟从以万数，故以为朋。

（四卷上）

止：下基也。象草木出有址，故以止为足。 （二卷上）

第二类为古文、籀文的假借。

词例是：古文以为，籀文以为。如：

诐：辩论也。古文以为颇字。 （三卷上）

爰：引也。籀文以为车辕字。 （四卷下）

洒：涤也。古文以为灑扫字。 （十一卷上）

旅：军之五百人为旅，从㫃从从。从，俱也。……古文以为鲁卫之鲁。（七卷上）

假借是早期文字普遍使用的记录语言的一种方法。早期文字较少，只能大量地采用同音假借的方法来补无字之缺。汉字假借出现得很早，甲骨文里大部分都是假借字。作为表意文字的汉字，语言中的一些无形可像、无意可会的词，是无法用象形表意的方法来表示的，只有借助已有的字形。另外，社会不断地向前发展，新兴、复杂的事物不断出现，不容易用象形、指事、会意、形声等造字方法逐个造字，假借已有的同音字来寄托新词的意义，就比较容易地解决了这个困难。孙诒让就曾指出："天下之事无穷，造字之初，苟无假借一例，则逐字而为之字，而字有不可胜造之数，此必穷之数也，故依声而托以事焉。视之不必是其字，而言则其声也；闻之足以相喻，而用之可以不尽。是假借可救造字之穷而通其变。"（《与王子壮论假借书》）

（三）释义例

《说文》对每一个正篆，首先解释其意义，尽量说明该字造字之初所代表的意义。这些解释反映出上古时期人们对自然和人类社会的认识，以及我国古代的文化和历史。从语言学角度看，《说文解字》不仅是我国最早的一部分析字形的著作，也是汉语言学史上最早最重要的一部训诂著作。阮元评《说文》之用为"通古今之训诂，辨声读之是非"（《段氏说文注订叙》）。段玉裁指出："凡篆一字，先训其义。若始也，颠也是。次释其形，若从某，某声是。次释其音，若某声及读若某是。"（《段注》）。

《说文》说解字义的方式，主要有义训、形训和声训。

1. 义训。即直接说解某字的意义，不借助于字音和字形。《说文》义训的形式，可分为八类。

第一类，同义为训。即用一个同义词对被训释作解释（训诂学上又叫直训）。又可以分为同义直训、同义互训、同义递训、异词同训四小类。其中同义直训是最基本的形式，其他三种是变体。

a. 同义直训，如：

元：始也。　　　　（一卷上）

丕：大也。　　　　（一卷上）

上：高也。　　　　（一卷上）

下：底也。　　　　（一卷上）

b. 同义互训，即用同义词对释，也就是两个同义词彼此互为训释。《说文》的互训字有三百八十个，同部的，如：

讽——诵　信——诚　谄——谀　握——持

异部的，如：

谨——慎　警——戒　厌——饱

甘——美　束——缚　奉——承

c. 同义递训是三个以上的同义词展转训释。如：

咙——喉也。喉——咽也。咽——嗌也。　　　　（二卷上）

逆——迎也。迎——逢也。逢——遇也。　　　　（二卷下）

d. 异词同训，是用一个常用词来解释众多的同义词。《尔雅》即采取这种训释体例，把许多同义词放在一起，成为一组，然后加以解释。如《释诂》："初、哉、首、基、肇、祖、元、胎、俶、落、权舆，始也。"《说文》也有用同一个常用词分别训释几个同义词的情况，如：

喉、哙、吞、嗌，均训"咽也。"　　　　（二卷上）

逋、遗、遂、逃，均训为"亡也。"　　　　（二卷下）

第二类，由反知正。即采用意义相反的词加否定词来解释，这种情况多为形容词。现代辞书仍采用这种方法。如：

少：不多也。　　　　（二卷上）

旱：不雨也。　　　　（七卷上）

粹：不杂也。　　　　（七卷上）

拙：不巧也。　　　　（十二卷上）

第三类，反义为训。即训诂学中所谓的"反训"，直接用反义词训释，如：

乱：治也。　　　　（十四卷下）

达，行不相遇也。　　　　（二卷下）

这种情况是极个别的。其出现的原因有二：一是在一定条件下，由于词义的一再引申，变成与最初的本义毫无联系，甚至转化为对立面，形成互相对立的两种意义并存于一个词的现象；二是有些词可以从两个角度去理解，即所谓的“施受同词”“美恶不嫌同名”，这种释义方法体现了古老传统思维中的朴素的辩证法思想。当然，这种现象是个别的。反训，扰乱了语言的明确性，是形式逻辑所不允许的。

第四类，以今释古，以通言释方言。古语不为后人所知，于是需要用今语来解释。这与词语的时代性有关。孔颖达《毛诗正义》释“诂训”称：“诂者，古也。古今异言，通之使人知也。”如：

舟：船也。……象形。　（八卷下）

段注：“古人言舟，汉人言船。”

由于地域原因导致语言存在方言的差别，《说文》所收的个别字即为某地方言词，许慎用通行的词语作释。解释时，或点明被训释词方言区范围，或只言方言俗语。如：

眄：目偏合也；一曰，斜视也。秦语。　（四卷上）

餽：吴人谓祭曰餽。　（七卷上）

䨞：雨貌。方语也。　（十一卷下）

第五类，以共名释别名。即用上位词来解释下位词。如：

苕：草也。　（一卷下）

葵：菜也。　（一卷下）

雁：鸟也。　（四卷上）

李：果也。　（六卷上）

以共名释别名，很不明确。故又有“属”、“别”之分。为了强调事物之间的共同性，就释某物为某之属；为了强调事物之间的区别，就释其为某之别。如：

橙：橘属。　（六卷上）

豺：狼属。　（三卷上）

稗，禾别也。　（七卷上）

第六类，设立界说（义界）。即给词义作定义式的解说。用最精炼的语言对词义进行准确的描写，突出其重要的本质特征。《说文》的某些界说具有高度的概括性，为后代词典释义树立了典范。如：

口：人所以言食也。（二卷上）

药：治病草也。（一卷下）

吾：我，自称也。（二卷上）

疫：民皆疾也。（七卷下）

第七类，描写形象，即对该字所表示的实物形状、性能加以描写和说明。如：

虫（huǐ）：一名蝮，博三寸，首大如擘指。（十三卷上）

戟：有枝兵也。（十二卷下）

龙：鳞虫之长，能幽能明，能细能巨，能短能长，春分而登天，秋分而潜渊。（十一卷下）

赧：面惭而赤也。（十卷上）

第八类，譬况。把两种以上类似或有联系的事物加以比较或比喻，说明相近或相关的词。如：

狼：似犬。锐头白颊，高前广后。（十卷上）

麝：如小麋，脐有香。（十卷上）

苍：草色也。（一卷下）

黑：火所熏之色也。（十卷下）

黄：地之色也。（十三卷下）

熊，兽似豕，山居，冬蛰。（十卷上）

虽，似蜥蜴而大。（十三卷上）

2. 形训

形训，就是根据字形结构来解释字义。这种方法是基于汉字的表意特点而产生的。汉字是以象形为基础发展起来的一种语素音节文字，所以相当一部分汉字的字形和字义有比较密切的联系，造字时体现的基本意义常常能在字的形体结构中体现出来。由于汉字具有这种义寄于形、见形知义的特点，因此古人就常使用分析字形的方法来解释字义。以形说义是《说文》的特点，通过字形的分析，可以使我们见形而知义，加深对字义的理解。段玉裁说的“凡字从某、为某之属，许君必言其故”就是针对形训而言的。《说文》形训的方式可分为两类。

第一类，在说解中体现形训。会意字大体都体现了形训。如：

负：恃也。从人守贝，有所恃也。 （六卷下）

黍：禾属而粘者也。以大暑而种，故谓之黍。从禾，雨省声。孔子曰：黍可为酒。故从禾入水也。 （七卷上）

按“禾入水”即对“黍”字字形的分析。

第二类，是仅就字形的某一结构进行分析。

词例是：某与某相似，与某同意。如：

鱼：水虫也。象形。鱼尾与燕尾相似。 （十一卷下）

按：段注：“其尾皆枝，故象枝形，非从火也。”

裘：皮衣也。从衣求声。一曰象形。与衰同意。 （八卷上）

按：《说文》：“衰，草雨衣。秦谓之萆。从衣，象形。”段玉裁谓两字“皆从衣而象其形也。”

通过分析字形来说明字义，是许慎杰出的贡献。但许慎在说解时也有过于拘泥字形的情形，使其释义与经典常用义不合。如：

宠：尊居也。从宀，龙声， （七卷下）

《说文句读》谓：“宠只是尊。以从宀，故言居也。”

虎：山兽之君。从虍，虎足象人足，象形。 （五卷上）

许慎言“虎足象人足”当是小篆“虎”字最后两笔与“人”字相似，这是囿于小篆字形所得的结论。我们知道，《说文》是以小篆作为文字解说的底本，而小篆是已经线条化、符号化的文字，与造字之初的古文字的形体差别较大，表意特征已经不很明显，如果拘于小篆的形体来解说字义，难免会产生误差。

另外，古人造字可以从一个狭小的角度就一个具体熟知的物象取义（如“近取诸身”），其意义的理解就不能拘泥于字形。而且，造字之初的本义往往不是后来的常用义，所以会出现从字形分析的含义与其常用义不一致的情况。如：

彊（强）：弓有力也。从弓，畺声。 （十二卷下）

字形取义于弓的有力，后引申为有力。又如：

库：兵车藏也。从车在广下。 （九卷下）

字形取义为存放兵车的地方，而其表示的词义当为存放东西的地方。

3. 声训

声训又叫音训，是训诂学上解释词义的一种方法，即因声求义，通过语音寻求词义。具体表现在词语的解释中有与被训释词音同或音近的字。《说文》声训的形式可分为三类。

第一类：明言字词得义之由。词例为：故谓之。例如：

裖：社肉，盛之以蜃，故谓之裖。（一卷上）

仓：谷藏也。仓黄取而藏之，故谓之仓。（五卷下）

韭：菜名。一种而久者，故谓之韭。（七卷下）

第二类，直接用同音或近音的字训释。如：

门：闻也。从二户，象形。（十二卷上）

户：护也。半门曰户，象形。（十二卷上）

诗：志也。从言，寺声。（三卷上）

儒：柔也。术士之称。从人需声。（八卷上）

第三类，在下定义中隐含声训字。这一类的声训数量最多，表现各异。如：

吏：治人者也。（一卷上）

段注："治与吏同在第一部（《六书音韵表》之分部），此亦以同部叠韵为训也。"

川：贯穿通流水也。（十一卷下）

《释名》："川，穿也，穿地而流也。"

鬼：人所归为鬼。（九卷上）

《尔雅·释训》："鬼之为言归也。"

妻：妇与夫齐者也。（十二卷下）

段注："妻，齐。以叠韵为训。"

有一些往往不易察觉。如：

朵：树木垂朵朵也。（六卷上）

"朵"与"垂"古声纽同属舌头音，古韵同部（朵：端，歌/垂：禅，歌）

屑：动作切切也。（八卷上）

切切，叠音词，动作不安的样子。"屑"与"切"古声纽同为齿音，古韵同部（屑：心，屑/切：清，屑）。

个别训释中的两个字可以切出被训释的字。例如：

飙：扶摇风也。（十三卷下）

茅：蒺梨也。（一卷下）

衿：交衽也。（八卷上）

"飙"的声韵母分别与"扶"的声母、"摇"的韵母同。后两例也是如此。

第四类，一些亦声字用声符作释，声兼义的字符通常有示源的作用。也可以看作声训的一类。如：

娶，取妇也。从女从取，取亦声。（十二卷下）

声训是一种古老的词义训释方法。《论语》即有"政者，正也。子帅以正，孰敢不正?"（颜渊）和"周人以栗，曰：使民战栗。"（八佾）这样的说法。汉刘熙撰《释名》，专讲声训。古人企图对语源探索，他们用语音相同或相近的词来说明词的得名涵义。"声训"之名由此而起。声训到汉代，成为一时风尚。经学家马融、服虔、郑玄等在注经中都运用了声训。

我们对声训应有一个正确的认识：

1. 声训在词汇研究方面有很大的作用。事物得名之始，是任意的，即《荀子·正名篇》："名无固宜，约之以命，约定俗成谓之宜。"但到了一个词演变为几个词的时候，就不再是任意的了，而是在语音上发生联系了。声训就是先秦古籍中根据语音的线索明辨字义的方法。这种方法给后代研究训诂的人指明了一条非常重要的路径，所以郑玄有"就原文字之声类考训诂"的方法。清代王念孙提出了"同声相训，音近义通"，"就古音以求古义，引申触类，不限形体"的学说，又有音同、音近、音转三个音训律，以声音通训诂，在词义学、词汇学史上都有很大的成就。但音近义通强调得过头就变成了谬误，因为语言里还有大量同音异义词的存在，如果声音相同或相近，意义就必定相通，那么同音词就是同义词了，这显然不符合语言事实。

2. 声训也有其不可靠的地方。具体的表现就是对同一个词的解释各不相同。首先，各家声训有时会彼此矛盾，相去甚远。如对“未”的解释，《说文》：“未，味也。六月滋味也。”《史记·律书》：“未者，言万物皆成，有滋味也。”此为一家。又《释名》：“未，昧也。日中则昃，向幽昧也。”《淮南子·天文训》：“未者，昧也。”此又为一家，两不相同。其次，就是同一个人，对同一事物的声训也有不同的说法。如《说文》：“马，武也，怒也。”再次，声训往往多臆测和附会的地方。如鲁哀公问宰我，周人的社木为什么要用栗，宰我答以“使民战栗”，就是牵强附会的例子。因而遭到孔子的批评。又如《说文》训“臣”为“牵也”，《广雅》则训为“坚也”，韦昭注《国语》则训为“慎也”，也属于臆测之类，难以令人信服。另刘熙的《释名》虽然对研究汉世语音有较大的贡献，但在推求语源方面，则不免有主观臆测和穿凿附会的错误。

（四）说解字音例

《说文》对正篆说解的第三个内容，就是指明字音。

许慎所处的东汉时代尚无反切，用反切标音始于三国时孙炎的《尔雅音义》。如今《说文》大徐本的反切是据唐代孙愐《唐韵》的反切加上去的。《说文系传》（小徐本）的反切是南唐朱翱所加的。

在《说文》里，许慎对汉字的读音问题作了两种处理。第一是用形声系统，即形声字解形之某声、省声、亦声，来说明造字的读音；第二，是用“读若”拟出汉代人的读音。

1. 注明某字的谐声偏旁，这是《说文》注明字音的最重要的方式。许慎之时，反切尚未发明，有人因此认为《说文》是无音之书，除了少数“读若”注音之外，《说文》收字读音不可知，这种看法是不正确的。许慎是利用汉字的谐声系统来给《说文》中的字注音的。谐声偏旁代表上古造字之时的语音，反映了上古语音的面貌，利用它来说解字音，正符合许慎著《说文》以追溯古形、古音、古义的目的。《说文》正篆9353字，形声字占82.7%。

在许慎指出某字为形声，其谐声偏旁为什么以后，《说文》中约7700个字我们可以探求它们的上古音。清代著名的学者段玉裁正是据此提出了“同声必同部”（指声符相同的字，上古音必在同一韵部）的著名论断，为上古音研究作出了重大的贡献。

2. 读若。“读若”就是用同音字直接注明读音。《说文》用这种直音的方法仅给生僻字或读音特殊的字注音，约有800多个，占《说文》正篆数的1/10弱。

词例是：读若，读如，读若某同，读与某同。如：

莠：禾粟下生莠也。从艹，秀声。读若酉。（一卷下）

森：木多貌。从林，从木。读若曾参之参。（六卷上）

豊：行禮之器也。从豆，象形。读与禮同。（五卷上）

读若某，可能是完全同音，也可能只是读音相近。同音的，如：

朿：木芒也，象形。读若刺。（七卷上）

肰：犬肉也。从肉犬。读若然。（四卷下）

音近的：

燮：和也。从言从又炎。读若湿。（三卷下）

皿：饭食之用器也。象形。与豆同意。读若猛。（五卷上）

除了直接拟音外，《说文》还往往以俗语、方言、经典成语注音。《说文释例》：“夫以俗语正读，而不易本字者，所以晓同世之人也。人皆习熟此语，则以耳中之语识目中之字，其音必不误矣。”如：

哽：语为舌所介也。从口，更声。读若并汲绠。（二卷上）

卸：舍车解马也。从卩止午。读若汝南人写书之写。

（九卷上）

𠬪：物落上下相付也。从爪，从又。读若《诗》摽有梅。

（四卷下）

《说文》中的“读若”，标注读音的同时，又往往指出文字通假的线索。据钱大昕、王筠、俞樾、张行孚等人的研究，在《说文》的读若中也可窥见古书用字的同音代替现象。如：

𢾊：闭也。从支度声。读若杜。（三卷下）

依《说文》，杜为木名——甘棠。可是经典“闭”之义却用“杜”，如《国语晋语》：“狐突杜门不出。”即今“杜绝”的“杜”。

宄：奸也。外为盗，内为宄。从宀，九声。读若轨（七卷下）

依《说文》，轨为车轮之迹，但经典“奸宄”义有时却用“轨”，如《左传·成公十七年》：“乱在外为奸，在内为轨。”

（五）其他体例

1. 征引体例

许慎撰《说文》，力求做到“信而有证”。广引群书，“博采通人”，“稽撰其说”，作为立论的根据。其引证可分为几类。

（1）引用经书

许慎是当时“五经无双”的经学大师，在《说文》中多引用经书、除了引儒家的《诗》、《书》、《礼》、《易》、《春秋》、《论语》、《孝经》等著作外，还引用了诸子、《尔雅》、《左传》等先秦著作，共有四十多种。据吴文撍《说文引证考》统计，全书引经一千一百一十二条，尚漏略二十四条。承培元《说文引经证例》谓，有不言引经而实为引经者，故全书引用书证共达一千三百二十条。

《说文》引用经书，有的用以释义，有的用以解形，有的注音。

释义的：

眷：顾也。《诗》曰：“乃眷西顾。”　　（四卷上）

相：省视也。从目从木。《易》曰：“地可观者，莫可观于木。”《诗》曰：“相鼠有皮。”　　（四卷上）

饁：饷田也。《诗》曰：“饁彼南亩。”　　（五卷下）

馆：客舍也。《周礼》：五十里有市，市有馆，馆有积，以待朝聘之客。　　（五卷下）

解形的：

闰：余分之月，五岁再闰也。告朔之礼，天子居宗庙，闰月居门中。从王在门中。《周礼》曰：“闰月，王居门中终月也。”　　（一卷上）

葬：藏也。从死在茻中。一其中，所以荐之。《易》曰：“古之葬者，厚衣之以薪。”　　（一卷下）

证音的，已见“说解字音例”中以经典成语注音。

（2）博采通人

许慎《说文叙》：“博采通人，至于小大，信而有证。”通人，指的是学识渊博的学者。博采通人，即广泛地采用著名学者的说法。书中所引有孔子、贾侍中、董仲舒、班固、司马相如、扬雄、淮南王、尹彤、爰礼、庄都等三十多家的说法。说字一百零三条。

词例是：某某说。如：

豫：象之大者，贾侍中说，不害于物。从象予声。（九卷下）

东：动也。从木。官溥说，从日在木中。（六卷上）

芸：草也，似目宿。淮南子说，芸草可以死复生。（一卷下）

许慎对通人之说，有时也采取存疑的态度，如：

秃：无发也。从人，上象禾粟之形，取其声。……王育说，仓颉出，见秃人伏禾中，因以制字。未知其审。（八卷下）

粟，段注：当作秀，以避讳改之也。

秃，段注：秀与秃古无二字，殆小篆始分之。徐灏笺："秀读曰透，声传为秃，实为一字。"

（3）引用古籀

古文指的是春秋战国时东方六国的文字。《说文》中注明古文有510字。籀文与古文同时，是春秋战国时期的西土文字。《说文》籀文有223个，或称籀文，或称大篆。小篆上通古籀，下启汉隶，所以许氏以小篆为正体，以古籀为征引附录的对象，这是许书的通例。如：

示：…… 古文示。（一卷上）

羌：…… 古文羌如此。（四卷上）

祺：…… 籀文从基。（一卷上）

《说文》附录古文籀文除单一的字体介绍外，还有说明假借的用途，词例是"古文（籀文）以为"，在前面"六书例"的"假借"一部分中已经谈及，不再赘言。

（4）引用或体俗体

《说文》的古、籀、俗体、或体几乎全是重文。所谓重文，就是一个字的不同形体。古籀与小篆的关系是不同时期的不同形体，或体、俗体是与小篆的关系是同一时期的不同形体。如：

壻：…… 壻或从女。（一卷上）

褎：…… 俗褎从由。（八卷上）

2. 存异体例

《说文》于每字之下，一般只说解一个意义，即本义。部分也有再出一义的，这就是存异。段玉裁说："凡义有两歧者，出'一曰'之例。"即就此现象而言。

词例是：一曰。如：

奇：异也。一曰，不耦。（五卷上）

解：判也。从刀判牛角。一曰，解廌，兽也。（四卷下）

权：黄华木也。一曰，反常。（六卷上）

踵：追也。一曰，往来貌。（二卷下）

桔：桔梗，药名。一曰，直木。（六卷上）

骄：马高六尺为骄。一曰，野马。（十卷上）

囿：苑有垣也。一曰，养禽兽曰囿。（六卷下）

存异，也有言及字形与读音的。关于字形分析的，如：

祝：祭主赞词者。从示，从人口。一曰，从兑省。《易》曰："兑为口为巫。"（一卷上）

烦：热头痛也。从页，从火。一曰，焚省声。（九卷上）

关于读音分析的：

玖：石之次玉黑色者。从玉，久声。读若芑。或曰，若人句脊之句。（一卷上）

牏：筑墙短版也。从片，俞声。读若俞。一曰，若纽。（七卷上）

《说文》中的存异，为数不少。有学者认为它不是原书所有，而是后人添加进去的。王筠就认为："此'一曰'二字为许君本文者盖寡，其为后人附益者，一种也；合《字林》于《说文》而以'一曰'区别之者，又一种也；其或两本不同，校者汇集为一，则所谓'一曰'者，犹今人校书云'一本作某'也，是又一种也。"（《说文释例卷十》）

3. 阙疑体例

《说文叙》："其于所不知，盖阙如也。"说明许慎的撰述是极其认真严肃的，在不懂之处采取空缺的方式，不强不知以为知。据叶德辉《说文解字阙义释例》统计，合大、小徐本，《说文》共有五十三处有

“阙”字。

《说文》在说解中注“阙”的地方，段玉裁认为是许慎对于这些字在形、音、义的某一个方面不了解，因而注上“阙”字。严可均则认为是《说文》在后世传抄有所脱落，这脱落之处由校勘者注上“阙”字，并非许慎之所原有。王筠兼采段、严两家之说，似更全面。他认为“凡《说文》‘阙’字。多系缣素残阙，校者依许君例，概书‘阙’字。不可详究也。”（《说文句读》爪字注）

《说文》的阙疑之处，哪些是许慎撰述时就有的，哪些是后世在传抄脱落的，现在已难以甄别了。不过，这些都不是常用字，没有深究的必要。

词例是：阙。如：

旁：溥也。阙。（一卷上）

段注：“阙，谓从冖之说未闻也。”

叚：借也。阙。（三卷下）

段注：“谓阙其形也。其从又可知，其余则未解，故曰阙。”

某：酸果也。从木从甘。阙。

段注：“某，今梅子正字。此阙谓义训酸而形从甘，不得其解也。”

4. 说解行文体例

《说文》的说解，语言非常精炼。全书包括重文共10516字，说解只用了133441字，平均对每个字的说解只用了十二个字。说解行文中有许多训诂学的通用术语，如谓、谓之、曰、貌等。对每个字说解的体例，先释义，再分析其构形，指出其属于“六书”中的哪一类；有的还用“读若”的形式注音。此外，其行文还具备以下几个特点。

(1) 连类而及

在解说某字时，又连及说解一个或几个与之相关的字。这有助于同义词的辨别。如：

落：凡草曰零，木曰落。（一卷下）

隻：鸟一枚也。从又持隹。持一隹曰隻，二隹曰雙。

（四卷上）

言：直言曰言，论难曰语。（三卷上）

乳：人及鸟生子曰乳，兽曰产。（十二卷上）

独：犬相得而斗也。从犬，蜀声。羊为群，犬为独。（十卷上）

兼：并也。从又持禾。兼持二禾，秉持一禾。（七卷上）

（2）形位旁解

所谓形位，即具有特定表义功能、能够独立运用的汉字构形单位。《说文》有时在分析构形之后，对某一个构形单位加以解说。如：

史：记事者也。从又持中。中，正也。（三卷下）

科：程也。从禾，从斗。斗者，量也。（七卷上）

咎：灾也。从人从各。各者，相违也。（八卷上）

（3）前后相足

《说文》说解连绵词，往往详于其中的一个字，而略于另一个字，两个字的说解前后互相补足。

《说文释例》："凡连语形容，必合两字乃成义。而于上字见全义，下字承之。无论同部异部，莫不然也。"但《释例》又有"变例"之说，总之，是详一字而略一字。如：

珊：珊瑚。色赤，生于海，或生于山。从玉删省声。（一卷上）

瑚：珊瑚也。从玉胡声。（一卷上）

蝙：蝙蝠。（十三卷上）

蝠：蝙蝠。服翼也。（十三卷上）

（4）连篆为句

《说文》每条说解之前的小篆是训释的对象，是字头。它与后面的说解不论在意念上，还是在语法上不存在判断关系，如：

琅，琅玕，似珠者。（一卷上）

有时候，为了简洁，作者省去字头下联绵词或重叠词的第一个音节，或者省去反义复合词的第一个词。省略的条件是，这第一个字是篆文字头的重复。理解时，应连篆为句，或者补充被省略的与篆文重复的字。如：

離：（離）黄，仓庚也。（四卷上）

㑋：（㑋）㑋，左右两视，从人癸声。（八卷上）

昧：（昧）爽，旦明也。（七卷上）

连篆为句是钱大昕在《十驾斋养新录》中的一大发现。但钱氏说："诸山水名，云山在某郡，水出某郡者，皆当连上篆读"似乎不必。如：

峱（náo）：山，在齐地。（九卷下）

淩：水，在临淮。（十一卷上）

这是正常的训释，即如"某，山名""某，水名"，理解上毫无梗塞，不像前面的例子，如不连上篆读，则不能或不好理解，或理解错误。

（5）总结上文

《说文》说解精练，一般用字不多。个别字除解释本义外，还总结上文，加以概括性的说明，因而字数较多。如：

璋：剡上为圭，半圭为璋。从玉，章声。《礼》六币：圭以马，璋以皮，璧以帛，琮以锦，琥以绣，璜以黼。

（一卷上）

《说文句读》谓："六玉皆见上文，此以所配之币总结之，以见其为朝聘所用之玉也。"

三、《说文》的字体

许慎《说文解字叙》说："今叙篆文，合以古、籀。"即是说，《说文》收录有三种字体：小篆、古文、籀文。

小篆是《说文》的正体，是许慎据以说解文字形、音、义的基本形体。小篆是秦统一六国后通行于全国的标准字体，即官方规定"书同文"使用的书体，相传由丞相李斯对史籀大篆略加省改而成。基本保存了商周古文字的象形笔画和结构样式，大致能够反映出造字的本来的意图。这也是许慎采用小篆作为说解对象的原因。

除去正篆外，说解中常附有"重文"（即异体字）。全书重文共有1163个，包括有古文、籀文、俗体、或体等。

古文是指汉代发掘出的"古文经典"上的文字，是战国时期通行于东方各国的文字，如鲁国文字、楚国文字、梁国文字等，即所谓"东土文字”，其特点是形体比较简省。《说文》中古文的主要来源有两个：一是孔壁古文。“壁中书者，鲁恭王坏孔子宅，而得《礼记》、《尚书》、《春秋》、《论语》、《孝经》。”（《说文解字叙》）二是汉时在民间发现的用古文书写的《春秋左氏传》、《孟氏易》、《毛诗》和《周官》等书。《说文》中的古文大部分附在说解之后。也有少数作为部首或正篆（字头）的。全书重文中标明古文的共有510字。

籀文的名称是因其来源于《史籀篇》，又称为大篆。它是春秋战国时期通行于西方秦国的文字，即所谓“西土文字”。其特点是形体繁复重叠。《说文》中注明籀文的与古文一样大部分是作为“重文”附在字条之末的，也有少数作为部首或字头。据王国维统计有213字。

与小篆形体相同的籀文和古文，《说文》中已经与小篆混在一起，作为部首和字头，与小篆不同的籀文和古文列于说解之后与俗体、或体等作为“重文”处理。

第三节　《说文》的价值及不足

《说文》在文字学史上的地位是非常重要的，可以说具有继往开来的作用。它是我国也是世界上最早、最重要的一部文字专著，是汉字研究的第一个里程碑。

一、《说文》的价值和影响

1.《说文》是汉字研究第一个集大成的著作

自汉字产生以来，对它的分析研究就一直没有间断过。上自王公大人，下至闾里书师，或剖析字形阐述个人主张，或编纂课本以便蒙童诵习，但这都是广义上的研究工作，与科学的汉字研究相差甚远。《说文》的问世为前此的研究工作作了科学的总结，也为后世的研究奠定了基础。无论在理论上，还是实践上，都远远地超过了前人。它的巨大的成就在于它创造了一整套完备的理论，标志着汉字学的正式创立。其一，释字。对每一个字均先释其义，再析其形，又拟其音，形音义兼包并举，足称完备。同时，在说解的过程中，对形、音、义三者的关系并不是孤立处理，而是注意到通过字形分析探求造字本意和形声系统，不少地方企图通过语言联系探求语源，有时也用“读若”揭示通假规律。其二，六书条例的提出。“六书”名称始见于《周礼·保氏》，而“六书”的细目始见于刘歆《七略》，但在许慎以前都没有人加以解说，许慎在《说文叙》中给六书的每一书都下了八个字的定义，在理论上对六书条例作了精辟的概括，而且在《说文》全书9353个字的说解中处处运用六书分析——对每一个字都注明“象形”“指事”“从某，从某”“从某，某声”，使汉字结构化的特征昭然若揭。许慎六书条例的提出，总结并发展了战国以来的“六书”理论，为我国文字学的发展奠定了雄厚的理论基础。其三，部首归字法的创立，是对汉字序列化的可贵尝试。《说文》设置了540个部首，在部首排列上，据形系联、以类相从两个原则交相为用，使《说文》成为我国和世界上第一部名副其实的字典，在词典编纂史上是划时代的创举。540个部首“分别部居”“据形系联”，成为有系统的偏旁编字法。而全书所收10516个字，以形旁为依据分居各部，各按意义类别排列先后，这样自首至尾，次第井然，如一篇文字。此举可谓是一项伟大的创造。

2.《说文解字》是汉字研究登堂入室的唯一阶梯

正因为《说文》取得了许多超越前人的成就，历来备受重视。从唐迄清，传统的文字学几乎就是说文学。传统文字学有广狭二义，广义的文字学包括文字、音韵、训诂三个方面；狭义仅指字形学。若单就字形之学而言，分析汉字的间架结构必须借助于六书理论，而赖以分析的对象——字形，必须追本溯源，而这些都离不开《说文》。《说文》保存了大量小篆及其以前的古文字资料，成为后来人们辨识研究先秦古文字的重要依据和纽带。《说文》字头字体全部采用小篆，如果一个字的古文或籀文与小篆不同，就把古文和籀文列于此字的说解之后，加以说明。如果一个字有或体、俗体等，也同样处理。在汉字发展史上，从殷商到秦代是古文字时期，甲骨文、金文和篆书属“古文字”，是表形兼表意的形意文字。从汉代到现代是今文字时期，隶书和楷书等属于“今文字”，是表意兼表音的意音文字。小篆是古文字的终点，隶书是今文字的开端。“隶变”是古今文字的分水岭，是汉字演变史上的一个重要的转折点。《说文》不仅为我们保存了秦汉时期的全部小篆，还保存了部分先秦的古文、籀文，成为衔接古今文字的阶梯。没有它的启示我们不能释读甲骨文、金文和其他古文字。

3. 集中和保存了汉代及其以前的音韵、训诂资料，对于今天人们了解上古汉语的词汇面貌，研究古代的语音系统，都具有十分重要的作用。其一，《说文》为我们提供了极为宝贵的上古汉语的语音资料：①形声字；②读若；③假借字；④转注字；⑤通假；⑥声训；⑦重文；⑧联绵词。清代说文学家，根据《说文》提供的语音材料（主要是形声字），并参照其他材料（主要是《诗经》《楚辞》的用韵），研究上古汉语的语音系统，取得了重要成果。其二，由于古汉语以单音词为主，一个字就是一个词，故《说文》既是字典，也是词典。王力先生说"《说文解字》是上古汉语词汇的宝库"（《中国语言学史》36页）。许慎总结了汉人训释字义的成果，他解释字义的方式涵盖训诂学上的三种：义训、形训和声训。

4.《说文》保存了大量有关古代社会状况的资料，对研究中国古代文化史有很大的价值。"文化"一词，有广义和狭义的区别。广义的文化，指人类劳动创造成果的总和，凡是超越本能的、人类有意识地作用于自然界和社会的一切活动，都属于广义的"文化"。广义文化包括物质生产、社会组织和精神生活、政治制度、科学技术、思想观念等。狭义文化特指与特定的民族的生产方式和生活方式相适应，以语言为符号传播的价值观念和行为准则，即社会意识形态，如思想、道德、风俗、宗教、文学艺术等等。无论是从广义上理解，还是从狭义上理解，评价《说文》是中国古代文化的百科全书，都不过分。陆宗达在《说文解字通论》一书中，专列一章"《说文解字》中所保存的有关古代社会状况的资料"，讲述了《说文》中涉及到的古代社会生产、科学、医疗学、社会制度等方面，分析透彻，论证翔实。另有谢栋元《说文解字与中国古代文化》一书，内容包括《说文》所反映的春秋汉人的王权思想、古代的酒文化和玉文化，殷商人的迷信与后世的糊弄鬼神、古代的饮食文化、乐器文化等。其中在"作，起也——古代的发明权与古人的名利观念"一节，谈到《说文》所载的创造发明共有二十八项。如八卦、文字、小篆、耒、簧、笙、井、矢、冕、舟、琴、弓、车、酒、医等。

二、《说文》时代局限和存在的问题

（一）《说文》的时代局限有两个方面：

1. 作者立场观点认识水平的局限。许慎撰《说文》的主导思想是：有闻必录，各种学说兼收并蓄。许慎生活的东汉时期思想界的情况是，儒学定于一尊，谶纬之学盛行。尽管其撰写动机是破除阴阳五行、谶纬神学的谬说，但作为封建社会的一员，许慎的思想观念存有封建意识的烙印，仍不免受到当时社会思潮的影响，在其对汉字字义的说解时自然地把这些流露出来，因此在《说文》中存在一些牵强附会的阴阳五行说等玄学色彩。另外，受到当时生产力发展及科学水平的限制，人们对客观事物的认识还不充分，因此，许慎在说解中也免不了一些没有科学根据的说法，这也是时代局限的必然。同时，汉代的学术和政治是密切相关的，学术的探讨和争鸣都要取决于皇权，知识分子要进入仕途，必须受到它的左右。《说文》要得到皇帝的认可和首肯，必然会带有时代的烙印。

2. 当时出土的古文字资料有限。先秦古文字的大量出土在隋唐以后，金文至宋才多起来，甲骨文的出土在清朝末年。许慎时代虽“亦往往于山川得鼎彝”，但全书没有一处援引钟鼎之文，可见当时出土的铭古铜器为数尚少，许慎没有见到后世出土的甲骨文、金文，没有见到更古的原始资料，只是根据晚周和秦汉时文献上的“古字”来说文解字。对于一些已失去原形原义的古文字，其说解难免存在错误。

（二）《说文》是一部伟大的著作，但因系初创，受时代的限制，加上后人的讹误，存在的问题有：

1. 结构体例方面的不足

（1）部首设立、次第、部内字排列的紊乱

许慎称《说文》的编制是“分别部居，不相杂厕”，首创了用偏旁归纳汉字的方法，为后世编制字典开辟了道路，但其编排不够严密，体制不很严谨，缺乏科学性。

许氏用五百四十字为部首，但并不是五百四十个不同的字。有的部首重复可以合并。如“人”与“儿”，是一字异体而各分两部，可以合并。玉、珏也可以合并。有的部首不是字，也不是形旁，只是笔画而已。编排靠形似或义近，界限不清，规律难寻。归部错乱，没有固定原则，有的部首没有属字。

(2) 说解过于简略。

《说文》的说解极其精炼，收10516字，说解只用了133441字，平均每个字的说解只有12个字多一点。这其中还包含了部首说解的“凡某之属皆从某”及“六书”分析的“从某某声”、“从某从某，某亦声”等重复用字。多数字义的说解只有两三个字，读者要理解字义甚为困难。如“草”部“木”部的“草也”、“木也”等说解，等于没有解释。

2. 释义方面的不足

《说文》贯彻“以形说义”的原则，但由于时代的局限，在资料掌握上远远不够。其语言资料多取自周秦、两汉的文献，所收文字不过是战国、秦以来迄于汉代字体的综汇，距文字的原始形态已经很远了，许慎只掌握少量出土金石文字，无缘见到后来出土的甲骨文，一般只是根据小篆立论。小篆形体正确，其说解往往正确，小篆形体讹变，往往会发生种种误说。许慎不能完全理解或不能理解古人造字的原意，是可以理解的。他在《说文叙》中说：“其所不知，盖阙如也。”但在具体操作中却未能具体实践这条原则，在说解中不免出现拘泥字形、望文生义的附会穿凿之处。如：“甘，美也。从口含一，一，道也。”

除此之外，许慎的说解有些因袭现成说法，个别之处荒诞无稽。近人根据甲骨文、金文考释来解释小篆，有些是还其本来面目。

另外，在释义方法上也存在一些不足。如互训等于没有解释，而在声训的使用上，存在滥用的倾向，释义牵强附会，流于穿凿。

第四节　后代对《说文》的研究

一、清代以前对《说文》的研究

《说文》问世后，颇受学者们的推重，广为流传。大经学家郑玄遍注群经，在很多作品中都引《说文》以注经。应劭《风俗通义》、陆玑《毛诗草木鸟兽虫鱼疏》也都明引《说文》。南北朝时期，开始有人专门研究《说文》。《隋书·经籍志一》记载有《演说文》和《说文音隐》，现都已亡佚。模仿《说文》的著作有晋吕枕的《字林》和梁顾野王的《玉篇》，二者分别成为隶书字典和楷书字典，今有传世的宋本《玉篇》。到了唐代，《说文》的权威性得到确定。唐朝法定《说文》为学者必修科目，开科取士，《说文》是考试的内容之一。大历年间，书法家李阳冰对《说文》进行了东汉以来的首次整理，这是有成果传世的最早的对《说文》进行整理和研究的学者。五代至宋初，依然是《说文》的刊定校订与整理阶段，最为突出的就是大小徐本的出现与传世。下面着重介绍唐宋几个有代表性的研究成果。

(一) 李阳冰对《说文》的整理

李阳冰，字少温，唐赵郡（今河北省赵县）人。是大诗人李白的族叔，工于篆书，自成一格，不下于李斯，时人称其为“笔虎”，其手迹今世尚能见到。李氏刊定《说文》，是在唐代宗大历年间，改许慎原著十五卷本为三十卷本，是历史上第一次对《说文》所作的全面整理。其刊定本在唐后期曾广为流传，影响很大，现已不传。根据徐铉校定本（大徐本）所引和徐锴的《祛妄篇》（小徐本）所列，他主要作了以下三个方面的工作：(1) 修正笔法。对传世本《说文》篆文中的书写不规范处或不正确处予以修正。如“王”字与“玉”字篆体易混，对于“王”，“李阳冰曰：中画近上，王者则天之义”（大徐本）；对于“玉”，“阳冰曰：三画正均，如贯玉也”（大徐本）。这样，就有所分别了。这些笔法的修正，考之古文字也都是正确的。(2) 刊定形声。对许慎所分析的形符、声符有不同的看法，也予以刊定。如《说文》：“路，道也。从足，各声。”“李阳冰云，非各声，从足，辂省。”（小徐本）即李阳冰认为“路”是省声字，其声符是“辂”省，而不是“各”。(3) 自创新说。对许慎的某些说解，李阳冰大胆怀疑，提出异议。如《说文》：“竹，冬生草也。”“阳冰曰：谓之草，非也。”（小徐本）；《说文》：“隹，鸟之短尾总称也”，“阳冰曰：鸟之总称，《尔雅》长尾而从隹，知非短尾之称”（小徐本）。李阳冰的新义，颇有可取之处，可供学者参考。但也不乏主观臆断之说，如《说文》：“弔，问终也。古之葬者厚衣之以薪，从人持弓，会驱禽也。”“李阳冰云：弔从二人往返相弔问之义。”这些，显然是望文生义，强作说解。李阳冰对《说文》的刊定，有得也有失。在饱经战乱，《说文》之学湮废泯没的年代，李阳冰能独树一帜，继承许说，修正笔法，刊正讹误，对古代文字的流传，特别是《说文》的传世和文字学的研究，产生了积极的作用。但李阳冰毕竟是一位书法家，其主要是从古文字的角度来阐释小篆的构形之义，在经学、小学方面的造诣，是无法同“五经无双”的许慎相提并论的，他所见到的古文字资料，也不见得比许慎多。而且李氏往往篡改原文，别立新义，颇受后人指责。徐锴曾说：“《说文》之学久矣，其说有不可得而详者，通识君子所宜详而论之。楚夏殊音，方俗异语，六书之内，形声居多。其会意之字，学者不了，鄙近传写，多妄加声字。笃论之士，所宜隐括。而李阳冰随而讥之，以为已力，不亦诬乎？自《切韵》、《玉篇》之兴，《说文》之学湮废泯没，能省读者不能二三。弃本逐末，乃至于此。沮诵逾远，许慎不作。世之知者，有以振之可也。前代学者，所讥文字，盖亦有矣。中兴书阙，不可得尽。此盖作者之冠冕而后来之妄，故臣今略记所忆作《祛妄篇》。”

（二）大小徐本的特点和二徐的贡献

五代至宋初，《说文》研究的代表人物是南唐徐铉、徐锴兄弟。他们对《说文》进行了全面的整理、校勘和研究，因为兄弟二人皆精《说文》，号称江东“二徐”，徐铉等人校订的《说文》世称“大徐本”，徐锴的《说文解字系传》世称“小徐本”。

1. 徐铉等对《说文》的校订及大徐本的特色

徐铉（916——991），字鼎臣，会稽（今浙江省绍兴市）人。历仕吴、南唐，后归宋。宋太宗雍熙三年（公元 986 年），徐铉奉诏与句中正、葛湍、王惟恭等校订《说文》。《说文》第一次被官方钦定为研究对象，这是《说文》研究史上的一件大事。“大徐本”的特点是偏重于《说文》本身的校勘整理，力图恢复其本来面貌。由于徐铉等人的精心校订，才给我们留下了一部完整可读的《说文解字》。

大徐本的特色表现在以下几个方面：

第一，改易分卷。原书十五卷，徐铉认为卷帙繁重，每卷各分上下，共三十卷。现在寻检《说文》，都标明该部该字系属于某卷的上卷或下卷，查找起来更加方便。

第二，补缀缺漏。许慎撰著之时，一无依傍，创业维艰，对收字的遗漏在所难免。徐铉等人见于《说文》本书（注文、序列）而正文未收的十九字新补于正文中，如《叙》中有“幼子承诏”之语，于是在“言”部补：“诏，告也。从言从召，召亦声。”《说文》：“诗，志也。从言，寺声。”而正文未见“志”字，于“心”部补：“志，意也。从心之声。”见于儒家典籍先秦诸子和汉代及以后社会上通行的一些字，而《说文》失收，也写成小篆体收入，共420字，附于正文之后，按照《说文》的体例加以说解，称之为“新附字”。

第三，增加注释。这是大徐本校订工作最有意义的一部分内容。有三方面：一是徐铉自己作的注释，二是采用徐锴的说解，三是吸收李阳冰及诸儒笺注中可取的部分。另外许慎的说解中有不明确的和不完整的，则以“徐铉等曰”加上按语，以与正文相区别。如：“仁，亲也。从人从二。徐铉等曰：‘仁者兼爱，故从二。’”

第四，加注反切。许慎原书用直音的“读若”注音，后代有给《说文》注音的，但很不统一。徐铉等采用宋代比较通行的唐代孙愐审订的《唐韵》的反切为每一个字注音，抛开以前的各种注音，使读音得以统一。如《说文》“玉”部：“理，治玉也。从玉里声。良止切。”

第五，辨正俗讹。如《说文》“走”部“赴”下：“臣铉等曰：《春秋传》赴告用此字，今俗作讣，非是。”

第六，剔除重复。《说文》原书有若干两见的字，徐铉等予以指出。如“口”部：“吹，嘘也。从口从欠。”“欠”部又云：“吹，出气也。从口从欠。”大徐本于其下出“徐铉等案，‘口’部已有吹、嘘，此重出。”但《说文》两见的字共38个，徐铉等并未一一注明。

《说文》经徐铉等人精心修订，留下了一个完整而易读的本子。问世至今，所有的文字学家都把大徐本作为最重要的文字圣典进行研究，《说文》学者也都以大徐本为底本从事研究。但大徐本也有缺失之处，如轻视俗字、不明古音等，这些都是由于过于迷信许慎以及时代的局限造成的。

2. 徐锴的《说文解字系传》及特色

徐锴（920——974），字楚金。是徐铉的弟弟，博闻强识，于天文地理、典章辞赋，无所不通。尤精研小学，平生著作甚多，其所撰《说文解字系传》分四十卷，共八篇：(1)“通释”三十卷，是对许慎原书的注解；(2)“部叙”二卷，推寻部首排列的意义；(3)“通论”三卷，举天、地、日、月、礼、义、仁等附会文字结构的含义；(4)“祛妄”一卷，驳斥李阳冰的臆说；(5)“类聚”一卷，举义类相关的字说明其构形意义；(6)“错综”一卷，从人事推阐古人造字意旨；(7)“疑义”一卷，举《说文》所缺之字及字体与小篆不合者加以论述；(8)“系述”一卷，说明以上各篇著述的旨趣。徐锴认为“文字之义，无出《说文》”。其书名《系传》，就是把许书比之为经，而自己的解释为传。《系传》辨析精审，创建很多，极受宋人推崇。这部书是《说文》最早的注本，也是《说文》问世七八百年以后第一部系统的研究之作，所以徐锴堪称文字学史上全面系统研究《说文》的第一人。《系传》发扬许学，为《说文》注入了新的活力，重视俗字，明辨古今字，指明词义的引申假借，首倡因声求义之学，对六书理论亦有发挥。其特点可以分为以下几个方面。

第一，补充许慎之所未明。许慎释字，词简义奥，令后人费解。徐锴于“通释”中尽力予以疏通，使读者明了。如“彳”部：“径，步道也。”徐锴曰：“小道不容车，故曰步道。”又：“御，使马也。从彳卸。”徐锴曰：“卸，解车马也。彳，行也。或行或卸，皆御者之职也。”

第二，广泛运用书证解释古义。《说文》保存了汉字的古义，撰著本身就是为阅读经典服务的。徐锴在这方面也着力作注。如“疒”部：“痱，风病也。”徐锴曰：“按《史记》曰：田蚡病痱。”风病，今言中风。《史记》之文见《魏其武安侯列传》。

第三，以今语诠释古义。如“艹”部：“艾，冰台也。”徐锴曰：“即今炙艾也。”冰台之名，见于《尔雅·释草》。艾制成艾绒，可供针灸之用，故徐锴以今语释之，妇孺皆能知晓。又如“来”部“来，周所受瑞麦来麰，一来二锋，象其芒朿之形。”徐锴曰：“今小麦也。”“麦”部：“麰，来麰，麦也。”徐锴曰：“今大麦也。”把“来”和“麰”解释得一清二楚。

第四，阐释词义引申与文字假借。徐锴于词义引申和文字假借多有涉及。如“皿”部：“盅，器虚也。从皿，中声。《老子》曰：道盅而用之。”徐锴曰：“盅而用之，虚而用之也。今作‘冲’，假借。”今本《老子》第四章有“道冲，而用之或不盈”之语，“冲”义正与“器虚”相和，故徐锴予以指出。

第五，对多义词加以解释。许慎在《说文》中只讲本义，极少出第二义项。对客观存在的多义词，徐锴往往注明。如“艹”部：“荠，蒺藜也。从艹，齐声。《诗》曰：墙有荠。”徐锴曰：“此今药家所用蒺藜也。今人以此字为荠菜。”“辵”部：“遇，逢也。从辵，禺声。”徐锴曰：“遇之言相偶也。又：诸侯冬见天子曰遇。”

第六，说明文字的古今演变。同一词义，古今用不同的字表示，即古今字。徐锴对这一现象也多有述及。如“厶”部：“厶，奸邪也。韩非曰：‘仓颉作字，自营为厶。’”徐锴曰：“此公厶字，今作‘私’。”在《说文》中，“私”是禾名，见“禾”部。段玉裁云：“盖禾有名私者也，今则假‘私’为公厶。”

第七，探索字词的音义联系。徐锴往往有意从声音的角度来阐明词义，这种做法，固然源于汉人的声训，但其更为深化，实开清人训诂学上“因声求义”之先河。徐锴探索音义关系的手段有两种：其一，从形声字的声符去考察字词之间的音义联系。如“示”部：“禳，磔禳，祀除疠殃也。从示，襄声。”徐锴曰：“禳之为言攘也。”“襄”有“除”义，攘、禳同从“襄”得声，故其义近。又“贝”部：“赈，富也。从贝，辰声。”徐锴曰：“（赈），振也，振起之也。”“赈”的本以为富，后世又借用为赈济义。徐锴在此解释赈济之义，谓其语源为振起。其二，从同音或双声、叠韵去考察字词之间的意义联系。如“示”部：“祓，除恶祭也。”徐锴曰：“祓之为言拂也。”又“木”部：“标，木标末也。”徐锴曰：“又平声。人多言标置，言若树杪之高置也。标之言表也。《春秋左传》谓路旁树为道表，为远望其标以知其道也。”点明了“标”与“表”的音义关系。

第八，对“六书”理论的新探索。许慎在前人的基础上对“六书”进行了说解，对文字学的发展贡献是巨大的，但由于其界说简略，造成后世众说纷纭。徐锴在《系传》中提出“六书三耦说”，在“上”部

“上”字下指出：象形、指事相类，象形实而指事虚。形声、会意相类，形声实而会意虚。转注则形、事之别，然立字之始，类于形声，而训释之义与假借为对。假借则一字数用，……转注则一义数文，……。徐锴可以说是最早对许慎“六书”定义提出新见解的文字学家。此后，开启了历代对“六书”的再阐释。其“六书三耦说”，现代学者仍有言及，足见其影响极深。

徐锴对《说文》的研究，极大地启发了清代《说文》学者的思路。他们所要着力解决的问题，《系传》很多已经涉及。

当然，《系传》还存在许多问题，如征引古书过于繁冗，解释字义不很精当，有时还出现荒诞的附会之说。

《说文》流传至今，所能见到的完整的本子，只有大徐本和小徐本两种，小徐本对于学习和研究《说文》，同样具有重要的价值。二者相比较，总体看来，大徐本主要是校订原书，注释极少，是述而不作；小徐本差不多每字下都有注释，提出自己的看法，且富于创见，是述而有作。

（三）郑樵戴侗等的“六书”学

《说文》的整理和研究，在经历了二徐的辉煌之后，出现了郑樵、戴侗等人的“六书”之学。他们的研究特点，就是摆脱《说文》分部的束缚，专就“六书”进行研究。

郑樵（1104—1162），字渔仲，南宋新化军莆田人。平生不应科举，遍游名山大川，搜奇访古。晚年撰成《通志》，其中《七音略》、《六书略》、《金石略》等，对文字学的研究多所创获。他很重视“六书”理论的探讨，在《六书略》里，他根据“六书”分析文字，并对“六书”理论多所发挥。他指出：“六书也者，形象为本；形不可象，则属诸事；事不可指，则属诸意；意不可会，则属诸声，声则无不谐矣，五不足而后假借生焉。”自许慎之后，用“六书”理论全面分析汉字，郑樵为第一人，对元明两代研究“六书”的人影响很大。

戴侗，字仲达，永嘉人。生活于宋元之际，生卒年份不详。撰有《六书故》三十三卷，卷首附《六书通释》一卷。《六书故》一反《说文》、《玉篇》体例，不用部首，主要按义类分为九部。他对文字形义的解释，常有独到的见解，并注意运用钟鼎文字的材料，时或驳正许慎之说，有些考证也很精详。其援据《说文》，于大徐本之外，兼取唐本、蜀本，对《说文》的校勘尤其可贵。但《六书故》过于泥古，选字多杜撰，训解多臆测。

二、清代的《说文解字》研究

清代是《说文》研究的鼎盛时期。近人丁福保编《说文解字诂林》，将清初到罗振玉、王国维等203家研究《说文》的专书汇为一编，基本上反映了清代《说文》研究的情况。乾隆中期以后，对《说文》的研究出现了从来没有过的昌盛，这跟当时推重汉学、博通经史之风有关。因为小学是通经的门户和钥匙，而《说文》是小学里最重要的一部书。王鸣盛说："《说文》为天下第一种书，读遍天下书，不读《说文》，犹不读也。但能通《说文》，余书皆未读，不可谓非通儒也。"(《说文解字正义序》)足见清代学者把《说文》推崇到何种地步。清代研究《说文》的著作至少有一百七八十部。其中对《说文》进行校勘的，如严可均的《说文校义》、田吴炤的《说文三徐笺异》等；有对《说文》进行匡正的，如孔广居的《说文疑义》、俞樾的《儿笘录》等；有考证《说文》经字的，如钱大昕的《说文问答》、郭庆藩的《说文经字考辨正》等；有考证《说文》引经的，如吴玉搢的《说文引经考》、承培元的《说文引经证例》等；有考证《说文》逸字的，如郑珍的《说文逸字》、张鸣珂的《说文佚字考》等；有考证《说文》新附字，如纽树玉的《说文新附考》及《续考》。其中成就最大的为段玉裁、桂馥、王筠和朱骏声。他们四人被称为"说文四大家"。丁福保在《说文解字诂林自叙》中说："若段玉裁之《说文解字注》，桂馥之《说文解字义证》，王筠之《说文解字句读》及《说文释例》，朱骏声之《说文通训定声》，其最杰著也。四家之书，体大思精，迭相映蔚，足以雄视千古矣。"

（一）段玉裁与《说文解字注》

可以这样说，对于研究传统的文字学、训诂学、音韵学，《说文》是一部必读书；对于学习、研究《说文解字》，段玉裁的《说文解字注》也是一部必读书。

段玉裁（1735—1815），字若膺，号茂堂，江苏金坛县人。他是清代著名学者戴震的弟子，是乾嘉学派的代表人物。一生著述甚多，《说文解字注》是他的代表作。从乾隆四十一年（1776年）开始，段玉裁先用了十九年的时间编纂了长编性的《说文解字读》，又经过十三年的加工整理，才在嘉庆十二年（1807年），最后写定《说文解字注》，由于经济拮据，刻印困难，直到嘉庆二十年（1815年）始得雕版传布。这部书从起稿到付印，前后达四十年之久，可以说耗尽了段氏毕生心血。书成问世，在学术界引起巨大反响，当时以及后世学者公认是自古以来研究《说文》成就最高的著作。与段玉裁同时的著名学者卢文弨在《说文解字读序》中说："盖自有说文以来未有善于此书者。"杰出的小学家王念孙评论说："盖千七百年来无此作矣。"（《〈说文解字注〉序》）意思是段氏之书直追许慎，汉以后历代学者皆不及。可见，段注的成就在当时就已经为学者推崇备至。

《说文解字注》博大精深，简而言之，其主要成就有以下几个方面：

第一，段氏的突出成就在于"就古音明古义"。汉代以来，《说文》往往被看做是形书，人们多从字形去考察古字的意义。"辨点画之正俗，察篆、隶之繁省，沾沾自谓得之。而于转注、假借之通例，茫乎未之有闻。是知有文字而不知有声音训诂也。"（王念孙《〈说文解字注〉序》）段玉裁打破了这种局面。在注解《说文》之前，段玉裁深入地研究了古音，对上古韵部作了系统归纳，写出了《六书音均表》，然后用"因形以考音，因声以知义"的方法去研究《说文》。王念孙说："吾友段氏若膺，于古音之条理，察之精，剖之密，尝为《六书音均表》，立十七部以综核之，因是为《说文注》。形声、读若，一以十七部之远近分合求之，而声音之道大明。于许氏之说，正义、借义知其典要，观其会通。而引经典与今本异者，不以本字废借字，不以借字易本字，揆诸经义，例以本书，若合符节，而训诂之道大明。训诂、声音明而小学明。"（《〈说文解字注〉序》）段玉裁已经从理论的高度认识到了音与义才是语言词汇的要素，而汉字主要是通过记录词的声音来表示词和它的意义的。段玉裁活动的年代，正当欧洲历史比较语言学发端，结构语言学尚未诞生，而整个现代语言学尚在创立的初期。这时在汉语的研究中，中国杰出的学者们已经清楚地认识到了词的音义与文字的关系，明确地提出其声音代表词义而不是字形代表词义。这与后来的普通语言学理论不谋而合。对从最初的象形文字发展来的形体复杂的汉字研究中，独立地得出这样的结论，需要非常敏锐的洞察力。段玉裁等人可以说是现代语言学理论和实践的先驱。

第二，阐明《说文》条例。不明著书的条例，对全书的意旨，就不能融会贯通。以前研究《说文》的人，一般总侧重于“六书”，对《说文》的主旨及体例不甚理解，很少顾及，即便是徐锴的《说文系传通释》也很少提及。而段氏在注释中十分重视发凡起例，注意阐发许书蕴含的体例，以帮助读者正确理解《说文》，领悟作者的意旨。所以说，段注是通读《说文》的一把钥匙。如《说文》关于列部列字，“其建首也，立一为耑，方以类聚，物以群分，同牵条属”其博大精深，难为一般人所理解。为此，段玉裁对他的分部原则、各部之间的编排规律及许氏的说解条例都作了阐发，以便初学。如“一”部部末注曰：“凡部之先后，以形之相近为次，凡每部中字之先后，以义之相引为次。”这是关于列部次序的条例。“一”部“元”字下注曰：“凡篆一字，先训其义，若‘始也’、‘颠也’是；次释其形，若从某某声是；次释其音，若某声及读若某是。合三者以完一篆，故曰形书也。”这是关于文字说解的条例，另外段注对引书的条例也作了阐发，这些都是发前人之所未发，给人以启示。

第三，阐发许书的本义。江沅在《说文解字注·后叙》中说：“许书之要在明文字之本义而已，先生发明许书之要，在善推许书每字之本义而已矣。”这是非常中肯的评价。《段注》在校勘、释例方面做了大量的工作，但最值得称道的，对后学者最有使用价值的在于“善推许书之本义”。段氏在阐发许书的本义方面最大的特点是根据古代群书的训诂来解释许书。大量引用古书的语言例证和前人的训诂来推求许书之所本。对汉人传注和许书不同的也加以采录，考其源流，比较得失。特别注意把全部《说文》融会贯通，以许书的说解来解释许书。这正是经学和小学两个方面成就的集中体现。

第四，发挥“六书”学说，尤致力于剖分同异，使人易晓。许慎的

《说文叙》是一篇重要的文字学文献，尤其是其中对“六书”理论的阐述，可谓有理有据，有条不紊。对于这样一篇重要的文献，段氏详加疏释。其在发挥“六书”理论方面，尤致力于剖分同异，使人易晓。特别是阐明假借比较详尽。如，段注在逐字写出许书明言假借之例后，归结说：“大抵假借之始，始于本无其字，及其后也；既有其字矣，而多为假借；又其后也，且至后代讹字亦得自冒于假借，博综古今，有此三变。”又“水”部“洒”字注：“凡假借多叠韵或双声也。”这样，就把假借的产生、演变和条件讲清楚了。

第五，提示训诂方式，对汉语语义研究极富启发。语言文字的研究应从整体和系统上着眼。通过综合贯穿、比较归纳和纵向考察得出可信的结论，正是我国历代小学大师的擅长。而段玉裁是这方面的一个代表人物。段氏在语言文字研究上具有明确的系统观和历史观。如他认为文字的形音义三个方面是互相关联的，要研究《说文》，必须三者互求。在《广雅疏证序》指出：“小学有形有音有义，三者互相求，举一可得其二。……圣人之制字，有义而后有音，有音而后有形。学者之考字，因形以得其音，因音以得其义。治经莫重于得义，得义莫切于得音。”这个观点，贯穿于他的《说文》研究之中。在综合的研究方面，他的声义结合、将声求义的方法；在比较的研究方面，他的“以经证经，以史证史”的方法；在历史的研究方面，他的“凡训诂必考其源流得失”的方法，都对传统的训诂学作出了杰出的贡献。下面是一个从古今语义变迁的角度来训诂的例子。

《说文》八下：“屦，履也。”

《说文解字注》：“晋蔡谟曰：今时所谓履者，自汉以前皆名屦。《左传》：‘踊贵屦贱’，不言履贱。《礼记》：‘户外有二屦’不言有二履。贾谊曰：‘冠虽敝，不以苴屦’，不言苴履。《诗》曰：‘纠纠葛屦，可以履霜。’屦舄者一物之别名，履者足践之通称。按蔡说极精。易、诗、三礼、春秋传、孟子皆言屦，不言履，周末诸子、汉人书乃言履。诗、易凡三履，皆谓践也。然则履本训践，后以为屦名，古今语异耳。许以今释古，故云古之屦即今之履也。”

在前人有成说的情况下，为了考证一个字翻遍九经三传，而后接受前人成说，并得出古今语异的结论。从中我们可以得见段氏的研究方法，更可以见到段氏的研究态度。

段氏“于周秦两汉之书无所不读，于诸家小说之书靡不博览”，所以能够在《说文解字注》中广征博引，钩索系联，明辨是非。可谓体大思精，极富创见。使许书的意蕴及其在文字、声韵、训诂方面的真实价值得到充分的阐发，取得了卓越的成就。但是，这样一部大规模的著作，难免缺点错误。如校订许书，有时过于自信，未免流于武断；墨守许书，拘泥所谓本字，有时甚至穿凿附会，强为之注；谈引申有欠妥之处，许多地方失之笼统。所以继《段注》之后有不少订补之作应运而生，如钮玉树的《说文段注订》、王绍兰的《说文段注补订》、冯玉芬的《说文段注考正》、徐承庆的《说文段注匡谬》、徐灏的《说文段注笺》等，对我们了解《段注》的缺失都有参考价值。

（二）桂馥与《说文解字义证》

桂馥（1736—1805），字冬卉，号未谷，山东曲阜人，乾隆进士。桂氏博涉群书，著述丰厚。其中《说文解字义证》最为博大精深。桂氏与段玉裁同时治《说文》，以毕生精力完成《说文解字义证》五十卷，未及最后修订就与世长辞了。直到道光、咸丰年间，才有杨氏刻本问世，但流传不广。同治九年（1870年），崇文书局重刻，经张之洞的宣传，才使段、桂齐名。桂馥青年时曾送学国子监，得以接近小学大师戴震，深受其影响。戴氏主张以训诂明义理，流风所及，桂馥遂萌生治《说文》以证义为主的想法。所谓“义证”，就是广征经史子集，对《说文》说解加以疏证。其“义证”分两部分：一是义证字头篆文，其中征引在本义上使用过这个字的有关典籍；二是义证许书说解，征引有关古籍上的实例或解释，有时还加撰者按语，称“馥案”。如：

《说文》二上：“走，趋也。从夭止。夭止者，屈也。”

《义证》：本书，奔：走也，与走同意。趋也者，《释名》：“疾趋曰走。走，奏也，促有所奏至也。”《大戴礼·诸侯迁庙篇》：“在位者皆反走。”卢辩注曰：“走，疾趋也。”《淮南·人间训》：“走者，人之所以为疾也。”《洪武正韵》云：“走，疾趋之也。”《孟子》：“兽走圹。”《董仲舒传》：“如水之走下。”《项籍传》：“汉军皆走南山。”《高纪》：“走水上军。"又："驱而走之也。"夭止者屈也者，本书，"止"为足。夭，屈也。

可见，《义证》最大的特点，也是最大的优点就是材料丰富，引证广泛，经史子集，无所不包。

桂氏与段氏同时，并通治《说文》，但二人宗旨各不相同，独具特点。桂氏研究《说文》的出发点，是力求按照《说文》本来面目来研究它。与段氏一样，桂氏同样也取得了很大的成就。清代著名的文字学家王筠在《说文释例自序》中评论二家的得失说："就吾所见论之，桂氏未谷《说文义证》、段氏茂堂《说文解字注》其最盛也。桂氏证引虽富，脉络贯通。前说未尽，则以后说补苴之；前说有误，则以后说辨正之。凡所称引，皆有次第，取足达许说而止，故专胪古籍，不下己意也，读者乃视为类书，不亦昧乎？惟是引据之典，时代失于限断，且泛及藻绘之词，而又未尽加校改，不皆如其初旨，则其蔽也。段氏书体大思精，所谓通例又前人所未知，惟是武断支离时或不免，则其蔽也。大徐之识逊于小徐，小徐之识又逊于二家，治《说文》者以二家为津梁，其亦可矣。"张之洞在《说文解字义证序》中说："窃谓段氏之书，声义兼明，而尤邃于声。桂氏之书，声亦并及，而尤博于义。段氏钩索比傅，自以为能冥合许君之旨，勇于自信，欲以自成一家之言，故破字创义为多。桂氏敷佐许说，发挥旁通，令学者引申贯注，自得其义之所归。故段书约而猝难通辟，桂书繁而寻省易了。夫语其得于心，则段胜矣，语其便于人，则段或未之先也。其专胪古籍，不下己意，则以意在博证求通，展转孳乳，触长无方，非若谈理辨物，可以折中一义，亦如王氏《广雅疏证》、阮氏《经籍纂诂》之类，非可以己意为独断者也。"这些评论都是比较公允、恰当的。可以说，段书勇于创新，述中有作，有时又难免于武断；桂书一意胪列古籍，述而不作，论述平稳客观且不失见地。《说文解字义证》的价值在于：大量引用古代文献资料来证明《说文》说解的意义，经史子集无所不包。为后人学习、查阅和研究《说文》，提供了极其丰富的材料，是一部很有用的训诂资料书。缺点是：墨守许说，没有创见。只是为许书的说解寻找证据，不能帮助读者触类旁通。

（三）王筠的《说文释例》和《说文句读》

王筠（1784－1854），字贯山，号菉友，山东安丘人。道光时举人。平生著述二十余种，影响最大的是《说文释例》、《说文句读》和《文字蒙求》。

王筠与朱骏声同时，比段、桂二人年少四十多岁。当时段、桂两家的《说文》之学已享有盛名。但王筠能积二十年之功，以平实的治学态度，分析前代诸家之说，既尊崇段、桂，又不拘泥于成说，提出自己的见解，为后人指出门径。

《说文释例》共二十卷，成书较早。对《说文》的体例、文字的说解和六书理论都有比较深入的研究。尤其是研究《说文》重文，别立“同部重文”和“异部重文”两例；研究后起的加旁形声字，别立“分别文”和“累增字”两例，有独到之处。另外还能够利用当时的古文字资料，借助古文字，推求字源，补充、订正《说文》，纠正《说文》的谬误，这都是前人未能做到的。其中关于异部重文、分别文、累增字的论述，被黄侃先生称为不朽之论。

王氏的《说文句读》，共三十卷，是为初学《说文》的人编写的。对于前代的《说文》研究者，王筠认为段玉裁、桂馥两家的成就最高，但两家各有所长，亦各有不足。“余以《说文》传写，多非其人。群书所引，有可补苴。遂取茂堂及严铁桥、桂未谷三君子所辑，加之手集者，或增、或删、或改，以便初学诵习，故名之曰‘句读’。”（《说文句读》自叙）后来，王筠根据友人的意见，采辑各家，删繁举要，加上了自己的疏解。《说文句读》主要采用段玉裁、桂馥、严可均、纽玉树、王煦等前人之说，“博观约取”，即广泛地观览而精要地摘取，并提出自己许多独到的见解。因此，《说文句读》有一定的学术价值，远不只是“便于初学诵习”的普及读物。

《文字蒙求》原为应朋友请求，教其孙子初学文字而作。选取《说文》中的两千多字，以楷书、篆书并列，依照许慎的说解再加申说。分象形、指事、会意、形声四卷。其说解对《说文》有所阐发和订正，多平实允当。虽为初学文字的入门书，对研读《说文》也有一定的参考价值。

王筠治《说文》，别于前贤，其特点为：

第一，以古文字资料解释字义。充分利用当时金石铭刻之学的研究成果，有意识地利用古文字来推求文字的本来面目。

第二，注意文字学的普及工作，通俗易读是其著作的显著特点。

第三，在通俗说解的基础上，博观约取，有所创见。

因此王筠的书最便于初学，从普及文字学知识的角度看，在四大家中，他的贡献最大。

（四）朱骏声与《说文通训定声》

朱骏声（1788—1858），字丰芑，号允倩，江苏吴县人。朱骏声是清代著名学者钱大昕的弟子。钱大昕精于古音之学，对朱氏影响颇深。其一生以致力于古学自娱，著述一百余种，刊行二十余种。毕生精力主要用于《说文通训定声》这部专著。

《说文通训定声》共18卷，在“《说文》四大家”中篇幅最长。这是一部很有特色的书，之所以如此定名是因为该书由三部分组成：一为“说文”，二为“通训”，三为“定声”。

说文，首列《说文》原文，征引雅书、字书加以辨证、补充，增附《说文》不录之字七千多个，然后征引各种古籍加以疏证。其主要目的是厘定形体，剀阐沿讹，明辨六书，解说文字。

通训，即通释训诂。每一字下，先列《说文》说解及朱氏自己的按语，以明本义。次列“转注”，以说该字的各项引申义。再次列“假借”、“别义”、“声训”、“古韵”等项，举例说明该字的假借义、专有名词、连绵字、声训的解释，以及在《诗经》和先秦韵文中押韵的章节和押韵字。总之，是将该字在古籍中出现的各种意义全面地阐释，特别注重声音、训诂相通之理。在本义之外，特别着重于转注和假借的阐述。朱氏所说的转注即字义引申，假借是同音通假。在这部分还罗列义项，详举书证，补《说文》之未备，通经籍之异读。

定声，定声即分韵。全书改变了《说文》以部首统字的编排方式，而以声符（朱氏称之为“声母”）为经。从《说文》字形中分析出形声声符1137个（实际上包括不作声符用的散字二百多个），约言之为“声母千文”，按照古韵将其分为18部归类排列，每字之下均尽可能详列诗骚叶韵和声训材料加以佐证。凡同韵相押的叫“古韵”，邻韵相押的叫“转音”，从而确定这个字在古音系统的位置。经过这样的加工改造，这部书看起来就像是一部《说文》谐声谱，只是不少地方已按周秦古音加以调整。

总之，“说文”着重字形，“通训”着重字义，“定声”着重字音。而“说文”和“定声”都是为了“通训”。因为“说文”是转注的基础，不先讲本义就无从说明引申义；“定声”是假借的基础，不明古音就无从说明假借义的由来。本书的“说文”虽也颇具独到见解，但尤以“通训”和“定声”为其主要亮点。

《说文通训定声》的特点：

第一，《说文通训定声》最大的特点，也是它最为成功之处，就在于它的“舍形取声，贯穿联缀”（《说文通训定声·凡例》）的体例。这种排列方式，充分体现了“声中有义，声义相通”的原理，使读者能够直接将古音与古义联系起来，寻求词与词之间的音义联系。自宋代以来，不断有人申述“字音兼义”、“音义相通”之说。清代段玉裁、王念孙等亦力倡摆脱字形的束缚，从声音上贯穿字义，但直到朱骏声，这一理论才得以构建成功。从语言学理论上说，这是抓住了语言以音表义的实质，突出了语音，而把在《说文》原来编排方式中占得很重的字形降到了次要地位。朱骏声说：“天地之间，有形而后有声，有形、声而后有意与事。四者，文字之体也。意之所通，而转注起焉；声之所比，而假借生焉。二者，文字之用也。”（《〈说文通训定声〉自叙》）他又说：“造字之假借，不外乎谐声。”“不知假借，不可与读古书；不明古音，不足以识假借。”（同前）这正是对语音在汉字孳乳发展过程中作用的深刻认识。半个世纪以后，杰出的瑞典汉学家高本汉非常赞赏《说文通训定声》，称之为“伟大的著作”。高氏的举世闻名的《汉文典》在某种程度上可以称之为“现代式的《说文通训定声》”。

第二，全面地解释词义。许书就形说义，专讲与形体相应的本义，对多义词来说，显得不全面。而朱骏声的卓见在于认识到引申义和假借义的重要性，突破了许慎专讲本义的局限，全面讲述多义词的各个义项，阐发词义的引申和假借，对阅读典籍很有帮助。对于许书的词义，前人还没有做过这样大规模的系统的研究和整理。朱书在这方面有两大优点：一是材料丰富。每释一义，必有可靠的材料和前人的训诂加以证明。二是创造了一个较好的释义体例。把每个字的本义、别义、转注、假借、声训等都区分得一清二楚。所以前人称此书为“似因而独创”（谢增《说文通训定声·跋》）。

第三，朱书所讲转注、假借与许慎不同。许慎在《说文叙》中对转注、假借所作的界说是：“转注者，建类一首，同意相受，考老是也。假借者，本无其字，依声托是，令长是也。”朱氏另立新义：“转注者，体不改造，引意相受，令长是也。假借者，本无其意，依声托字，朋来是也。”虽有创新之处，但已远离许氏原意。

朱书虽然价值很高，但也存在一些瑕疵。一是对有些字的本训、转注、假借的区分并非完全恰当。二是对假借的认识有片面性。只承认有本字的通假，而不承认无本字的假借。三是问题涉及的太宽太滥，不少缺乏根据。

除四大家外，清代研究《说文》卓有成就的学者还有钱大昕（《十驾斋养心录》）、钱坫（《说文解字斠诠》）、严可均（《说文校议》）、张行孚（《说文发疑》）等。他们在《说文》研究的某一方面，都有可贵的建树。

三、近现代《说文》研究

正如有的学者所指出的那样：“20 世纪是伟大的世纪。在这 100 年中，政治的变革，经济的增长，科学的进步，艺术的繁荣，整个社会的发展，都远远超过了以往任何一个世纪。”同样，《说文》研究，《说文》学，这个传统国学的重要课题，可以说取得了无愧于这个伟大时代的卓越成就，出现了继清朝以四大家为代表的《说文》研究高峰之后又一个新的高峰。我们以 1949 年新中国建立为界，把二十世纪的说文学研究分为上半叶的近代《说文》学研究和下半叶至今的现当代《说文》学研究。

（一）近代《说文》学研究

十九世纪末甲骨文的发现给古老的《说文》学研究注入了新的活力。另外，受新文化运动和西方语言学理论的影响，学者们的思想观念发生了重大的变化，从而带来了思维方式、科研方法上的革命。近代人不再把《说文》看成是经学的附庸，章太炎首倡改称小学为文字学，此举成为《说文》学研究进入科学时代的标志。在近代为《说文》学作出重大贡献的有章炳麟（太炎）、黄侃、杨树达、丁福保、马叙伦等。下面分别做一简要介绍。

在20世纪的上半叶，乃至整个20世纪的《说文》研究中，最光辉的一页是章黄学派写就的。他们实现了《说文》研究由传统小学向现代语言学的历史性过渡。章炳麟、黄侃师生二人是章黄学派的代表人物。章炳麟《说文》研究的代表作有《文始》、《小学答问》、《新方言》、《国故论衡·上》等四篇。它们首次实现了从理论到实践对语源的全面探索，系联了《说文》字族。其中以《文始》最为重要，其研究表现为以下几个方面：

1. 提出了文字孳乳、字族系联、语源探求的理据。章氏拿过许慎"六书"中的转注，从语言的发生和文字的创造角度做了全新的解释，奠定了探求语源的基础。他说："何谓建类一首？类谓声类……首者今所谓语基……考、老同在幽类，其义相互容受，其音小变。按形体，成枝别；审语言，本同株。虽制殊文，其实公族也。"说明了"转注"包含的几方面内容，实际上是对同源词必备条件的平面剖析。之后，章氏又从历史语言学角度揭示了同源词的成因："字之未造，语言先之矣。以文字代语言各循其声。方语有殊，名义一也。其声或双声相转，叠韵相迤，则为更制一字，此所谓转注也。"揭示了方言词汇、文字产生的规律，同时揭示了语有其源、字有其根的奥秘，为语源学的建立、发展建立了基础。

2. 总结了同源词系联的方法，进行了《说文》同源字族系联的实践。前人系联同源词的方法，不外声训、右文、因声求义等，零散而不系统，且多"拘牵形体"。章氏受到西方语源学的影响，结合传统小学语源研究的实际，改从语言角度进行研究，形成新的学术体系。

黄侃先后师从章炳麟、刘师培，代表作有《说文略说》、《说文同文》、《说文说解常用字》、《说文新附考原》、《说文笺识》等。其继承章学而又有所发展，人称一代"小学大师"，被誉为乾嘉以来小学的集大成者。黄氏秉承师说，最重要的是继承、发展了《说文》的语源学，表现为以下几个方面：

一是阐发了“形体声类，更相扶胥”的溯源原则。强调形体、声类并兼以求语源，观点与其师一脉相承。

二是章氏据《成韵图》音变通转来系联同源字族失于宽泛，黄氏则守其师说而有所补苴修正。他把音变系联严格限制在双声、叠韵、对转范围之内，是对师说大胆的修订与完善。

三是黄氏同章氏一样进行了《说文》字族的系联。黄氏对大徐本进行了批注，虽然未有定稿，但从中不难窥见其探讨语源的思路和方法。其侄黄焯将同源词材料整理为《说文同文》，陆宗达、王宁曾将《文始》与《说文同文》相比照，结果是：“完全相同者占67%，部分或某方面相同者占21%，不同者占12%。”这不仅说明章黄字族研究的方向大致相同，同时是对《文始》字族的再行审核和检验，也证明《文始》对《说文》字族探索大体是成功的。

四是从理论上对《说文》体例的阐发。章氏主张将“小学”易名为“语言文字之学”，标明现代语言学的确立。而现代语言学与旧时语文学的重要区分标准之一就是是否具有理论性。黄侃接受了章氏这一思想，鲜明主张要加强理论性，基于这一认识，他十分注意从理论上对《说文》一些问题加以解释。如关于《说文》的训释体例，前人多是作外部形式的划分或表象的归纳，未及问题实质，而他从现代语义学角度做出了有异于前代的三种解释：“一曰互训（亦可称直训），凡一义可以种种不同之声音表现之，故一意可造多字，即此同义之字为训或互相为训（亦可称代语）。”“二曰义界（亦可称界说），谓此字另于他字之宽狭通别也……凡以一句解一字之义者，即谓之义界。”“三曰推因，凡字不但求其义训，且推其字义得声之由来，谓之推因。”其中关于推因的解释，显然是在受到西方语源学影响后，并在传统语言学和《文始》启发下总结出来的，深化了《说文》的研究。再如汉字形义学中形体演变与本义探求的关系，前人总结得不甚理想，缺乏深刻的理性认识，许慎也只是说“厥意可得而说”。章氏察微知著，从中提取出“笔意”这一术语，用以指称反映原初造字取意的字形。黄氏秉承这一思路，又提出了“笔势”的概念，用以指称后代发生变化、不能反映原初造字取意的字形。

章黄学派在《说文》研究上的主要贡献有两点：

一是开始实现了《说文》研究从语文学向语言学的过渡。易“小学”之名为“语言文字之学”不单是名称的改变，而是昭示《说文》学从此摆脱经学束缚，进入语言学。二是首次系统进行了《说文》语源探索，构建了新的学术体系，创立了语源学派，为《说文》学研究开辟了新的更为广阔的天地。

在20世纪上半叶的《说文》研究中，杨树达的成就虽不能与章黄相比，但也占有举足轻重的地位。杨氏著有《积微居小学述林》、《积微居小学金石论丛》、《积微居金文说》等，其治学反对墨守传统，“温故而不能知新，其病也庸”；也反对抛开传统，全盘西化，“不温故而欲知新，其病也妄”（《温故知新说》）。所以他治《说文》，能吸收欧洲的语源学，能利用新出土的古文字，还能融会入语法、修辞、文化的内容；对于《说文》，他不盲目迷信，“三十年来一直做批判接受的工作”，更为可贵的是，晚年他还把唯物论的认识论渗透于文字结构分析之中。

杨氏《说文》学的精粹主要在两个方面：语源学和形义学。

语源研究方面的成就是杨氏《说文》学的主要贡献。可以分为三点。

1. 在探寻语源上发现“条贯”，“创通大例”，而这是乾嘉诸老“顾未有闻”，杨氏“邂逅得之”的。这一“条贯”就是“形声声类有假借”。

2. 使形声字语源探索的理论系统化。其“明形声字之语源者”论文分三类：“一为用同音之字或音近之字为语源者”，即所谓“形声声类有假借”；“二为同一声类之孳乳字为语源者”；“三为声旁即语源者”。这三种情况，实际上构成了一个体系或模式。

3. 对孳乳条例的阐发。章黄对《说文》语源学的贡献是创通孳乳、变易两大条例来说明同源字的分化，系联同源字，但对其中细则却没来得及归纳。杨氏在此基础上，运用语法、修辞等学科知识，结合声转，总结出六个方面孳乳的方法，使孳乳的条例更易于掌握和操作。

第二，杨氏《说文》形义学研究的突出贡献有以下几个方面：

1. 吸取了近代古文字家的研究成果，用甲骨金文与《说文》对照，补充修订许说，并在此基础上进行了归类。

2. 引入语法学、修辞学的概念进行结构分析，出人意表，细致入微，又合乎情理。如“能形与所形。能谓主动，所言被动也。如父字从又举杖，又者，手也，举杖者也，故又为能形；像杖，被举者也，故为所形。”将语法学上主动、被动概念引入“六书”分析。

3. 重视对顾炎武、章太炎以来古音学研究成果的继承和发扬。这些研究成果可以说是传统小学中基础和精髓的部分。杨氏完成了大量的论文，对前人的成果发扬和修正。

丁福保的《说文解字诂林》是一部集《说文》资料之大成的工具书。它采书一百八十二种（未计“补遗”），共一千零三十六卷，分订六十六册。因其为有关《说文》研究著作之总汇，故名《诂林》。《诂林》除了按《说文》次序将历代考释字义的著作散入各字之下外，并附有“前编”和“后编”。前编收录所采各书的原序、例言及总论《说文》或书后的著作，后编收录考释《说文》逸字的著作，最后一册是“通检”，供检索用。

1.《诂林》编纂的特色有以下四个方面：

(1) 理论与考校并重。传统语言学向来重考校、轻理论，《说文》研究也不例外。《说文》研究的理论较为零散，不成系统，多存在于序跋文字之中，要加以整理，难度更大。丁氏立足于《说文》研究整个学术体系的完整性，在“前编”中收录了相关文字，与“正文”考校对峙并举。学人如想获知理论方面的知识、信息、动态，按类目披阅，即可了然。

(2) 重点成果和一般成果有别。丁氏在“正文”编排了自宋迄清《说文》学的成果，共分10类。排在前六位的是宋代二徐和清代的四大家，他们代表着《说文》学的较高学术水准，故排在显要地位。这个编排大体上得到了社会认可，基本合理。

(3) 吸收甲骨文、金文的研究成果。甲骨文、金文与《说文》小篆是远源和末流的关系，可以相为印证发明。丁氏所处时代，距殷墟甲骨出土不过几十年，否定甲骨文的真实性，唯《说文》是据的学术氛围还很重；另一方面，动辄否定《说文》，唯甲、金文是从的趋势也存在着。丁氏排除了两种极端态度的干扰，采取了“以小篆为主，辅以甲骨文、金文”的谨慎态度，收到了展现文字源流，拓宽《说文》研究领域，双方互证互补的良效。

（4）用最新得到的唐本《说文》资料校勘《说文》。包括《说文》四大家在内的清代学者经常利用唐宋古籍中引用《说文》的资料对二徐本进行校勘，收到一定成效。宣统元年（1909），丁氏出使日本，发现我国久已失传的古籍——唐释慧琳《一切经音义》和辽释希麟《续一切经音义》，遂购携回国。二书引用《说文》达一万余条，于勘正《说文》价值极大。丁氏在编纂《诂林》时，即以按语的形式写入，来勘正《说文》，虽未必尽确，但自成一家之言，可以说是丁氏的述中之作。

2.《诂林》编纂的价值

（1）勾勒出《说文》学学术体系，界定了《说文》学研究领域。据《诂林》的体制，《说文》学系有理论和实证两部分组成。理论以“六书”为核心，实证以篆文和逸字考校为主。理论是实证的灵魂，实证是理论的基础，二者相互为用，合为体大思精的《说文》学术体系。

（2）勾勒出《说文》研究历史，展示出《说文》研究流派。《诂林》所收，宋代为一重点，清代为一高峰，近代附带收录，大致显示了《说文》学的历史轨迹。

（3）汇集了历代主要研究成果，提供了多方面的资料和信息。

马叙伦的著作有《说文解字六书疏证》和《说文解字研究法》。其中《说文解字六书疏证》可以说是别具一格的一部著作。它上承徐锴、段玉裁等注释订补和六书派构造分析的传统，下师章太炎语源探索、注重发明的门法，又广泛吸收甲骨文及其他材料，形成了自己的学术体系和学派特点。

马氏《疏证》的成就与特色主要表现在以下四个方面：

第一，汲取前代及当代诸家相关研究成果，先事校雠。段注成就很大，但只凭一己之力，看到的材料有限。马氏写作《疏证》时，《说文》校勘成果已相当多，有些是段氏看到的，有些是段氏没有看到的。马氏对此爬罗剔抉，精心采撷。这就为《疏证》在校勘上超越前代，达到当代较高水平提供了条件。

第二，依据"六书"分析许书文字，各归其类。他说："复将许书九千余文，随所指示之规律，加以分析综合之研究，而使左右逢源，后先一贯，不待牵强弥缝，而自契合。"马氏对《说文》全书逐字进行了结构分析，主要分析对象是有异议、难以分析的字，结合古文字、古铭器以及古今中外文化、民俗等加以解决。除此之外，书末还附以六书分类字表。

第三，引用诸多学者的甲金文研究材料与《说文》相比照，解说形义，虽多为成说，却不乏己见。

第四，阐发转注，探求语源。对于转注，取他家之长，提出自己所见。其《疏证》的主要工作是从声音上说明转注字，进行同源词的系联。

除了《疏证》之外，马氏的《说文解字研究法》也是一部流传较广、影响较大的书。其所谓"法"，不是通常方法论意义上的"法"，而是将《说文》版本、字数、部首次第、字体、解说、作者事迹、书目等分成七十二个专题，可以说是作者研究《说文》的家法，得之于撰写《疏证》之前的资料准备，对研究《说文》有一定的参考借鉴作用。

常耀华在总结近代文字学研究状况时指出："近代许学研究实际上形成两种不同的研究倾向：一种是章黄为代表，在全面继承整理《说文》学的基础之上将其与语言学结合起来进行研究，有所发明；一种是以杨树达为代表，资取《说文》以外的文字材料来研究《说文》。前者代表传统文字学的终结，并开启用现代科学研究许学的风气。后者在用现代科学研究许学的道路上走得更远。总的来说，近代许学研究与清以前的研究相比，已发生了质的变化，无论是在研究材料、对象还是研究方法上都是一次革命性的变更。可以说，《说文》学研究已经从前科学的藩篱中摆脱出来，以再生的面目在现代科学中找到了自己的位置。"（《许学研究综述》，《辞书研究》，1993 年第 4 期）

（二）现当代《说文》学研究

现当代《说文》学研究始于新中国成立后，在不长的几十年中，取得了丰硕的成果。特别在近一二十年，《说文》学的研究打开了一个引人入胜的新视界。一改传统《说文》学的封闭系统而为开放系统，进一步从本体具体研究领域出发，解决了以往旧的学术规范无法解决的问题。

在现当代《说文》学研究中，陆宗达的《说文解字通论》是一部评价《说文》具有影响性的专著。《通论》共四章，第一章是关于《说文》的内容和体例，第二章是运用《说文》解释古书，第三章是《说文解字》所保存的有关古代社会状况的资料，第四章是《说文解字》的局限性。该书集中体现了陆宗达祖述章黄学说的重要成果，许嘉璐在《说文解字通论序》中总结了陆书的三大特点：一是既本师承而又不囿于成见；二是既深入又通俗；三是材料既很详细，而论述又很简要。

姚孝遂的《许慎与说文解字》也是一部富有特色的专著。该书分为十部分：一、作者许慎；二、《说文》——时代的产物；三、《说文》的写作目的和动机；四、《说文》版本；五、《说文》体例；六、《说文》书体；七、文字学的基本理论——六书；八、《说文》部首；九、历代对《说文》的研究；十、《说文》得失的评价。另有附录：古今文字。姚氏以古文字学的方法来研究《说文》，对《说文》即作出了通俗的评价，又进行了深层的剖析，提出了许多精到的见解。

另外，商承祚的《说文之古文考》、张舜徽的《说文解字约注》、汤可敬《说文解字今释》、蒋人杰《说文解字集注》、蒋善国《说文解字讲稿》、余国庆《说文学导论》、周祖谟《说文解字概论》、王宁《〈说文解字〉与汉字学》、张震泽的《许慎年谱》、任学良的《说文解字引论》、董希谦、张启焕主编的《许慎与〈说文解字〉研究》等，都是在现当代说文学研究中独树一帜的力作。

第九章　汉字与训诂

第一节　汉字的字形、字音与释义

训诂是传统语言学中一门古老的学问，它的任务就是解释古代的书面语言。训诂的内容很广泛，包括注音、释义和分析语法修辞、篇章结构。仅就释义的范围来看，就包括解释字义、词义、成语、典故，乃至名物、制度、天文、地理等等。但是，其重点和主要任务在于解释古书中的字义和词义。

一、字义和词义

在传统的训诂学中，字义和词义一向含混不清。因为在古代汉语中绝大部分是单音词，只有少数是单音节词，如连绵词等。所以在古代汉语中，一个字基本上就是一个词，一般情况下可以混称。但是字和词在本质上是不同的，字是词的书写符号，词是语言中的音义结合体，是可以自由运用的最小单位。二者是不同范畴的概念。另外，字义和词义在本质上是有区别的。词是因为其在语言上的运用而获得意义的，字是因为可以记录词而获得意义的。一个汉字就是一个书写形体单位，有些形体书写单位就因为不能记录语言中的词而获得语言中的词义，成为非形之字。如《说文》中的“丨，上下通也。引而上行读若囟，引而下行读若退。”“丨”徒具字形，而无字义，因为它不表示语言中的任何一个词。而且字和词也不是一一对应的，有一词多字和一字多词现象。一词多字，如“群”“宭”两个字实际上是一个词。《说文·宀部》：“宭，群居也。”《说文·羊部》：“群，辈也。”辈，类也。引申为类聚。群居即类聚。这两个字在古书中通用“群”字。若按字形来看字义，字义比词义的范围要小，它们之间的关系比较复杂。从字和词所包含的义项来看，一词多字还表现为一个复音词由几个字构成，而其词义并不是这几个字的字义简单相加，这几个字的字义一般来说是语素义，而不是词义。语素义不像词义那么固定，它总是随着所构成的不同的词而发生一定的变化。至于复音单纯词的词义则与记录它的文字的字义完全无关，因为在这些词中每个字记录的不是词，也不是语素，而是一个没有意义的音节，这些字只是一个个单纯的表音符号。一字多词的现象也很多，如前面谈到的多义词、同形词等，都属于一字多词，此不赘言。

近来有学者认为，由于语素是语言中最小的音义结合体，在现代汉语中单音节语素占绝对优势，因此在汉语中，字和意义的关系实际上就是字和语素的关系，字义就等于语素义。讲字义和词义的关系实际上就是讲语素义和词义的关系。对单纯词来说，语素义就是词义。对复合词来说，语素义及语素义之间的关系构成了复合词的理据，从而为理解复合词提供了线索。词义的构成是复杂的，理据义与词义之间的距离有远有近。如“黄牛”以颜色命名，“水牛”以习性命名，它们的理据义与词义较近，而“河马”并非是河中的马，而是指一种喜欢在河水中活动的略像马的一种哺乳动物，它的理据义与词义的距离较远。至于很晚产生的一些专业词如“钢化”、“激光”、“方程”等，它们的语素义与词义的距离就非常远，即使了解了语素义也无法了解词义。这里论述的字义与词义是就现代汉字而言的，虽不涉及训诂，但同样说明字义和词义不能等量齐观。

总之，虽然字和词在本质上是完全不同的，但在一般情况下字和词是没有太大区别的，所以研究古汉语和汉字，传统上以字为单位。实际上我们所说的字和字义很多是词和词义。

汉字的字义也和它的形体、读音一样，随着时代的前进不断地变化和发展。汉字已有四千年的历史，从它产生之日起，就随同社会的变革不断地孳乳丰富。汉字的数量很多，产生的年代也不尽相同，有些字早在甲骨文时代就已出现，也有些字是因近代科学的需要而产生的。很多汉字从结构上看差不多，但它们产生的时间差度很大。凡是晚期产生的汉字，意义简单具体，一般来说无训诂的必要。如近代产生的一些有关化学元素名称的字——氢、氧、氮等，意义很明确。而流传时间长久的字，包含的意义都比较复杂，多数字除了本义以外，还有许多引申义、假借义等。阅读古代文献，经常会遇到一些难解的字词，虽然文字并不陌生，但用其组成的文辞去不能理解，这就要通过训诂的方法，弄懂文字的准确含义，继而了解文辞的义理。

二、汉字的字形、字音及释义

汉字的字义主要是通过字音、字形体现出来的。训诂学在探求和训释字义时，必须研究字音和字形，研究形、音、义三者的相互关系，从而发现问题和解决问题。清代训诂大师段玉裁说："圣人之制字，有义而有音，有音而有形。学者之考字，因形以得其音，因音以得其义。"（《广雅疏证序》）自汉以来，历代的训诂学家，无不在汉字的形、音、义上下功夫。

汉字是表意文字，原始的汉字就是根据字义（即词义）来构建字形，所以字形成了考证字义的一个重要依据。字形本来就是文字学研究的一个对象，但文字学着重研究的是字形的来源、体态、结构及其演变规律，而训诂学着重的是原始字形和字义是怎样切合的，这就需要利用文字学的研究成果，依靠文字学家为它提供准确可靠的原始字形。如果所据的字形有讹误，也就无法准确地求出字义。训诂学在这方面的任务就是从大量的古代文字资料和语言资料中求得造字时代文字形义的统一，并从这种统一的状态中见形以知义，因字以识词。这也就是自汉以来，被历代训诂学家所看重的因形释义的方法。

东汉许慎的《说文解字》可以说是我国第一部因形释义的训诂专著。他所据之字形是小篆、古文和籀文，所取之字义是以古代文献语言为佐证的，在说解中尽量求得形义相切合。其目的不是为了附会字形，而是为了解释文献语言。因此，《说文解字》至今仍是一部因形释义的最重要的工具书。随着甲骨文等更古老的文字的出现以及古汉字研究方面的许多重大突破，大大地丰富了汉字学和训诂学的内容，许慎创立的以形释义的方法，更显示出了它的重大的理论价值和实用价值。

但需要强调的是，字形和字义的密切联系，主要体现在造字初期，而且只限于本字和本义。实际上古书中并不完全写本字，更不能完全按本义用字。这是由于一方面汉字形体的不断演变，表音趋向的不断增强，形义联系的不断脱节，表现在古代文献中往往以后起字代替初造字，以借字代替本字，其替代的依据是声音。另一方面是由于汉字词义的发展演变，在旧词旧义的基础上不断派生新词，滋生新字，而在这个发展演变的过程中起纽带作用的也是声音。前者产生了音通相借的通假字或假借字，后者产生了音近义通的同源字。无论是识别通假或者寻求同源，都必须以语言的声音为线索进行系联，由字音以求字义，这就是传统的因声求义的训诂方法。

汉代的训诂家在《说文》、《尔雅》、《方言》等著作中已经使用了声训，即用音同或音近的字解释词义。《释名》则是一部比较系统的音训专著。清代的学者在古音学体系的基础上明确提出“因音求义”的主张，摆脱字形的束缚，“就古音以求古义，引申触类，不限形体”（王念孙《广雅疏证序》），在实际操作中也充分运用了这个主张，以古音求古义，每释一字音义重合，可谓天衣无缝，正本清源。他们的理论和实践为训诂学开辟了新的天地。

因形释义和因音释义是从语词的书面形式和口头形式进行训释的两种最重要的训诂方法，下面分别加以介绍。

第二节 因形释义

一、形训及其作用

形训前面已经介绍过，其实质就是利用汉字的字形，充分挖掘汉字语词的形象因素，达到充分地解释词义的目的。形训的作用具体体现在以下四个方面：

（一）推求本义

形训的作用主要是帮助我们推求词的本义，即体现在造字意图中的那个意义。例如《孟子·梁惠王上》：“苟赤后义而先利，不夺不厌。”这里的“夺”就是“抢夺”的意思。但《孟子》里的“夺”并不都可以解释为“抢夺”。如同一章里有另一段话：“鸡豚狗彘之畜，无失其时，七十者可以食肉矣。百亩之田，勿夺其时，数口之家，可以无饥矣。”这里的“夺”就不能用“抢夺”来解释。赵岐注曰：“不可以徭役夺其时功。”释为“侵夺”，于上下文意颇不相顺。其实，“勿夺其时”，就是上句所说的“无失其时”，“勿夺”即“无失”，上下对文，字异而义同。上句指不失养殖之时，下句指不误耕作之期。其实，“夺”的本义就是“失落、失误”，至今有关文字的错漏，还叫“讹夺”。《说文》四上：“夺，手持隹失之也。从又从奞。”“奞，鸟张毛羽自奋也。”金文中的“夺”就像鸟张毛羽从手中挣脱之形，以此表示失脱之义。只是后来这个意义被“脱”字所借，如“脱胎换骨”本作“夺胎换骨”。而“脱”的本义是“消肉癯”，即瘦得厉害。《后汉书·李膺传》：“岂可以漏夺名籍，苟安而已。”这里的“夺”本是用失脱的正字，而刘贡父《刊误》云：“案文‘夺’，当作‘脱’”，则是不明本义而误解。“夺”的“强取”义是其借“敚”字得来的。现在人们一般只知道“夺”的“强取”义，而不知其本义为“失脱”；只知道“脱”的“失脱”义，而不知道其本义为“消肉癯”。只知道用“夺”，而不知道其本字是“敚”。这就是借义行而本义废，借字行而本字废的现象。

借助字形掌握本义，除了帮助我们准确地理解古书以外，还有以下几个方面的意义：

1. 了解引申义的由来。如“息”在古文中是一个多义词，《孟子·告子上》：“是其日夜之所息，雨露之所润，非无萌蘖之生焉。”《战国策·赵策》：“老臣贱息舒祺最少，不肖。”《庄子·秋水》：“消息盈虚。”第一个“息”的意思是“生长”，第二个“息”的意思是“儿子”，第三个“息”的意思是“增长”。其实这三个意义都与“息”的本义有联系，要了解这三个意义的由来，就得结合字形的分析，了解“息”的本义。《说文》十下：“息，喘也。从心从自，自亦声。”“自”是“鼻”的初文，古人以为气是从心里通过鼻子呼出来的。息，即喘气之意。有呼吸就有生命，生命就是生长的过程，生长就要繁殖后代，用之于人，就有子弟的意思。成语“休养生息”，指历史上动乱平息以后，采取一些措施减轻百姓的负担，恢复生产，安定秩序，繁殖人口。“生息”就是生儿育女。比之于物，则有利息之义。利息是由本金生殖的。增长的意义则是由生长的意义孳生出来的。

2. 掌握多义词的词义系统。多义词的词义系统是指一个多义词各个义项之间的内在的必然联系。这种联系不外乎是本义与引申义的联系，要掌握这个系统需要进行两个方面的工作，一是要明确词义引申的方向，搞清是单向引申还是多向引申；二是要确定词义引申的系列，搞清每个义项在系统中的次序和位置。这就要求对词的本义有更准确的把握，对它在古代书面语中实际使用过的各种引申义有更全面的了解，从而梳理总结出这个词的引申系统，使之清楚明了，易于把握。

3. 进行同源词的系联工作。同源词的孳生和系联，在本质上并不依托字形而是依托声音的。但是汉字是表意文字，声符是意符的假借，有些声符不仅表音，还表义。在这种情况下，由声符的形义统一的关系可以系联一批同源词。例如“夹”字，甲骨文已经出现，像两个小人从两边辅助中间的一个大人，其本义就是“辅佐”。《左传·僖公四年》：“五侯九伯，女实征之，以夹辅周室。”“夹辅”为同义连用，由辅佐引申为在两旁（如“夹岸”）和从两边夹住（如“夹持”）。下边一些从夹得声的字都同这两个意义有关。

颊，面颊，在面部的两边。

陜（狭），狭窄，两旁皆有物。

袷，夹衣，双层的衣服。

挟，夹持，用胳膊夹住。

筴，筷子，用来夹住食物的工具。

峡，两山夹水之处。

铗，剑把，从两边夹住剑的底部。

荚，豆荚，由两片甲壳夹住。

4. 正确地解释现代汉语某些词语中古义的存留。字义经过长期的演变分化成古义和今义，我们读古书时要取古义，读现代书时要取今义。古义和今义是有区别的，但是古义和今义并不是毫无联系的，现代常用的某些双音词里保留了古义，而且这些古义往往都与本义有关，即同其形体结构是相切合的，不了解这一点就无法讲清楚这些词语的意义来源。例如“救”字，《新华字典》的解释是“帮助，使脱离困难或危险。”这是现代通用的意义，如“救命”、“救人”等。但是对“救火”一词怎么解释呢？《新华字典》解释为“帮助灭火”，增字释词，颇为费解。《说文》三下："救，止也。从攴，求声。""攴"是"扑"字的初文，《说文》释为"小击也"，所以许多从攴的字都同敲击的意义有关，或者表示有某种动作行为，如"敲、更、攻、收、改、敛、寇、牧"等等。"救"的本义是"止"，在古书中多有所见。如《论语·八佾》："季氏旅于泰山，子谓冉有曰：'女弗能救与？'"这个"救"是阻止、劝阻的意思。《韩非子·十过》："知伯军救水而乱。""救水"即阻止洪水泛滥。《左传·襄公二十一年》："濯以救热。""救热"即止热，退热，使降温。所以现代汉语的"救火"就是止火，使火停止燃烧。这是"救"字古义的存留。

（二）考证本字

只有本字才能反映本义，而古书多用假借，为此必须破其借字，还其本字，才能使形义相切合。如《诗经·邶风·静女》："静女其姝，俟我于城隅。爱而不见，搔首踟蹰。"对其中的"爱而不见"的解释，历来存在分歧。主要是对"爱"的理解不同所致。郑笺云："谓爱之而不往见。"训"爱"为爱恋之爱，失之。清人马瑞辰认为"爱"是"薆"的借字（见《毛诗传笺通释》），其说甚确。《尔雅·释言》："薆，隐也。"《方言》六："掩、翳，薆也。"郭璞注："谓蔽薆也。诗曰：'薆而不见'音爱。"《毛诗》用"爱"，齐、鲁、韩三家《诗》用"薆"，"薆而"即"薆然"，装出隐藏起来的样子，以观察男朋友的动静。"不见"即"不现"，不露踪迹，以造成对方的误会。如果把这样富有情趣的描写仅仅解释为"喜欢他又不同他见面"，就索然无味了。"薆"为什么有隐蔽的意思？这就需要分析其形体结构。《说文》无"薆"而有"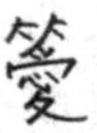"。《说文》五上："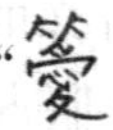，蔽不见也。从竹爱声。"段注："其字当从竹，竹善蔽……"也就是说，本字当从竹，竹林是便于隐蔽的环境。汉字隶变后，从竹的字多讹为从艹。

（三）理清谐声系统

有些字形声系统明确而固定，有些字的形声系统则复杂而纷繁，这就需要从分析它们的初形入手理清其头绪。如果把一些字的谐声系统整理得清楚明了，把握其形声系统的序列，那么我们不但可以轻易地识别出通假字，也可以系联同源字。

（四）辨正误字

阅读古书不可避免地要同误字打交道。因为古籍经过长期流传，出现误字是很自然的。误字致误的原因有三个方面：①字形致误；②语音致误；③文义致误。同形训有关的致误是字形致误。汉字的字体经过长期的演变，新字和旧字，正字和俗字，繁体和简体，死字和活字等，常常交替混杂使用，造成各种字形致误的现象。例如《诗经·鲁颂·泮水》："允文允武，昭假烈祖，靡有不孝，自求伊祜。"郑笺释"靡有不孝"为"国人无不法傚之者"。孔颖达疏则曰："鲁国之民无有不为孝者。"显然，孔说并非郑意。据《笺》以考经文，"孝"为误字，其本字当为"学"的初文"𡥈"，因形近而误。"学"同"教"一样，都是施受同辞的字，"教"字从攴从𡥈，《说文》三下释为"上所施下所效也。"段注："上施故从攴，下效故从𡥈。""𡥈"也就是学习和效法的意思，所以郑笺训为"效"，这两个字的形和义是切合的。孔颖达作《正义》时，此字已讹为"孝"了，因而以误字为训。这个纠正误字的实例引自王引之的《经义述闻》，在《经义述闻·通说下》"形讹"这一部分从经典中列举了大量的因形近而致误的实例，需要我们借助古文字的形体用形义统一的观点去分析和理解。俞樾的《古书疑义举例》"不识古字而致误"一部分，也专门分析了这方面的问题。

二、形训举例

汉字的四种结构类型按其表意特点可以分为两大类：一类是意符字，包括象形字、指事字和会意字；一类是形声字。这两类字的表意性质和在据形释义中的作用都不相同。

（一）意符字分析举例

这类字的共同特点是据义绘形，表现词义的形象因素一般来说是直接的、具体的，使人能够见形而基本知义。所以意符字在据形释义中的参考价值是最大的，但其中各类字的具体情况又有所不同。

象形字是直接描绘对象的形貌。例如“行”字，其本义为道路，甲骨文的字形象十字路口，在古书中，这种意义也是多有所见，《诗经·周南·卷耳》：“寘彼周行。”《诗经·豳风·七月》：“女执懿筐，遵彼微行。”毛传：“微行，墙下径也。”孔颖达疏：“行，训为道也。步道谓之径，微行为墙下径。”“墙下径”即墙下的小路。

一些指事字以示意性的符号来显示词义的形象性。如“天”的本义是额头，甲骨金文都用突出正面的人形的头部来示意，或在正面人形的头部加上一个示意符号来示意。《说文》训“天”为“颠”。颠即额头。《诗经·秦风·车邻》：“有马白颠。”毛传：“白颠，的颡也。”孔疏引舍人曰：“的，白也；颡，额也。额有白毛，今之戴星马。”可见“天”的本义是额头。在古书中也可以经常见到“天”本义的用法。《易·睽》：“其人天且劓。”虞翻注：“黥额为天。”《释文》引马融曰：“黥凿其额曰天。”即在额上施墨刑，这是名词用作动词。

会意字由构件的关系显示词的形象性。例如“粪”的本义是除秽，即扫除。卜辞作“”，由“廾、其、帚”三个部件加上几个小点点组成。廾，像两手操作之形，其，即“箕”的本字，小点点在这里表示垃圾。整个字形象一只手拿撮箕，一只手拿扫帚，正在扫除垃圾。古书中常“粪除”连用。如，《左传·昭公三十一年》：“将使归粪除宗祧以事君。”所除之秽也叫“粪”，即今之“垃圾”。《论语·公冶长》：“粪土之墙不可圬也。”“粪土”即“秽土”，粪便的意义由秽土引申而得，是后起义。

分析意符字的形体结构，除了对每个字本身的构件和笔画进行分析外，还可以将其同别的有关的字相对照进行分析。如可以对照意义相关的字，也可以对照形体相关的字，通过对照我们会对所要分析的字的形体结构更加了解。

（二）形声字分析举例

形声字是由声符和形符构成。同意符字相比，形声字的形符表示词义的形象因素比较间接笼统，只能使人知其义类，而不知其确切意义。义类相同的字要靠声符相区别，所以形符在据形释义中的作用是有限的。要讲清形声字的本义，必须结合字形以外的其他材料进行分析。尽管如此，形符还是为推求词的本义提供了很重要的线索。下面我们结合一些材料对几个形声字进行分析。

献，本为祭祀用犬的专称。《说文解字》十上："献，宗庙犬名羹献。犬肥者以献之。从犬鬳声。"《礼记·曲礼下》："凡祭宗庙之礼，……鸡曰翰音，犬曰羹献。"郑玄注："羹献，食人之余也。"孔颖达疏："人将所食余羹以与犬，犬得食之肥，肥可以献祭于鬼神，故曰羹献也。"引申为进献之称。文献的"献"是"彦"的借字，美士之言有文采曰"彦"。

检，本为书签。古代封书题签，是为了便于检查翻阅，所以引申为检查之义。《说文解字》六上："检，书署也。从木佥声。"段玉裁曰："书署，谓表署书函也。"朱骏声曰："藏之而标题之谓之检。"上古书籍以简牍为之，故"检"字从木。

奎，本为两腿之间。《说文解字》十下："奎，两髀之间。从大，圭声。""髀"即大腿。"大"像人张开两腿之形。奎胯双声，音近义同，所以《广雅》以"奎"释"胯"。章炳麟《新方言·释形体》："今吴越间皆谓两髀之间为奎里。"《释文》引向秀曰："奎，股间也。"

利用形训分析形声字的本义，首先要了解和熟悉全部形声字的形符的构形及其所表示的意义的类别。形符同部首有关，但形符和部首是两个不同的概念。形符是对声符而言的，是就一个字的意义范畴说的，反映字与字之间的意义联系，起划分字类的作用。部首是对所辖字而言的，就一组字的形体关系来说的，不一定反映字与字之间的意义联系。它起了一个检字的作用。部首分两种，性质完全不同。一种是文字学原则的部首，据义定部。这种部首严格按照六书的体系编排，只有形符相同的字才可以隶属同一部首，因此这种部首和形符是完全一致的。《说文解字》首创这种分类法的部首。全书将 9353 个字分为 540 部，每部立一字为部首，统领其所属之字，每个部首就是它所属字的形符。另外一种是检字法原则的部首，据形定部。这种部首不完全按照六书的体系编排，部首和形符不完全一致，不同形符的字也可以隶属于同一部首。明代的梅膺祚的《字汇》首创了这种分类法的部首，将《说文解字》的540部减为214部，部首次序和同部字的次序完全按笔画多少排列。字的归类不按形符的义类，只按偏旁的形体，一般以起笔的偏旁为部首。《字汇》以后按部首分类编排的字典、辞典都沿用这种排检法。我们进行形训，只能取文字学原则的部首，即《说文》的部首，而不能取检字法原则的部首。

汉字数以万计，其中形声字占90%以上，但所有形声字的形符都可以从《说文解字》540部首中找到，而形声字的声符和会意字的意符，其基本构件也未超出《说文》的540部首之外。所以从唐代起，历代都有人根据《说文》的部首来研究汉字的字原。但所有研究都没有越过《说文》的藩篱，因而成就不大。

《说文》的部首同汉字的字原，二者既有联系，又有区别。《说文》部首包括字原，但不都是字原。所谓字原，应当是能够体现汉字造字意图而又能独立成字的最基本的构字部件，绝大多数当为独立的文。《说文》的部首不完全具备这个条件。其一，《说文》所据字形为小篆，离造字时代已经很远了，不能完全反映汉字的原始形态。有些部首字，许书已经不能准确地说明其造字结构了。其二，《说文》部首中有一部分非字之形，应当排除在字原之外，如“丨”等。其三，《说文》部首中合体的字占了三分之一以上，谈不上是最基本的构字部件。特别是用形声字作部首的情况很多，极不合理。如“瓢”部只有一个“瓢”字，“瓠”从瓜夸声，而“瓢”从瓠省，票声。其实二字都应归于“瓜”部，而不必另立“瓢”部。这种以形声字为形符的复体形声字，字数极少，它们是原有形符的第三代字，可以附在第二代字的下边，不必另立部首。有极少数的形声字作形符使用频率很高，如“金、食、攴、殳”（《说文》都把它们看成是形声字）等，可以保留作字原。

如何既利用《说文》部首而又不拘泥于《说文》部首，注意充分吸收《说文》以外的古文字研究成果，从汉字字形的实际出发，整理出一个适用的汉字的字原表，无论是对于形训还是辨识古汉字都有很大的意义。清末以来的文字学家，早就做了这方面的工作。如经孙诒让提倡和使用过的偏旁分析法，得到唐兰先生和于省吾先生的充分肯定，并且有了进一步的发展。其他如日本的高田忠周作《说文字原谱》149 字，岛邦男作《殷墟卜辞综类》，将甲骨文的基本形体分为 164 种。高明先生整理出了《汉字形旁沿革表》111 种，另选了 38 个形旁。暂未列表，共计 149 字。汉字实际使用的形旁大约就是 150 个字左右。

第三节 因音释义

一、音训及其作用

“因音释义”在传统的训诂学上叫做“音训”或“声训”。因为运用“形训”，即形义统一的规律解释词义，受到很多限制，比如只限于本字、本义等。所以训诂学家很早就注意从声音方面解释词义。黄季刚先生曾说：“《说文》列字九千，以声训者十之七八，而形训不过二三。”(黄焯《文字声训训诂笔记》，上海古籍出版社，1983)《释名》、《方言》更是大量使用声训。但是，长期以来，音和义的关系并没有得到正确的解决，因而传统的声训资料并不是完全可信的。直到清代，才在古音学成就的基础上使音训的方法得到改进和系统化。

音和义的关系在语词里表现为两种情况：

1. 在语言初创时期，音和义的联系是偶然的。正如《荀子·正名》所说：“名无固宜，约之以命，约定俗成谓之宜，异于约者谓之不宜。”同一个声音可以表达许多无关的意义，大量意义毫无关系的同音词即由此产生；而相同相近的意义又可以用不同的声音来表示，大量音读相异的同义词由此产生。这就是音义关系的约定性。

2. 随着社会的发展，人们的认识水平不断提高，词汇不断丰富，大量新词在原有旧词的基础上产生。由于新词是由旧词派生出来的，它们之间在意义和音读上就有了一定的联系，因而出现了音近义通的现象。这是音义关系的历史必然性。

约定俗成是语词的音义联系的一般规律，音近义通是词汇发展的某一方式体现出来的特殊规律。音近义通只限于同根派生词。离开了这个前提而任意扩大范围，就要走向谬误。刘熙的《释名》里大量出现的缺乏根据的声训以及宋王圣美以来的“右文说”的缺陷就是这样产生的。他们都主张凡同声者必同义，把语词音义结合的特殊规律错误地看成是一般规律。

语词音义关系的两种情况反映在文字上也有两种情况：

1. 同音共形字

这是语词音义联系的社会约定性的反映，往往同一个字同一音读所表示的意义毫无关联。这就是通常所说的假借字或通假字。由于汉字演变的历史很长，汉字符号化和音化的趋势不断增强，同音字相互借用的情况就显得非常复杂。因此一个字（词）蕴含的意义可以有多个，而且有的与本义甚至引申义都没有联系，这就是假借义。这类字也可以看成是不同的字。如“求”字本为“裘”的初文，自从借作表求取义的字后，就不再表示皮衣的意义。在古代书面语言中。“求”也并不是都表示求取之义。如《诗经·小雅·桑扈》：“彼交匪敖，万福来求。”朱熹《诗集传》：“交际之间无所傲慢，则我无事于求福而福反来求我也。”朱熹把“求”释为“祈求”，其实这里“求”是一个借字。王念孙《经义述闻》：“求，与逑同。逑，聚也。言万福来聚也。……《笺》曰：‘万福之禄，就而求之。’即是来聚之义也。”另外，古书中“鸠”、“遒”也常借为“逑”，有来聚之义。所以在读古书时，如果不明假借，而是因形释义，往往会以文害辞。

2. 同源分形字

这是语词的音义关系的历史必然性的反映。同源分形字是由同根派生词孳乳出来的，它们都出于同一语根，读音相同或相近，意义密切相关。例如，“𠂇”的本义是左手，引申为手相佐助的“左”，后来写作“佐”。《易·泰卦》：“以左右民。”郑玄注：“左右，助也。”左右，即佐佑。左佐双声叠韵，精母歌部。对转为元部则孳乳为“赞”。《左传·昭公元年》：“天赞之也。”杜预注：“赞，佐助也。”今语词“赞助”“参赞”仍保留此义。古代尊右卑左，官吏降职为“左迁”，穷困的老百姓只能住在闾巷的左边，称“闾左”。所以又由此孳乳出“贱”，“贱”为元部从母，与“左”为旁纽双声、歌元对转。它们都出自同一语根“𠂇”。

从以上的分析我们可以看出，同音共形字反映的是语词之间的偶然联系，同源分形字反映的是语词之间音和义的必然联系。面对这两种文字材料来进行词义探求的时候，都必须从语言的声音入手进行分析，不要为字形所迷惑。对前者，要把意义无关的同音词从同一字形中分离出来，求得对于词义的确切理解；对后者，要把音义相通的同根字从形体无关的字形中贯通起来，求得对于词义的确切理解。这就是因音释义的两大作用，即释假借和系同源。

二、关于假借

王引之说："许氏《说文》论六书假借曰：'本无其字，依声托事，令长是也。'盖无本字而假借他字，此谓造作文字之始也，至于经典古字，声近而通，则有不限于无字之假借者。往往本字见存，则不用本字而用同声之字，学者改本字读之，则怡然理顺，依借字解之，则以文害辞。"（王引之《经义述闻·通说下·经文假借》）王氏在许氏之说的基础上将假借分为两种：本无其字的假借和本有其字的假借。这是文字史上的创见。但是从王氏所举大量实例来看，他所谓的本有其字的假借主要是指通假字，还包括一部分同源字。如"借井为阱，而解者误以为井泉之井"，"借正为政，而解者误以为正道"，"借富为福，而解者误以为货赂"（同上）其实井与阱，明与孟，正与政，富与福都是同源的关系。井和阱，形似而引申。井，穿地以取水；阱，穿地以陷兽。《周礼·夏官·序官》："郑，正也，所以正不正者。"在《说文》中，"福"和"富"都训为"备"，充备也。这是因为这两个字都由"畐"孳乳而来，《说文》五下："畐，满也。"甲骨文像长颈鼓腹圆底的盛器。盛器充盈，象征丰满，所以由它孳乳的字有充备的意思。同源关系和假借关系有本质的不同。而且本有其字的假借也不限于通假字，本无其字的假借还有各种不同的情况，所以这里还有必要对这两类假借作进一步的讨论。

（一）本无其字的假借

这类假借，我们在讲假借的时候已经作了比较详细的介绍。与通假相对，这类假借又称之为"造字的假借"，由于与六书中其他五书相对举，又称之为"六书的假借"。最早为它下定义的是许慎。这类假借在形声字使用之前就已大量使用，在甲骨文中已大量存在。其产生的原因，一是受汉字字形数量的限制，要以有限的文字应付无穷的事物，唯有假借；二是受汉字表意的方式限制，要表示抽象意义的语词，特别是表示语法意义的语词，唯有假借。

这类假借又分为三种，第一种是终古未尝造新字，即始终以假借的形体出现；第二种是为本义另造新字；第三种是为借义另造新字。前面我们曾举例介绍过，这里就不再赘言。

（二）本有其字的假借

这类假借又叫“用字的假借”，即有本字却用了借字。一般称之为通假，但其导致的结果不限于通假。这里我们分两种情况加以阐述。

1. 通假字

通假字就是音同或音近而意义不同的字的互相代替。其特点是：①借字和本字古音相通。②借字和本字意义无关。③只是在一定的语言环境里临时借用，不因假借而影响本字的存在或改变本字和借字的意义。前面我们也对这类字作过比较详细的介绍，这里就不再多说了。下面我们着重谈一谈与通假相关的另一类字——我们姑且称之为非通假字。

2. 非通假字

这类字和通假字相同的地方是，都是本有其字的假借，借字和本字古音相通，意义无关；不同的地方是因为久借不归，而使本字废弃不用，或者使借字或本字的本身意义发生变化。这类由通假所导致的用字的变化或字义的变化，错综复杂，在阅读古书中是经常遇到的。这类字属于古今字的范畴。可分为两种情况。

(1) 以借字代本字，借字行而本字废。

从借字的情况看，又可分为三种：

① 借字的本义已经消失。例如“厶”与“私”，“彊”与“强”。《韩非子·五蠹》“自环者谓之厶。”“厶”即自私的意思。后借“私”字为之，而“私”的本义是“禾也”。“私”行而“厶”废。在“私”的义项中，已经没有“禾”这个本义了。强壮的“强”的本字是“彊”，后借本义是“蚚”的“強”（后简化为“强”）为之，后来“彊”字就不再

使用，而只用“强”来表示强壮之义。在“强”的义项中，也没有表虫名的意义了。

② 借字的本义另造新字表示。例如“勹”和“包”，“艸”和“草”。包裹的“包”的本字原是“勹”，后借本义是“胎胞”的“包”来表示，“包”表示借义后，为其本义另造一形声字“胞”来表示。草木的“草”的本字是“艸”，后借“草”为之，“草”的本义是“栎实”，即橡斗子，今字作“皂”。

③ 借字的本义仍旧保留。如“叚”和“假”，“臤”和“贤”。“叚”的本义是“借也”，“假”的本义是“非真”。非真的“假”借作假借的“叚”后，其“非真”的本义仍旧保留。贤能的“贤”古字作“臤”。汉《校官碑》“亲臤宝智”“师臤作朋”，《贤良碑》“优臤之宠”，贤良的“贤”都是用的本字“臤”。后借本义为“多财”的“贤”为之，而“贤”多财的本义仍可在古籍中见到，《庄子·徐无鬼》：“以财分之谓之贤。”

（2）以借字代本字，借字本字表义各有分工。

借字通行之后，本字并不废弃不用，只是二者在表义方面有所分工。从其表义分工的情况看，也可以分为三种：

① 借字的借义行而本义废，本字的本义仍保留。例如“被”与“披”、“閒”与“闲”。“被”的本义是“小卧被”，引申为“覆盖”，又为“披在身上”，这个引申义后来借“披”表示，“披”的本义是“古丧具”，用帛做成网络状，编以柳枝，盖于灵柩之上，让人从一旁牵之，以防颠覆。“閒”的本义是“间隙”，后来写作“间”，引申为“空闲”，后来借本义是“栅栏”的“闲”表示。

② 借字的借义行而本义废，本字的本义亦消失。例如“内”与“纳”、“妃”与“配”。“内”的本义为“收纳”，引申为“里边、内部”，后借“纳”表其本义，而“纳”的本义是“丝湿纳纳”。“妃”的本义为“匹配”，引申为“后妃、嫔妃”，后借本义是“酒色也”的“配”表其本义。

③ 本字的借义行而本义废，借字的本义仍保留。如“何”与“荷”、“颂”与“容”。“何”的本义是“担荷”。假借作疑问代词（本无

其字的假借)，后借荷花的“荷”表示其本义，“荷”就兼有“荷花”和“负荷”两个义项，一个是本义，一个是假借义。“颂”的本义是“容貌”，假借作“歌颂”义（本无其字的假借)，又借容纳的“容”表其本义，这样“容”就兼有“容纳”和“容貌”两个义项，情形与“荷”一样。

三、关于同源

同源词是从同一语源中派生出来的音义相同或相通的词。同源字是同源词的书面表现形式，其本质联系是音和义，本来同字形无关，但是汉字是表意兼标音的文字，音义关系在字形上必然有所反映。因此，同源字同其书面形体不能说是完全没有联系。按同源字的形体关系，可以分为三种类型：

（一）同形体的同源字

这种同源字，同形而必须异读，即有不同的语音形式，才算分化为不同的词，否则为一词多义。而且这种音变必须排除用字的假借。如：

塞：

① sāi　堵住。《广韵》苏则切。心母，德韵，入声。《诗经·豳风·七月》：“穹室熏鼠，塞向墐户。”

② sài　边塞，国境线上屏隔外域的建筑。《广韵》先代切。心母，代韵，去声。《左传·文公十三年》：“春，晋侯使詹嘉处瑕，以守桃林之塞。”

“塞”在《说文》中是两字。《说文》五上：“𡨄，窒也。”十三下：“塞，隔也。”两字上古同为心母，职韵，入声。经传通作“塞”。中古分化为两种音读：苏则切和先代切。徐灏《说文解字注笺》：“𡨄塞古今字。𡨄训室，与隔义相因也。边塞亦隔绝闭塞之义。隔塞读苏则切，边塞读先代切，一声之转耳。”可见经传中同形的两个“塞”，音近义通。

在现代汉语普通话中，苏则切的“塞”又分为 sāi 和 sè 两读。这两种读音是口语和书面语的区别，除了使用场合的不同，没有区别词义的作用，因此它们不算是不同的词，只能算作一个词中的异读字。作为同源字的只有“堵塞”的“塞”和“边塞”的“塞”。

（二）同声符的同源字

声符相同，表明原来的读音相同或相近。这又有两种情况：

1. 以发源字作声符，声符标明语源。

例如“句（gōu）”声字多含弯曲义，语源为“句”。

句，曲也。《说文》三上：“句，曲也。从口，丩声。”“丩，相纠缭也。”有曲义。

鉤，曲钩。

笱，曲竹捕鱼笱。

跔，天寒足跔。段玉裁《说文解字注》：“跔者，句曲不伸之意。”

拘，止也。《汉书·司马迁传》：“使人拘而畏。”颜师古注：“拘，曲碍也。”

痀，曲脊，佝偻，驼背。

軥，轭下曲者。

枸，枸木，曲木。

苟，苟草，曲生之草。固引申为“苟且”之义。

雊，雄雉鸣也，句其颈而鸣。又作“呴”。

2. 以假借字作声符，声符只起系源的作用。

例如“农（繁体作“農”）”字多含厚义。

农，厚谓之农，《尚书·洪范》：“农用八政。”孔安国传：“农，厚也。”

浓，水厚谓之浓。《说文》十一上：“浓，露多也。”《诗经·小雅·蓼萧》：“零露浓浓。”毛传：“浓浓，厚貌。”

脓，汁厚谓之脓。《文选·七发》：“甘脆肥脓，命曰腐肠之药。”李善注：“脓，厚之味也。”

醲，酒厚谓之醲。《说文》十四下：“醲，厚酒也。”

穠，花木厚谓之穠。《玉篇·禾部》："穠，花木盛也。"

襛，衣厚谓之襛。《说文》："襛，衣厚貌。"

以上各字皆以"农"为声符，并都有厚义。其实"农"本身并无厚义。《说文》三下："农，耕也。"这是"农"的本义。暗示厚义的"农"实际上是"乳"的借字，"农""乳"同为泥纽，"农"借为"乳"而得厚义。正如章太炎先生所说："夫同音之字，非止一二，取义于彼，见形于此者往往而有。若农声之字多训厚大，然农无厚之义；支声之字多训倾邪，然支无倾邪义。盖同韵纽同者别有所受，非可望而谕。"（章太炎《文始·叙例·略例庚》）

（三）形体无关的同源字

同源字本来就是音义问题，所以形体无关的同源字大量存在。例如"上、尚、敞、堂、骧、曾"皆有高义。除敞、堂形体含"尚"外，其他字的形体都没有联系。

上，高也。

尚，曾也。曾，亦有高义。《说文·尸部》（八上）："層，重屋也。从尸，曾声。"重屋，即楼房。

敞，平治高土可以远望也。《汉书·张敞传》："张敞字子高。"古人的名和字常有意义上的联系。

堂，四方而高的土坛。《礼记·檀弓》："吾见封之若堂者矣。"郑玄注："堂，形四方而高。"

骧，马之低卬也。低，低头。卬，昂首。

以上各字虽形体不尽相同，但有一个共同的语源，即"高"。

一组词之所以称为同源词，是有条件的：①必须音同音近。所谓音同音近必须以上古音为标准。②义同义通。主要根据古代的训诂。③同一语源。只有音义相通而又出自同一语根的词才是同源词。

前面我们介绍过"右文说"，其主张凡同音者必同义。我们对这种学说的褊狭作过评说，这里再强调一下它的缺陷。其缺陷在于：①以偏概全。把同根派生词才有的特殊规律当成词的音义结合的普遍规律。②局限于字形——声符。形声字的声符的主要功能是表音，而不是表义。声兼义只是其中的一部分，是形声孳乳的历史痕迹。不能武断地认为所有声符都有表义的功能。同源词主要是语言中的音义问题，同字形没有必然联系。在同源字中，声符相同，音义相通的字只是一部分，还有许多声符不同而音义相通的同源字。也就是说，声符相同未必是同源字，而同源字也不一定只是声符相同的一部分字。

第十章　汉字的文化蕴含

第一节　汉字与文化

文化的含义非常丰富。宽泛地说，人类历史所创造的一切物质财富和一切精神财富都是文化。它包括物质文化、精神文化等几个方面；狭义地说，文化主要是指精神文化和制度文化，指的是社会意识形态、风俗习惯以及与之相适应的社会制度和社会组织。文化和语言的关系非常密切，语言既是文化的重要载体，又是文化的重要的组成部分。人们在认识和改造物质世界的同时，创造丰富了自己的文化，也创造丰富了自己的语言。文字作为语言的书写符号系统，把瞬间即逝的语言固化为视觉符号，要研究文化就离不开文字，因为人类的文化、人类的历史大都是用文字记载下来的。

汉字作为一种自源体系文字，千百年来一脉相承，显示了旺盛的生命力。以甲骨卜辞、钟鼎铭文为发端，汉字记录了中国三千多年来的世间沧桑。经史子集，汗牛充栋，用汉字书写的古代文献，举世无双。即以史书而言，《二十四史》以如椽巨笔，不间断地、周到细致地记录了中华民族所走过的两千多年的历程，这是全世界绝无仅有的史学著作。当然，不仅仅是史书，在汉字典籍中，有《尔雅》这样的世界最早的百科全书，有《永乐大典》这样世界上最大的丛书，有《孙子兵法》这样的闻名世界的军事著作，以及最古老的农业专著、医学专著、数学专著、地理专著、天文学专著等许多名垂青史的文学作品，以及最丰富的哲学著作和宗教经典。这是令世界叹为观止的一大笔图书财富。是汉字文化的最直接的体现。

一切文字都是语言书面化的体现者和传播文化的载体。汉字与音节文字、音素文字不同在于，汉字除了一般的语言交际功能以外，还具有独特的文化功能。这种功能主要表现为汉字字形中所蕴含的丰富的文化信息，另一方面表现为汉字在使用过程中所造就的种种文化现象。汉字从远古发展到今天具有很强的继承性，我们很容易通过楷书、隶书一直上溯到小篆、甲骨文，了解到汉字的原始构形以及在历史上的演变。甲骨文中几乎每个汉字都是一幅图画，向人们展示了文化的风貌。现在完全得到释读的已经超过了一千多字，而收在《说文解字》里的正篆9353个，更是我们了解中国古代文化的重要窗口。

近几十年来，在汉字研究领域，汉字文化的话题相对来说是一个热点。关于汉字文化研究的著作、论文可谓是荦荦大观，方兴未艾。作为一个新兴的边缘科学，汉字文化学逐渐在当今学术之林占有一席之地。关于汉字文化学的性质和对象，有代表性的认识即是“从汉字入手研究中国文化，从文化学角度研究汉字”（《简论汉字文化学》,《北京大学学报》1990年第6期）。

其实，汉字文化研究与传统的语言文字研究可以说是一脉相承的。在传统的语言文字研究领域，从来没有将有关的文化现象排斥在研究视野之外。在我国现存的第一部字书《说文解字》中，我们就可以找到许多以特定文化现象来解释字形、字义的情况。如：

①《说文》四上：“美，甘也，从羊从大。羊在六畜主给膳也。”

②《说文》八下：“尾，微也，从到（倒）毛在尸后。古人或饰系尾，西南夷亦然。”

③《说文》五下：“缶，瓦器，所以盛酒浆。秦人鼓之以节歌。象形。”

④《说文》十上：“廌，解廌兽也，似山牛，一角。古者决讼，令触不直。”

①以“羊在六畜主给膳”的史实来解释“甘也”之“美”何以从羊从大；例②以“古人”及“西南夷”尾饰习俗来说明“尾”字“到毛在尸后”，即人臀后缀尾的构形；③用“所以盛酒浆”来说明“缶”作为瓦器的主要功用，用“秦人鼓之以节歌”来介绍“缶”的另外一个重要的用途——用来节拍的打击乐。③所释之字“廌”，是古代传说的一种

神兽，“似山牛，一角”是释形之辞，之后“古者决讼，令触不直”则是介绍以角触撞来断案的古风，解释廌角的特殊功用。正因为廌角有如此的功用，繁体的“法”字“灋”即把它作为构件之一，以表公正之意。

除了《说文解字》外，在历代的语言文字研究著作、文献典籍的注疏解释中，都不难找到大量的利用有关文化现象或文化制度来诠释语言文字现象的例子。这说明语言文字现象是同文化现象联系在一起的，因此人们在解释有关的语言文字现象时，或自觉或不自觉地往往要涉及有关的文化背景材料，这是语言研究的正常现象。

作为个体汉字，其文化功能是与生俱来的。对其系统与规律的揭示，与中国传统文化的联系的探究，无疑是一个巨大的话题。我们在这一章主要介绍关于汉字文化蕴含的问题，其次介绍一下汉字使用所造就的独特的文化现象。

第二节　汉字文化蕴含的理论和方法

一、字形文化蕴含论

（一）汉字字形与文化

汉字是表意文字，汉字的文化功能，特别是文化蕴涵功能在很大程度上是通过字形来实现的。这是因为汉字的主要特点是通过字形来表示文字所记词语的意义。汉字的字形和字义之间，每每存在一种内在的逻辑联系，而这种与字义相联系的字形正是汉字蕴含文化信息的基本方式之一。

汉字的字形之所以能够蕴含、传载文化信息，是因为它以具体形象展示了意义（即文字所记录的词语所表示的事物和概念）。但是，从文化史探求的角度看，特别有价值的应该是那些与今日文化现象相异的历史文化信息。有两点是至关重要的：其一，就某一特定字形来说，从造字时代至今，如果字形没有太大的变化，有关事物在造字时代的形象，包括其客观真实形象或存于先民观念的主观虚幻形象便凝固在字形中，并随文字流传于后世；其二，以形表义在造字过程中并不是畅通无阻的，这是因为有很多事物是无法用具体的字形毫不走样的表现出来，用字形来直接表现字义难免会受到种种局限。在这种情况下，造字者只能以与此种意义并不完全契合，却具有某种联系的构字形象，诉诸人们的经验和联想来表示字义。这种文字不免包含着造字时代特定的文化信息。例如“文”字，其本义为纹理，也就是说，先民在造“文”字时，所要表达的是“纹”这个词义。可以想见，“纹理”之义难以孤立成像，于是，造字者便“近取诸身”，以身有纹理的人体形象来表示这一意义，在甲骨文中“文”是带有纹身的人体的轮廓描摹。从这一字形中，我们至少可以窥见远古先民的纹身习尚。当然，单个汉字的字形作为汉字文化蕴含的方式是有条件的，有些字义所指事物、行为便于直接描摹，不需要通过联想来构形，因此也就不能体现出造字之初的文化信息。如“人”字，在甲骨文中，描摹的是一个人的侧视形象，其形体直接明了地表明词义，不蕴含文化信息。

另外，从汉字使用的角度看，一些相关联的汉字可以解读出较为丰富的、多元的文化信息。如异体字，是一个字具有的不同的形体，其形义之间便有了多维的联系，有机会承载更多的文化信息。如“灵”字，《说文解字》正篆和或体分别从玉从巫，这是因为在先民的观念中，“巫”具有沟通人神的灵性，所以把它作为作为“灵”的表意构件；而“玉”同样具有灵性，如果就二者在先民生活中的地位、作用作一番考察，可以证实两个异体字含有的文化信息是可靠的。另外，造字之初的同形字也表现出来汉字形义之间的多维联系，这种与词义有多维联系的字形同样可以成为汉字文化蕴含的一种方式。如我们前面提到的甲骨文的“隻”象“又（手）”持“隹”，既是量词的“只”，又是动词猎获的“获”的初文。在这种同形异词的多维联系中，可以窥见狩猎活动对先民数量概念的形成发生过重大影响，同时又反映出狩猎活动作为一种生产方式在先民生活地位的举足轻重。

（二）汉字结构的文化符号分析

传统文字学特别注重汉字的结构分析，这是因为汉字是表意文字，汉字的结构直接涉及了字形对字义的表达方式。从文化蕴含的角度看，汉字的结构问题同样也值得关注。这是因为：其一，不同结构类型的汉字，由于字形与字义的联系方式不同，其文化蕴含功能也各具特点；其二，因为汉字结构在汉字研究中历来是受到重视的，对人们认识和理解汉字具有重大的影响，而人们对汉字的理解和认识也包括文化意义上的层面。

关于汉字结构的分析，传统上有“六书”的说法，虽然“六书”说对汉字结构的概括有不尽如人意之处，但近两千年来仍是研究汉字的纲领，为汉字学教学和研究所采用。这里我们沿用文字学分析汉字的一般处理方法，从“六书”中的前四书——象形、指事、会意、形声四种结构出发，简单谈一下其作为文化符号的表现。

1. 象形。象形是描摹事物形象的一种构字方式，从其文化蕴含特点的角度，可以分析为几类。

（1）单纯描摹物象的，并且字形表现的物象不仅与字义表示的概念相符，而且还是客观存在的真实事物。在象形字中，这类情况占多数。如“人、鱼、马”所描述的就是词义要反映的内容；“牛、羊”描摹的是词义的一部分（头部）；而复体象形除了描摹字义所指事物，还附带描摹作为陪衬的附加物，如“须”。这类象形字，由于形义联系过于直接，所表达的概念又太真实客观，而且字义古今没有变化，所以不是理想的传载文化的符号。

（2）有一些象形字也是单纯描摹事物，字形与字义所指一致，字形所表现的物象也是客观真实的，但是这种真实是受时代局限的，确切地说，由于时代的不断发展变化，一些事物以及人们的思想观念都发生了巨大的变化，从后人的角度审视，其真实只局限于造字时代。由于这种限制，这类象形字所描摹的事物反映了特定时代的历史文化，从中给我们透示出具有相当价值的、直观而又可靠的历史文化信息。如“册”，本指古代的书籍，甲骨文很直观地显示出古代书籍特有的形态：以线绳编结长条物（竹简）而成。“玉”，甲骨文是三个等距离的短横和一条竖线，表现了先民对玉器的加工以及保存方式。“女”字，甲骨文描摹的是一个敛手跽坐的人的形象，无疑反映了古代女子身份地位的低下。古代女子以操持家务、侍奉丈夫为职，跽坐为先民居家常态，敛手则为侍者之姿。

这类象形字反映的古代文化信息多是直观的，但也有个别相反的情况。如“象”，字形是大象这种动物的形象勾勒，表面上看与（1）类无异，似乎没有文化蕴含可谈，但如果深入探究，则可发现这样的矛盾：甲骨文是通行古代中原地区的文字，而今日中原地区并不出产大象，那么这个“象”字是如何造出来的呢？这很容易让人猜测远古时代中原地区的生态环境与现在不同，其实正是如此，远古时代中原地区温暖多水，大象是一种常见的动物。因此甲骨文中又有“为”字，描写“役象以助劳”的形象。

（3）有一类象形字与上面两类的差别是：字形所描摹的物象，甚至字义所指的对象并不是真实的（没有时代的局限），是非客观实在。一般来说，这类字总是会存在某种历史文化信息的。如“鬼”是一种子虚乌有、虚拟不实之物，甲骨文描绘的是一个人身巨首的骇人形象，这是先民心目中的鬼的形象，对今人探讨古人关于鬼的观念意识不无帮助。有个别的象形字虽然文字所指的对象是客观存在的，但字形描摹却不真实，这种文字也具有历史文化信息。如“虹”是一种客观存在的天象，但甲骨文“虹”字描摹的是虹形但两头各有两首之物，虹怎么会变成两个脑袋的怪物呢？这正显示了先民心目中的虹的形象，《山海经·海外东经》：“虹虹在其北，各有两首。”有这个神话传说的印证，更可窥见甲骨文“虹”所蕴含的历史文化信息。

（4）这一类字形所描摹的事物不表示字义，字形与字义之间存在比较间接的联系，即唐兰先生所说的象意文字（《中国文字学》）。这种字字义所表示的只是字形所描绘的事物的属性、状态、行为等，其所指并不是具体事物，而是抽象概念。如“大”字，甲骨文描绘的是一个正面站立的大人形象，其字义是“大”而不是“大人”。由于这种象形字的形与义之间是需要借助人们的想象才能联系起来，而这种想象可以反映与今日一般观念不同的先民意识，所以这种字可以传载有价值的历史文化信息。如“力”字，甲骨文描摹的是农具“耒”的形象，这个字的形义联系很明显地表明：在造字时代人们的观念中，人的体力最能够从“耒”（泛指农具）体现出来，因此“耒”才会被造字者用来表示无形的体力，这种造字思维也才会被用字者所接受。而这种先民观念又折射出农业在造字时代的兴盛，及其对先民物质生活和思想观念的重要影响。

当然，如果这类字形义之间的曲折联系只包含了不存在古今差异的人类共同的普遍的观念意识，那么它们就没有机会传载有价值的历史文化信息，如上面的“大”字。

以上我们讨论了象形字的文化符号特征，这四类象形字中，第一类不具备传载文化信息的功能，后三类不同程度地具备这种功能。但象形字中第一类占大多数，其他三类比较少见。因此从整体上说，象形字的文化蕴含价值是比较有限的。

2. 指事字。指事字通常分为两类，一类是单纯由指事性的抽性符号构成，一类是在象形符号的基础上添加一个抽象的指事性符号。其中第二类的情况比较多。这一类指事字中的指事性符号的添加，只是表示实物的一种手段，与形象字没有本质的区别。如“本”，表示树木的根部。字形是在树木（木）的根部加上一个指事性的符号，以表明字义所指。因此这一类字与第一类象形字一样，基本不具备传载历史文化信息的功能。但此类字中有少数字的字形描摹的尽管是具体事物，表示的概念却是抽象的，同前面所说的第四类象形字一样，有较多的可能传载文化信息。如“寸”，指的是一种长度单位，《说文》三下：“寸，十分也。”小篆在又（手）下加一指事性符号，指出“寸口”这个部位。“寸口”即中医诊脉之处，那里正是距离手腕一寸长的部位。以这一部位来表示难以确切描绘的长度单位“十分”，是造字者的合理创造，从中我们可以看出祖国传统医学的悠久历史，及其对先民思想观念的深刻影响。

第一类指事字是单纯由抽象符号表示词义的指事字。这类字虽然不描绘具体事物，但表义也具有直观性，因而其文化符号的功能同象形字一样并不十分突出。但个别表数目的字却是一个例外，它们的字形同远古的计数方式有关。如一、二、三、四、五，古文字写作 ，显然是远古契刻计数符号或算筹记数的形象描摹；而十、廿、卅，金文写作 ，则反映了远古先民结绳记数的方式。对于了解

远古的记数文化，这类字都可以提供特殊的有用信息。

3．会意字。这种构字方式的特点就是将两个或两个以上的表意符号会合起来共同表示字义。其表义方式的本身就决定了会意字是一种需要较多地诉诸人们观念和想象的文字符号。因此对于文化信息的传载，这类字是有较多可能和机会的。但这种可能变为现实也是有条件的：凡是构成理据所蕴含的造字思维不符合我们今人的思维规律或不能够为今人常识所理解，一般都有某种历史文化信息存在；反之，其构成理据反映的是古今人类共同的思维规律和认知，就无文化蕴含可谈。如：

删，从册从刀会意。“删”从册，今人似乎不难理解，然而从刀，就不好理解了。其实，古人是以竹木简作为书写材料的，“册”就是绳编竹木简的象形，删改文字必须用刀来刮削。“删”字正反映了这种文化现象。

出、各二字，甲骨文写作 ，下面的“凵”是“坎”的初文，上面像人的脚“止”，是“趾”的初文。“出”字以脚（止）背坎向外表示外出，“各”字以脚（止）向坎而入表示来到。“各”是“gè（从彳各声）”的初文。《方言·一》：“gè，至也。”这两个字形以“坎”为出发点和目的地，是与先民的居住特点有关，远古人穴居，坎穴就是它们的住所。

以上几个例字，都反映了古人特有的文化现象，从中我们可以发掘出有价值的文化信息。

会意字是一种需要较多地诉诸人们观念和想象的文字符号，所以同一个会意字有诸多不同的理解是必然的。有一些会意字就反映了后人不同的认知水平，同时也反映了会意字作为文化符号的不确定性。当然，这只是针对后世解读文字者而言，造字之时应只有一种可能性。如“好”字，毫无疑问，从女从子。但“女”与“子”是什么关系，人们有不同的理解。有人认为是限定关系，如《说文》段注：“好本谓女子。”意思是“女之少者为好”；也有人认为“好”为并列关系，表示“男女相好”（孙云鹤编《常用汉字详解字典》，福建人民出版社 1986 年版），而当代学者刘志基、臧克和等人认为“女”与“子”为主谓关系，为“女有子”或“女产子”（刘志基著《汉字文化综论》，广西教育出版社，1996年版）。从后一种理解看“好”字，则这个字蕴含了先民生育崇拜意识。

有些会意字确定性比较强，与象形字比较相像，如“射”、“采”等字，裘锡圭先生称之为“图形式会意”（《文字学概要》），其特点是字形和字义的关系比较密切，失去了想象的余地。但也有少数此类会意字字形反映的是只有古代才有的文化现象，这类字也就具有蕴含历史文化信息的功能。如“取”字，甲骨文写作，表示以手取耳。“取”字的字义为“捕取”（《说文》），为什么造字者以“耳”和“又”会意来表示这个意义呢？这是因为在古代田猎获兽或战争杀敌，一般要割下左耳作为凭证。“取”字正是通过这种古代特有的文化现象的描绘，来表现“捕取”这个意义。

汉字隶变之后，随着汉字的形象化减弱，符号化加强，出现了一些如“不正为歪”、“小大为尖”的以字义组合构成的会意字。一般来说，字义的会合要比形象的会合表示意义确切得多，也直观得多，而且其表示字义多浅显易明，容易理解，正因为如此，这类会意字一般不具备蕴含历史文化信息功能。

4. 形声字。形声字一般来说，其字形并不能完全表义。形声字的形符并不能完整、明确地表示字义，只是表示与字义相关的义类，有的形义联系是“曲折间接”的。由此决定了形声字作为一种文化符号的特点：

（1）隐晦性比较强。从这一点来看，形声字同会意字一样，有较大的余地来传载历史文化信息，只不过会意字是两个或两个以上的字符会合起来表示字义，文化蕴涵相对来说比较直观，而形声字则往往难以解读。如《说文》（二上）：“物，万物也。”泛指天下万物，从“牛”，“勿”声。“物”为什么以“牛”为形符呢？当然，牛也是万物之一，表面上看似乎也说得过去，但如果我们就停留在这个认知水准上，就无从理解其中的深刻的文化蕴含。《说文》接下来对“物”有这样一段解释：“牛为大物，天地之数起于牵牛，故从牛。”在古人看来，“物”从“牛”

不是一件简单的事情。我国的农业经济发端甚早，而在农业经济，特别是原始农业中，牛以其体壮力大，吃苦耐劳，成为当时征服自然能力较弱的人的不可或缺的依靠力量。联系牛在古代祭祀中的祭祀主角的地位以及历代刑法中的屠牛之禁等一系列现象，我们不难发现在先民意识中具有一种强烈的重牛意识，而“物”的构形则是这种意识的一个体现。又如“红”、“绿”、“紫”等表示颜色的字，都以“糸”为意符，这是为什么呢？“糸”是细丝，即服装的质料，用它作表颜色字的形符，因为它是染色的主要对象。这种显见的因果关系不足于帮助我们窥见“糸”作为一系列表颜色的意符的深层内涵。即便是在远古，表颜色的事物也是很多的，我们的祖先为什么偏偏选择“糸”作为代表来表示颜色呢？其实，这与先民的服色制度、习尚有着内在的联系。在古代社会，服装具有明尊卑、别贵贱、分长幼的礼法作用，服色使用不当，轻则被人作为笑柄，重则难免杀身之祸。因此，古人对颜色的敏感与重视，是今人难以想象的。在先民的意识中，颜色与服装是紧密联系的，表现在文字上，则是诸多以形声方式构成的颜色字都是用“糸”来充当意符。

(2) 确定性比较差。这主要与前面讲过的隐晦性有关，因其隐晦，容易发生歧解。就像前面举的例字，如果不做深入的研究，往往会有肤浅或与古人造字思维不符的解释。除此以外，形声字蕴含确定性差的缘由还有一个，就是有一部分形声字的声符也是表义的。从汉字的文化角度考，声符是否表义在理解上见仁见智，而理解上的差异，也导致对其文化内涵判断的不同。如“福”字，《说文》：“从礻畐声。”可见许慎认为“福”中的“畐”是单纯表音的。如果以这种认识来判断，“福”的文化内涵只能从“礻”与“福”的关系着眼了。“礻”作为表义的字素，一般与神灵、祭祀有关，在古人的观念中，福是神赐予的，所以从“礻”。但对于一般人认为的声符“畐”，有人认为不仅表音，还表示意义。“畐”字本像酒樽之形，以“礻”、“畐”合成“福”字，表示的是以酒奉于神。基于此，人们对“福”的文化蕴含又可以获得更丰富的认识：在先民心中，福固然来自于神，但神灵的降福则有赖于人的供奉，而对于娱悦神灵来说，酒是有特殊功能的。

“诬”字在甲骨文、金文中未见，因为在对巫顶礼膜拜的时代，是不会造出“诬”这个字来的。小篆始有“诬”字。《说文》:“诬，加也。从言巫声。”又“加，语相加也。从力从口。”“诬”的本义就是以虚假的语言进行欺骗。为什么用“言”和“巫”组合来反映这个意义呢？有的学者不同意许慎的观点，认为“巫”不仅仅是表音符号，也表示一定的意义。“巫”在甲骨文中已经出现，其字形描摹的是一个人张开手臂，提着道具在翩翩起舞。巫在上古社会中是一个从事特殊职业的人，又被称为“巫祝”、“诬史”、“巫师”、“巫目”等。是一个上通于天下达于人的特殊人物，因而享有特殊的权力。殷商时代的宫廷巫对军政大事有预卜成败的权利，而下层的巫多有一定的巫术，深受先民的爱戴。由于巫在政治和生活中的地位，上古时代信巫崇巫之风盛行。巫在社会生活中非常活跃，影响也相当广泛。从春秋战国时起，巫的社会地位开始下降，原因有多种：在朝的统治者不像前世的君主那样执着迷信鬼神，巫参与军政大事的机会减少；巫替人们祈福消灾，在实际生活中往往难以兑现，久而久之，人们对巫的言语便产生了怀疑和轻蔑；随着社会的进步，巫术和医术逐渐分离，人们贱巫术而贵医术，这种意识在秦汉以后更加普遍；随着巫术业的堕落，巫成为统治阶级的帮凶和出气筒。如汉武帝时著名的“巫蛊之祸”就非常有典型意义。自此之后，巫的地位急剧下降，最终沦落为以装神弄鬼，替人祈祷为谋生手段的人，生活在社会的底层。从上面分析可以看出，“诬”之所以把“巫”作为表义符号，是与当时人们对巫的态度和认识有关。“诬”字造字结构传递的古代文化信息是：时人已经普遍地意识到巫之所言，乃骗人之言。由于社会贱巫意识的普遍存在，才有“诬”这个字的出现。“诬”的产生，不仅真实记录了巫祝地位的下降和巫术业的堕落，同时也反映了古人贱巫的文化心态。

（三）形义相符度与文化蕴含特征

通过前面的讨论，我们不难发现，汉字形义联系的紧密性与其传载有价值的文化信息的可能性是成反比的。也就是说，形义联系越曲折松散，其传载有价值的文化信息的可能性就越大；反之，形义联系越直接紧密，其传载有价值的文化信息的可能性就越小。

由于文字是语言的载体，其记录语言传递概念以满足交际需要的性质决定了其在交际中的起码的存在方式是简单明了。从这个角度看汉字的形义联系应该紧密直接，但由于汉字是表意文字，人们以字形来表示词义难免不受到局限，这样只能通过间接形象诉诸人们的联想或经验来表现词义。从理论上分析，一个字除了它的纯理性内容外，凭借这种关于逻辑、认知和外延的意义还可能具有其他种种交际职能，这就是西方语义学所说的“联想意义”。如说到“男子”自然会想到“持耒耕作”，说到“女子”，会想到“持帚洒扫”。可以认定在造字之时，有的语词的理性意义不能被文字顺利记录，造字者便选择一种适当的联想意义用字形加以表示。而联想意义和理性意义之间是比较曲折间接的。

另外，从形义联系的紧密度来分析汉字的文化符号特点，单纯从古人的造字立场来观察是不够的。因为汉字作为一种传载信息（无论是语言信息还是文化信息）的符号，其存在形式有两方面的特点：其一，在其形成过程中表现了造字者的创造性思维；其二，在其形成之后，又须不断经受用字者的辨识和认同。在这二者中，前者一成不变，后者随着用字对象的观念和理解的不同而不同，处于不断的变化中。所以汉字作为一种信息载体，特别是文化信息载体，其价值虽然发轫于造字思维，但它会随着用字的历程而发生某种变化。由此，我们对汉字的观察不仅要注意古人造字的客观结果，还要兼顾今人辨识的主观过程。综合这两个方面，我们可以依据汉字形义联系的相符程度进行分类：

（1）古人在造字时以字形来直接表达字义，而这种表达又在今人理解的范围之内。这类字的形义联系是最为紧密的。如“人”、“马”等字，这类字没有蕴含历史文化信息的功能。

（2）古人造字时虽以字形间接曲折地表达字义，但这种曲折联系符合今人的观念意识。这类文字形义联系的紧密度仅次于第一类。如“大”，以“大人”之形表示“大小”之“大”，因为“大小”的概念是无法用字形来直接描摹的，只能采取间接的方式，这种思维古今是一致的。这种一致就淡化了其自身有价值的信息。所以这类字一般也不具备传载历史文化信息的功能。

（3）古人在造字时虽然以字形来直接表达字义，但其表达的概念只存在于古代社会，与今人的观念和理解相悖，或超出今人理解的范围。

这一类文字形义相符的程度次于前两类，具有充分的文化符号功能。

(4) 古人在造字时就是以字形间接表义，而且这种表达又超出今人的理解范围。这类文字是形义关系最为松散的一类。造字时间接表义，辨识时又存在差异，这两方面决定了其必将存有丰富的历史文化内涵。如“法”字，其繁体为“灋”，以“水”、“廌”、“去”三个构件会意。“法”本指刑法，为什么会如此构形呢？《说文》：“平之如水，从水，廌所以触不直者，去之，从廌、去。”据此可知，“法”从“水”是表示刑法有“平之如水”的性质，而“廌”是古代传说中的一种能辨明是非的神兽（用来抵触不正直的一方），可用来判断是非曲直。故“水”、“廌”都是公平、公正的意思。“去”则是在公平、公正基础上的决断。

二、字义文化蕴含论

汉字是记录汉语的文字。汉语中的词（特别是古汉语）以单音节为主，汉字也以单音节为主，因而互相适应。字义也就等于词义。字义是汉字在语言交际中所传递的内容，与使用者的思想意识是最为接近的，这就决定了其本身会有丰富的内涵和层面。

（一）同字异义的联系

汉语中的词在不断地产生，为节制汉字的数量，常常用一个汉字的形体去记录多个词，这样一个汉字就会有多种义项，这是汉字的普遍现象。这些不同义项的联系可以折射出某种文化信息。同一个汉字不同义项的联系可以分为两个方面：一是有逻辑关系的，即本义与引申义（包括直接引申义和间接引申义）；一是没有逻辑关系的，即假借义与本义（包括引申义）的联系。能够传载历史文化信息的通常只是前者。因为这种传载一般都是通过不同意义内在的逻辑关系来实现的。如“祥”，在上古汉语中的常用义项有两个。一是“福善”，《尔雅·释诂》：“祥，善也。”《说文》：“祥，福也。”一是兼表福祸两端。这两个义项的涵盖面一大一小，其联系可以展现某种文化背景。“祥”本写作“羊”，如汉《大吉羊洗》铭文：“大吉羊，宜用。”“吉羊”即“吉祥”。“祥”的“福善”之义，很容易让人把其与先民对羊的美食偏爱及其他经济价值的看重联系起来。但从“祥”的另一个义项来观察则可避免这种简单化的判断。羊曾是先民祭祀神灵的常用品，所以“羊酒”一词可作为祭祀之物的代称。由于羊具有沟通神灵的特殊功能，在先民眼中当然是可以致福致祸的。所以“祥”可兼表福祸两端；而人们以羊来取悦神灵，主要是为了祈求福佑，所以“祥”又可单表“福善”。

（二）理性义与联想义之间的联系

上面谈到的各类意义，是关于一个字表示词的概念、外延、事物本质的意义，属于理性意义。而现代语义学认为，语言文字不但具有理性意义，还有所谓的“联想意义”。

联想意义是由理性意义所激发的人们在真实世界中的种种体验。这就决定了联想意义与特定的文化背景的联系无疑是十分紧密的。相对理性意义来说，联想意义更有机会传载古代的文化信息。但是，由于联想意义在交际中只起辅助的、次要的作用，在具体的古代语言材料中远不如理性意义那样明显，那样容易捕捉。古人的联想意义往往通过字形和字音表现出来。

1．字形。古人造字虽然奉行以形表意的原则，但由于种种原因，往往字形并不能契合字义，这样能通过联想曲折地表现理性意义。如“男”字，字形表现的是“男子”这一理性意义的联想：以耒耕作于田。从中我们可以看出远古男子与农耕经济的密切联系。

2．字音。同源词是从同一语源中派生出来的音义相同或相通的词。在音义联系中，意义的相关是基础。在一些表示同出一源的亲属词的形声字中，其暗含的联想意义是由声符体现出来的。如“决、玦、缺、阙”这组形声字，形符各不相同，分别与“水”、“玉”、“缶”、“观台”有关，分别表示这些字所代表的理性意义，而这些字有一个共有的意义——缺损，不完整。这个意义是这一组字不同字的联想意义，它们与“夬”这个声符有关。

三、字音文化蕴含论

字音是汉字的三大要素之一。相对字义，字音尽管是一种形式要素，但其与内容的组合并非完全偶然与随意，有的字音与字义存在着必然的联系，从而形成理据。

（一）字音文化的音义理据

前面谈到传统训诂学有所谓的“音近义通”的说法，指读音相同或相近的字往往在意义上有相关之处。这是就字与字的关系而言，如果以单个汉字为分析对象，其音义之间的理据，也可用“音近义通”来揭示。而这种联系主要是语源联系的表现。还可以举“男”字的例子，“男”字与“农”是有语源联系的两个字，从语音上看，“男”、“农”皆上古泥母侵部，声韵皆同。意义的联系可由“男”字字形表现出来，“男”从田从力，取象于农耕之事，由此可见，“男”字之音，应当从“农”字得到。农耕时代男子与农耕关系的密切在这个字中得到了反映。

（二）声训的文化认识价值

所谓声训，是从语词的声音推求词义的来源，以音同或音近的词为训，说明其命名所以然的训诂方式。这里所说的“语词”和“词”实际上主要指的是“字”。声训既然是旨在通过语音形式揭示汉字意义的由来，对于我们从字音方面来探求汉字的文化蕴含功能是不无帮助的。如《孟子》以“射”训“序”（殷朝称学校为序），据此可以推断，“射”在古代社会中的地位性质非同一般，即使是在学校教育中，也可以作为代表。从中可以反映出先民的弓箭崇拜心理。

众所周知，声训颇多主观臆测，它揭示的音义联系的理据未必是真实的，并不是一个可以完全依赖的训释方法。那么如何看待声训的文化蕴含呢？我们认为，声训如果符合造词（字）的原始思维自然是可以传载历史文化信息的，而如果不符合造字思维，在语言上不免是一种谬误，但从其文化功能的角度看，却每每有其特殊的价值。因为这种声训一般也是基于某个时代的文化背景、思想观念而产生的，所以其尽管不能反映出造字时的文化信息，却能反映出声训产生时的文化信息。如以“射”训“序”，从“序”的造字思维来看，这种解释是不准确的，《说文》：“序，东西墙也，从广予声。”但从这条声训的产生来看当时“射”在“序”中的重要地位，其认识价值是可以肯定的。同样，有的汉字有多种声训，且又相互矛盾，这样就不能以是非判断的眼光去对待，因为它们通常是人们在不同时代、从不同视角对这个汉字的音义关系作出的多种解释，虽然不可能全部准确揭示出汉字的语源，却可能成为不同层面的历史文化信息的有效揭示。如“巢”，有声训为“栖”，又有声训为“高”，“栖”与“高”两不相涉，却是人们对于“巢”这种远古民居形式从其性质和特征两个不同角度所作的表述，都是具有历史文化信息的认识价值的。

四、汉字体系的文化蕴含

我们前面讨论的对象是个体汉字。然而汉字作为一种特定的文字体系，自然也具有总体特征，而这总体特征也往往是某种文化现象的产物。

文字是语言的载体，而语言中涉及的概念体系实际上反映了使用这一语言的民族对整个世界的认知和理解。文字产生以后，语言中所反映的人们的世界观便被植入文字，主要是植入字义体系中。就汉字而言，除了一般文字的共性外，还因字形表义产生了更多的信息量。因此在反应先民世界观这一点上具有更大的价值。当然这种反映有层次、类别的区别：

1. 全面分析观察某一时代文字的字义体系，可以对相关时代的人们关于社会人生、物质世界的认识有系统、全面地了解和把握。如《说文》是许慎对六艺群经、诸子史传等意义进行精审考证和博综贯通以后，以排列字词本义的方式对这种考证所做的总结，并通过 9353 个字固定下来流传后世，向后人传达先民意识中的上古时代的社会文化。

2. 某一类别的文字字义及其某一类型的字义现象也可构成下位的分类体系，这种体系也往往可以蕴含、传载某一方面的历史文化现象。这又有几种情形：

(1) 表示某一事物类别的文字的字义体系，常常可以反映这类事物与人类的关系。如《说文》中关于牲畜类别的字，非常多，非常细，有很多现已消亡。如“豕”从年龄角度，“牛”从颜色角度，有许多字来表示这些不同的类别。这种细致的区分可以表现出先民对牲畜的关注远远胜于今天，进一步可以看出，中国在远古时期就进入农业社会，而在这样的社会状态中牲畜在先民的生活中是占有极高地位的。

(2) 某种带有共性的字义结构关系，往往反映出人们的某种思维规律及决定这种思维规律的文化因素。如汉字中的反训现象，即两种相对立的意义常共存于一字。比如“受”有“付给”义，又有“接受”义；“享”有“进献”义，又有“受用”义。这些字义构成的反训，反映了先民对于事物对立统一规律的深刻认知及辩证思维的充分发展。

(3) 具有某一共同义类的文字与另一类具有共同义类的文字，在字形的参与下，构成规律性的语源意义对应。这种对应也经常反映了某种历史文化现象。有人考察《说文》，发现通过声符的系联，表示“大水”义类的字常与表示“惊恐”、“哀痛”义类的字构成对应。如：

A. 洪，洚水也。(十一上·水)

B. hong (从忄共声)，战栗也。(十下·心)

A. 沆，莽沆，大水也。(十一上·水)

B. 忼，忼慨，壮士不得志于心也。(十下·心)

按：“忼慨”义为悲愤，《说文义证》引《后汉书·杨震传》注：“忼慨，悲叹。”

A. 洞，疾也。(十一上·水)

按：《孟子》赵岐注：“水逆行，洚洞无涯，故曰洚水。”“洚洞”连用，则“洞”本指洚水。

B. 恫，痛也。(十下·心)

按：《说文通训定声》：“恫”亦作“恸”。《诗经·桑柔》：“哀恸中国。”《史记·燕世家》：“百姓恫怨。”可知“恫”为悲恸哀怨。

这几组字字义的对应关系反映了在远古时代对人类构成巨大威胁的洪水给人们心理带来的影响，这种影响应该是根深蒂固的，即便是在二十一世纪的“世界末日说”，人们想象中的末日一个主要的情景就是洪水泛滥。

第三节　个体汉字的文化管窥

前面我们在汉字文化蕴含的理论方法一节里列举了许多汉字，从不同角度分析了其文化蕴含的功能。在这一节里，我们专门找出几个汉字，对其所承载的历史文化信息、相关的文化背景以及在中华文明史上的地位进行简要的分析。

一、释“德”

“德”字，其常用义是指人的道德品行。当然，这种意义不是今天才产生的。对于作为文字符号的“德”，最初出现以及我们能看到的最早的情形是什么样的，学术界尚存争论。例如，郭沫若先生就认为，“德”是周代人始有的一个思维范畴，见诸文字，也不过是在周代彝器铭文上才发现的一个符号：“周人根本在怀疑天，只把天来利用着当成了一种工具，但是既已经怀疑它，那么，这种工具也不是绝对可靠。在这儿，周人的思想便更近了一步，提出了一个‘德’字来。”其主要旁证便是：“在卜辞和殷人的彝铭中，如成王时的《班簋》和康王时的《大盂鼎》都明白地有德字表现着。”其实，“德”在殷墟卜辞中就多次出现。在甲骨文中“德”写作或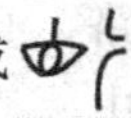，分别以“彳”“直”，或者“行”、“直”构形。“彳”“行”与道路、行走有关，在“德”字中充当义符，而“直”字是声符还是义符，存在异议。闻一多说是“示行而视之之意”，郭沫若则说：“照字面上看来是从直从心，意思是把心思放端正”，近来李泽厚等人认为《庄子·大宗师》有“以德为循”，故指出：“‘德’正是由此‘循行’‘遵循’的功能、规范义转而为实体性能义，最终变为心性要求义的。”这是从哲学范畴对“德”的意义进行阐释。徐中舒则认为“德”字本义为“行直”，我们或可理解为“行得直”，或可理解为“正道”。“直”是声符，兼有表义的功能。从语源上分析，不难发现“德”与“直”本是声近义通（“德”属端纽职部，“直”属定纽职部），二者有渊源关系。“德”从直得声，也从直受义。“王道正直”反复出现于《尚书》，应该是“德”的本义。并引申为“正直的行为”。《周礼·地官·师史》：“敏德以为行本。”郑玄注：“德行内外之称，在心为德，施之为行。”这就把“德”与“行”的关系说清楚了。那么本义为道路，引申义为行走的“行”又如何与“品行”联系到一起了呢？“趋”字的使用可以给我们一些启示。

“趋”字从“走”得义，《说文·走部》“走，趋也”“趋，走也”，“走”“趋”虽然互训，但析言有别。《尔雅·释宫》：“堂上谓之行，堂下谓之步，门外谓之趋，中庭谓之走，大路谓之奔。”强调在不同的地点场合，需要采用不同的走路方式，“走”和“趋”是有区别的。联系当时的文化背景，“趋”不是一般的跑，而是“稳步快走”的意思，是古代卑者见尊者的一种特定的行走方式。如孔子之子孔鲤见孔子要“趋而过庭”，萧何因对汉室具有特殊贡献获得了刘邦赐准的“履剑上殿，入朝不趋”的特权。可见，古人行走的步履也不是随心所欲的，也是要受种种规矩法度的限制，就像穿衣受到的限制一样。在古代的社会生活中，不同身份的人的行为规范非常繁琐，如果不遵守这些制约，就违犯了礼法，而礼法又关乎人们的道德品行，是衡量人们道德品行的准绳。这样，具体的行止与道德品行就自然的联系在一起了。今天我们用“行得正”、“走得直”来称赞那些道德高尚、品行端正的人，而人们常说的“缺德”，是指那些不走正路、心术不正的人。

德育在中国传统教育中一直居于首位。春秋时期的伟大的思想家、教育家孔子提出了以“仁”为核心的德育内容。“仁”的本质即爱人。爱人表现在两个方面，一是“己所不欲，勿施于人”，即自己不愿意的事，也不要强加给别人；二是“己欲利而利人，己欲达而达人”，即自己生活得好，也要使别人生活得好；自己要发展，也要让别人发展。孟子论修德强调的是“内修”，他把仁、义、礼、智作为德之四端，提出修德的目的是为社会的安定团结。荀子论修德则强调对知识的掌握。他说：“不知则问，不能则学，虽能必让，然后为德。”（《荀子·非十二子》）儒家的修德思想全面而系统，是对德字最好的诠释和发挥。今天，作为社会公民的我们，如果能够以德为鉴，“吾日三省吾身”，那么人际关系也会变得融洽，社会风气也会变得高尚，不合乎道德规范的行为也会减少。创建和谐社会也就不会流于空谈。

二、释“好”

在生活中，最能体现出人的审美价值取向的即是一个“好”字，在古代的训诂资料中“好”字往往被直接解释为“美”。

“好”在甲骨文中写作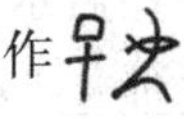，可以看出是由“女”和“子”两个字符组成的。《说文·女部》（十二下）：“好，美也。从女子。”认为“好”是会意字，这似乎没有什么疑问。但问题就出在“女”和“子”这两个构件的关系上，许慎并没有说明这两者的关系是并列、偏正还是主谓等等。这就使后人关于“好”字本义一直聚讼纷纭，没有定说。这主要体现在对“女”“子”的关系上有见仁见智的阐释。如徐锴囿于后世对“子”的理解，认为：“子者，男子之美称。会意。”以后世的“子”为依据来解释“好”之所以释为“美”，这是不符合“好”字造字的最初理据的。“子”在古文字里的取象，并非“大人”，而是“婴儿”。“造字的人抓住了婴儿头大，两臂常常摆动，腿部不发达等特点。”（裘锡圭《文字学概要》）这是显而易见，无须赘言的。清代的段玉裁则偏重于“女”，他说：“好本谓女子，引申为凡美之称”，认为女之少者为好，“子”与其本义无关。王筠也有类似的观点，他认为：“以色事人者，妇人之事。小徐牵及子者，男子之美称，非也。”

在《说文》的六书体系中，“会意”一类是最为繁复的一类。因为说到底，“会意”就是“意会”，要将参与会合的几个字符整理出一个构字意义，要靠解读者的意会。也就是说，人们在造字时离不开意会，而解读会意字也需要依靠人的意会能力。前面我们也讲过“会意字”是一种较多诉诸人们观念和想象的文字符号，从文字的文化功能看，这类字有较多的机会传载历史文化信息。那么释为“美”的“好”字传载了一种什么样的文化信息呢？

近年来，一些年轻的学者对“好”及与之有关的字系进行了多方面的探讨，认为“好”字，即“女”与“子”的会意就是传达“女子生育幼子”的关系意义。从语源来看，“好”与“孔”、“后”同出一源。“孔”字古音属于溪母东部，“好”为晓母幽部，二者韵部旁对转，声母旁纽。两字古音相近，多通用。《尔雅·释器》：“好倍肉谓之瑗，肉倍好谓之璧。”注：好，孔也。“孔”的字源意义与生子有关，《说文·乙部》“孔，通也。从乙从子。乙，请子之候鸟也，至而得子，嘉美之也。”《说文·乙部》：“鳦，玄鸟也。”玄鸟是一种春分降临的候鸟，《诗经·商颂·玄鸟》：“天命玄鸟，降而生商。”《毛传》：“玄鸟，鳦也。春分玄鸟降。”“春分”在古人心目中是自然万物生殖繁衍的季节。《周礼·地官·媒氏》就规定：“中春之月，令会男女。于是时也，奔者不禁。”另外，“孔”与“后”读音也极为相近，并可通用。

如《说文解字·后部》的“”字，从“后”得声，这个字即《广韵》所收的“吼”，也就是现在通用的写法，从“孔”得声。“后”字古音为匣母侯部，与“好”字声为旁纽，韵旁转，读音相近。而“后”字甲骨文作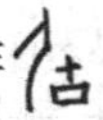，罗振玉《增订殷墟书契考释》引王国维说：“从女从古，或从母从古，象产子之形。”并认为“后”与“毓”，本为同一字，后来有所分工。从上面的分析可以看出，“好”字，从女从子，即为女生子的意思。按《字汇补·子部》收录了一个“好”字的异体，从母从子，其说曰：“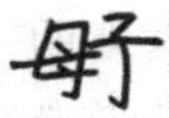，《六书精蕴》：‘与喜好之好同’。”“母”即“好”字中的“女”，这再明白不过地体现出了“母子关系”的意义。而且这个字的来源非常古老，在殷商时期的彝器《妇好瓿》上的“好”字形体结构就是从子从每，而古文字中“每”与“母”实际上是一个字。把从女从子的“好”释为美，反映了古人“生殖崇拜”这一宗教历史背景。凡有利于生殖的就是“好”，也就是美的。

三、释“美”

在现代汉语中，“美”是一个极为常见的字，而且意义也很单一固定。但“美”的本义是什么，其结构如何分析，历来也有不同的说法。

第一种是会意说。《说文·羊部》：“美，甘也，从羊从大，羊在六畜主给膳也。”对“美”的形体结构作了分析，而且解释了其字为什么从羊，透露了一定的文化信息。徐铉校《说文》，增加注释说：“羊大则美，故从大。”这两种解释都是把“美”看作是由“大”和“羊”两个字符会合字义的会意字，而且都认为“美”是与“羊”有关的，这种文化信息是毋庸置疑的。但比较一下，两者的差异还是显而易见的：徐铉着眼于“羊”之大，大即为美，这是从视觉角度而言，大即羊的肥壮姿态。而许慎说“美”从羊从大，并认为“羊在六畜主给膳”，王筠《说文句读》：“羊为膳主。”膳为牲肉，“为膳主”，即供给牲肉之主。联系到许慎释“美”为“甘”，可以判定许慎是主要从味觉感受角度而言的，即羊肉味道的“甘美”。

第二种是形声说。马叙伦说："徐铉谓羊大则美，亦附会耳。伦谓字盖从大、芈声。……"（《说文解字·六书疏证》）认为"美"字从大音芈。由于"芈"和羊形体相近而讹，或者"羊"的古音就是"芈"，最后考定"美"为"媄"的初文。从这种分析可以看出，中国先民最原始的审美意识，起源于女性的美色以及对此的观感价值。

"美"与"媄"的确有古今字的关系，这是毋庸赘言的。可是，撇开"羊"形来谈"美"字，虽然问题变得比较简单，但给人一种空中楼阁之感，不能令人信服。

第三种是象形说。康殷在《文字源流浅说》中释"美"为人以羽毛为头饰进行舞蹈的象形字，而且为了自圆其说，不得不作两个铺垫：一是古人以为"羽毛有美观漂亮之义"；二是必须强调殷墟卜辞中的"美"字从羊构形也是写错了字。且不说前者尚需进一步讨论，后者一如马氏的做法，也是令人困惑不解的。因为从甲骨文中"美"的形体实在看不出羊头何以幻化为羽毛。

第四种是象形加会意说。持这种看法的，以今人萧兵和李泽厚为代表。萧兵认为"美"的最初含义是戴着羊形或羊头装饰的大人，最初是"羊人为美"，后来演变为"羊大则美"（《楚辞审美观琐记》，《美学》第三期）。李泽厚等主编的《中国美学史》对"美"的字源解释基本采用了萧兵的说法，并且进一步阐释说："这个'大'（大人）在原始社会里往往是有权力有地位的巫师或酋长，他执掌种种巫术仪式，把羊头或羊角戴在头上以显示其神秘和权威。……这种'狩猎舞''狩猎巫术'往往与图腾跳舞、图腾巫术结合起来。美字就是这种动物扮演或图腾巫术在文字上的表现。……当然牧羊民族、牧羊人所扮演的图腾羊、跳的图腾舞，就是最美的事物了。可见美最初的含义是'羊人为美'，它不但是个会意字，而且还是个象形字。"这种解释与古代语言资料及审美习俗关于"美"的说解出入很大，所以其在正文中又强调："中国的'美'字，……同巫术图腾有直接关系，……在比较纯粹意义上的美的含义，已脱离了图腾巫术，而同味觉的快感相连了。后汉许慎的《说文解字》说：'美，甘也，从羊从大，羊在六畜主给膳也。'宋徐铉说：'羊大则美，故从大。'这就是说，'美'是味道好吃的意思，'美'与'甘'是一回事。……虽然是汉人的说法，但保存了起源很古的以味为美的观念。”

这种解释似乎比较合理，但也存在不少问题。认为“美”与巫术活动有关，这是后人从“解码”角度体现出来的主观想象，如果与先民造字时的体验和用意相符的话，到是一种非常有价值的文化信息。反之，这种文化信息的可能性就值得怀疑。另外，认为“美”既起源于舞蹈装饰，即是诉诸于视觉感官的“美”，又是甘肥，即诉诸于味觉感官的“美”，二者有什么联系？如果有一个演变转化的过程，这个过程又是什么样的？而且从文字学的角度看，一个字既是会意字，又是象形字，不符合历代学者对造字理论的界定，这种模糊不清的说法容易造成混乱。

《说文》是我国最早的一部字书，其对字义的阐释表现了当时人们对字的理解，而对字的理解又反映了当时人们的文化心态，这种文化心态与我们现在相比，可以说是去古未远。所以《说文》的解释应该是相对权威可信的，虽然它的阐释并不十分清楚。我们要正确解读“美”所蕴含的古人造字时所赋予的文化信息，还应该在在《说文》的解释上下功夫。《说文》认为“美”是由“羊”和“大”两个字符构成。显然，“羊”、“大”与美都应存在内在的关联。

先看“羊”，《说文》已经向我们透露了“美”取象于“羊”的文化信息——“羊在六畜主给膳”。考古学表明，我国很早就已进入农业文明社会。而农业为人类提供了两项重要的生活条件——食物和定居。这二者又促进了第三种生活条件即家畜的产生。现代科学证明，人类起初驯养的是狗和羊，牛（同马一样）的驯养为时较晚。早在商代，殷人就有畜牧的传统，那时“六畜”（马、牛、羊、鸡、犬、豕）俱全，而羊在其中占头等地位。除此之外，在先民的心目中，羊或许是最能引起食欲的美味。所以“在六畜中主给膳”。其实，先民的这种感受，也可以从一些以“羊”构形的汉字中窥见。如“羞”，在甲骨文写作，描摹的是以手（又）持羊的形象。在上古文献中，“羞”字常见的两个意义都与这个构形有关。其一为进献。《左传·隐公三年》：“可荐于鬼神，可羞于王公。”其二为美食。《周礼·天官·膳夫》：“掌王之食饮膳羞，以养王及后世子。”注曰：“羞，有滋味者。”很显然，这两个意义都是基于先民对于羊的美味的感受而发生的。日本人笠原仲二在其《古代中国人的审美意识》中谈到“美”字为什么从羊。他说：“美’字所内含的最原初的意识，其内容是：第一，视觉的，对于羊的肥胖强壮的姿态的感受；第二，味觉的，对于羊肉肥厚多油的官能性感受；第三，触觉的，期待羊毛羊皮作为防寒必需品，从而产生一种舒适感；第四，从经济角度预想那种羊具有高度的经济价值，即交换价值，从而产生一种喜悦感。”这种解释固然周全，但面面俱到，主次不分，说服力不强。民以食为天，先民对羊的最初的好感很可能来自于味觉。时至今日，对羊肉的嗜好已不再受地域的限制，羊肉味美，已经成为大多数中国人的普遍认知。“涮羊肉”风靡大江南北，堪称品牌的“小肥羊”火锅遍布全国各地，正因为羊肉的味美与紧俏，一些不法商户常以猪、牛肉之类来冒充羊肉，可见“挂羊头卖狗肉”的熟语，有其深厚的文化根基。而仅表食欲享受的“美”，后来又演化为泛指人类各种感官享受的抽象概念。

再看大。关于这个字的解析，我们前面已经谈到，这是一种曲折的表意方法，通过具体事物来表示抽象概念。那么“大”在“美”字里面的作用和意义是什么呢？臧克和在《汉字单位观念史考述》中认为“美”从羊从大，象征初民赖以“给膳”、生存的牲畜的丰满甘肥、繁殖旺盛。在古人的观念中，“肥”与“美”是有关联的，肥硕、丰满就是美，而肥硕、丰满与盛大也是有关联的，一般所谓“甘美”的东西，都具有精力充沛、生命力旺盛这些特性。故而，古人训“美”，自然可以将“丰肥”“甘味”，即体态视觉的感受性与饮食味觉的感受性统一起来考虑，自然也就可以与初民生殖崇拜的宗教历史发生联系。这大概可以说是“美”字字源学和语源学传达出来的汉民族的接近源头的审美意识。

“美”与硕大、丰肥是紧密联系在一起的。我国神话里的人物，作为力量的象征的那种类型，也就是古代人理想的外化，大都是以硕大无朋的体态为其特征的。例如《山海经》中逐日的夸父、《淮南子》里的夷羿，二者均是具有超人力量的“大者”。“夸”字从大于声，“夷”字从大从弓，两字都有大义。《楚辞·天问》里有这样一个记载：“该秉季德，厥父是臧；胡终弊于有扈，牧无牛羊？干协时舞，何以怀之？平胁曼肤，何以肥之？”这里面的“该”从亥得声，即殷墟卜辞中的“高祖亥”。“平胁”，即肋骨不显，状其丰满；“曼肤”，肌肤润泽。“肥”通妃；妃，配也。这是说殷人远祖王亥，带着牛羊游牧于有易，却被有易女的体态之美所吸引。这种“平胁曼肤”的体态美特征，也就是肥硕丰腴。据先秦典籍记载，古代这种“肥硕”之美的习尚，不拘男女。《左传·桓公元年》：“宋华夫瞥见孔父之妻于路，目逆而送之，曰：‘美而艳’。”又如《左传·文公十六年》：“公子鲍美而艳，襄夫人欲通之，而不可，乃助之施。”前者“美艳”施于女子，后者则描写男子。“艳”字从丰得义，丰，就是盛大。《淮南子》高诱注：“好色曰美，好体曰艳。”可见“艳”的审美大要，在于体态的肥硕丰满。《方言·音释》卷一：“硕、沈、巨、濯、……敦、夏、于，大也。齐宋之间，曰巨曰硕。”《毛诗》中经常出现“硕人”一词，“硕人”即指高大丰满的美人。另《诗经·陈风·泽陂》有“有美一人，硕大且俨。”直陈美人“硕大且俨”，“俨”指肌肉丰满的境地。反映楚文化的《楚辞》在这方面也有表现。如《楚辞·大招》是这样描述美女体态的：“丰肉微骨，调以娱只。”又有：“曾颊倚耳。”王逸注：“曾，重也。”“曾颊”也就是《诗经》的“俨”。不仅文献记载是这样，就是考察地下出土的文物，我们也会得出这样的结论。殷周青铜器文饰的粗朴厚重，秦汉之际马俑的苍劲肥实，人俑的雄浑魁伟，直到唐代墓葬中女俑的丰满硕大……这些都说明，以肥硕为美的习尚，在我国相当长的历史进程中，一直是影响人们审美心理的主潮。

与此相应，先秦时期诸子百家尽管思想流派不同，哲学观点各异，但都不约而同地表现出以“大”为美的审美价值取向，甚至认为“大”是超越“美”的一种审美境界。如《论语·泰伯》表述了孔子的美学见解：“子曰：‘大哉！尧之为君也。巍巍乎！唯天为大，唯尧则之。……’”孟子在《孟子·尽心下》标举“充实之谓美，充实而有光辉之谓大，大而化之谓神”，从而进一步丰富了我国古代美学范畴。道家学说的代表人物庄子在其著作《庄子》中，通过一系列寓言形式描述了“美”与“大”的关系。如《天道篇》曰：“舜曰：‘美则美矣，而未大也！”“夫天地者，古之所大也，而黄帝、尧、舜之所共美也。”可见诸子哲学见解虽然各异，但对审美价值取向的表述却无一不是以至大为美，甚至对个体人格的要求也都是如此。

从以上内容可以看出，我们中华民族的审美心理特征，即凡是丰满充盈、生机盎然、生生不息就是美的。而这种审美心理的深层就是对生殖崇拜的哲学意识。其实这种审美意识也符合全人类的审美取向，外国一位哲人曾说：生和死是一切哲学和艺术的根源、永恒的主题。只不过古代先民的这种审美意识更加强烈，更加鲜明，并反映到对“美”字的创造中去。

第四节　汉字使用所造就的独特文化现象

汉字是历史悠久的自源文字，千百年来，除其作为记录汉语的工具有不可替代的实用价值外，汉字复杂而又匀称美观的构形，也给人们以极高的美学享受。而人们在使用这一宝贵的财富时又造就了独特的汉字文化。

一、对联

对联这种文学形式，从根本上说，取决于汉语的特点。但古人在一些对联的创作中巧妙地利用了汉字形音义的特点，使对联饶有趣味。如：

（1）长长长长长长长，
行行行行行行行。

（2）寸土为寺寺旁吟诗诗曰明月送僧归古寺，
双木成林林下示禁禁曰斧斤以时入山林。

（3）烟锁池塘柳，炮镇海城楼。

第（1）组是由两读字构成的对联，这种对联利用汉字的多音多义形成变化和对仗，对联应读为：

上联：cháng zhǎng cháng zhǎng cháng cháng zhǎng

下联：háng xíng háng xíng háng háng xíng

上联写的是米店，下联写的是裁缝店。

第（2）组对联运用拆字法构成整齐的对仗，第（3）组对联上下联5个字都以五行中的“金”、“木”、“水”、“火”、“土”为部首构成对仗。

二、字谜

字谜是谜语的一种，谜底是汉字。这种传统的文字游戏主要根据方块汉字笔画繁复、偏旁相对独立，结构组合多变的特点，运用离合、增损、象形、会意等多种方式创造设制的。

如：

半粗半细（组）；半部春秋（秦）；要一半，扔一半（奶）；硬一半，软一半（砍）。人有它大，天没它大（一）；千里挑一，百里挑一（伯）；守门员（闪）；俺家大人不在家（电）；一口咬掉牛尾巴（告）。

人们通过字谜这种形式，对楷体汉字进行了种种不依文字学原则（不顾及造字理据）的拆分离合，不仅突现了汉字本身所蕴含的形体特点，也充分表现了人们对汉字形体结构的直观认识。研究字谜，对整理民族传统文化，揭示游离于正统文字理论之外的楷体汉字民俗阐释特点有很大的价值。

三、拆字

与拆字有关的文化现象除对联、字谜外，还有某些歇后语、笑话、酒令、隐语、测字等。如歇后语：

王奶奶与玉奶奶——差一点儿。

心字头上一把刀——忍了吧。

笑话：

两个轿夫抬着一顶轿子，里面坐着一位贵妇人。轿夫问：“夫人的‘夫’和轿夫的‘夫’，有什么分别？”夫人答：“夫人的‘夫’，是‘一大’，轿夫的‘夫’是‘二人’。”

其他的，如取名：鲁迅《且介亭杂文》，“且介”取名于“租界”的一半，意为半租界。清人毛奇龄字大可，卢文弨字诏弓，字都是由名的字形离析而成。现代人介绍自己的姓氏往往也用拆字法区别同音字，如“弓长张”、“立早章”等。需要注意的是，个别字的拆分出于直观印象不合造字本意，如“章”，从造字理据来看，是“音十”，《说文·音部》："章，乐竟为一章。从音，从十。十，数之终也。"章即一曲音乐结束。拆字用于隐语的如：《三国演义》曾记述这样一首民间影射董卓倒台的童谣："千里草，何青青，十日上，不得生。""千里草"、"十日上"分别合为"董""卓"。

应该指出的是，古代利用拆字编造谣谶或测字已涉及迷信，是汉字文化里的糟粕。另外，由于我国长期封建专制，历代都有"文字狱"事件，文字的可分解性为统治集团所利用，这也是汉字使用所导致的消极现象。最著名的一桩文字狱是清雍正年间的查嗣庭案。查原是江西的正考官，一次以《诗经·商颂·玄鸟》中的一句"维民所止"为题命考生写一篇八股文，按道理，《诗经》是"五经"之一，从中选取语句出题，应该是保险系数很高的了。不料却有人告发，说"维、止"是"雍正"丢了头。于是雍正龙颜大怒，以"大逆不道"的罪名将查嗣庭逮捕入狱，妻子儿女充军为奴。后来查嗣庭惨死狱中，死后还被戮尸。由于他是浙江人，雍正皇帝还下令停止该省的科举考试若干年，连带他家乡的读书人也倒了霉。

四、书法与篆刻

书法与篆刻是中国人最为钟情的与汉字有关的艺术形式，千百年来给人们以极大的美学享受。在现代生活中，书法、篆刻也是人们修身养性的重要方式，一些有价值的书法、篆刻作品更是人们收藏的首选。可以说，各种文字都讲究规范、美观，但汉字的书法、篆刻艺术在世界上独树一帜，绝无仅有。这表明汉字本身具有独到的艺术潜质，而中华民族对汉字的书写、篆刻也有着美的追求。

（一）书　法

我们在《汉字字体的演变》一章中介绍了古汉字和今汉字。从广义上讲，有了汉字就有了书法的萌芽。今人看到的甲骨刻辞有的刻写得非常精美，不仅笔画刚劲有力，而且注重对称、均衡。可以看作是有欣赏价值的艺术品。而刻在钟鼎等青铜器上的铭文，由于用途和书写方式的不同，刻铸精心，寄托了更多的艺术追求。金文线条粗细均匀，笔画变化多端，字体稳重端庄，茂美多姿，通篇铭文布局也极有章法，鉴赏价值极高。秦系文字结构简化固定，线条圆转匀称，字形修长呈内敛之势。残留至今的石鼓文以及琅琊刻石和泰山刻石残迹，都是极具艺术魅力的书法瑰宝。

从狭义上讲，尽管小篆和小篆以前的古文字在实用中体现出古人对书法的美学意识，产生了书法艺术的萌芽，但事实上，真正的书法产生于汉字隶变以后。隶书和小篆相比，有质的变化。隶书把小篆的圆匀的线条改为方折的笔画，而且调整了小篆的字形结构，消除了古文字遗留的象形痕迹，在符号化的进程中迈出了关键的一步。这种变化为书法艺术提供了更为广阔的天地。

东汉的隶书千姿百态，优美动人，其笔画左掠右挑，蚕头燕尾，一波三折，具有鲜明的艺术特色。其代表作为东汉的碑铭。隶变也促进了众多书体的产生，从东汉到魏晋时期，书法大兴，楷书、草书、行书，诸体皆备，各有名家。楷书兴于汉末，魏晋时成为通行字体。楷书变隶书的扁方形为长方形，其用笔平稳，易写易认，一千多年来表现出极大的稳定性，至今是我们理想的交际工具，也是具有极高水平的书写艺术。楷书最早的名家是唐代的颜真卿、柳公权。

草书包括章草、今草、狂草。章草脱胎于汉末，是隶书的变体，基本保持了隶书的体势和用笔，明晰规范，如皇象的《急就篇》。今草在章草的草法和变化的基础上形成的一种字体，格调变化比章草要多得多，除前面介绍的名家作品之外，王羲之的《十七帖》也是今草的墨宝。狂草它在今草的基础上随意增减笔画、恣意连写而成，其草如天马行空难以辨认，不具实用价值，但作为书法具有很高的艺术欣赏价值。代表作有张旭的《古书四帖》、怀素的《自叙帖》等。

行书是介于楷书和草书之间的一种字体，集楷书的平易和草书的流畅于一身，以“行”为名，取其生动活泼之意。行书虽有连笔，却不失原形，易于书写，易于辨认，至今仍是一种最广泛的手写体，其书法艺术也引人注目，王羲之的千古名作《兰亭集序》是其代表作。

书法的产生基于人们对汉字书写的尚美追求，在东汉以前，实用书体和艺术书体基本统一。隶书产生以后，书法字体脱离实用字体，成为一门最具民族特征、最能体现中华文化特色的艺术形式。

（二）篆　刻

从字面理解，“篆刻”就是用小篆字体刻制印章。其实远在春秋中期，就已经有了关于“玺书”的记载。“玺书”就是在信简的封泥上加盖印章。流传至今的最早的玺印是战国时期的铜玺。

篆刻起源于实用，即作为凭证信物。一直到宋元时期，出于书画鉴定与收藏的需要，才创造出主要供鉴定、欣赏的印章，于是书、画、印逐渐融合为一个艺术整体。元代的王冕、文彭亲自治印，开创文人治印的风气，并推动了篆刻艺术的飞速发展，逐渐形成了不同风格的艺术流派。从清代中期到现代，产生了邓石如、赵之谦、吴昌硕、齐白石等治印大家，他们利用汉字笔画的悬殊，精心布局构图，在方寸之间创造出一个丰富多彩的艺术世界。（参考杨润陆著《现代汉字学》，52～54页。）

五、与字形相关的词语

因为汉字形体特点突出，所以人们在说话、写文章时还经常用汉字字形打比方，从而产生一些与汉字字形相关的词语，例如：八字眉、八字胡、丁字尺、金字塔、十字街、十字路口、目不识丁等。

第十一章 现代汉字的研究

周有光指出："汉字学可以分为两部分：一、历史汉字学，二、现代汉字学。""现代汉字学以现代汉字为研究对象，目的是为今天和明天的应用服务，尽量减少汉字在现代生活中的不便。"什么是现代汉字？对这个问题有不同的理解。传统上为汉字作历史分期是从字体的演变着眼，把汉字分为古文字和今文字两大阶段。汉字的历史经历了甲骨文、金文、六国文字、大篆、小篆、隶书、楷书等阶段，隶变是古今文字的分水岭，隶变以前的文字属于古文字，隶变以后的文字，即隶书、楷书等属于今文字。如王伯熙把小篆以前的汉字称为"古代汉字"，汉隶以后的汉字称为"现代汉字"；唐兰把隶变以后的汉字称为"近代汉字"。

苏培成在他的《现代汉字学纲要》中把"现代汉字"理解为记录现代汉语的字，他认为："现代使用的汉字分为两类：古今通用的字和记录现代汉语专用的字，叫做现代汉语用字；记录古代汉语专用的字叫做古代汉语用字，或者叫文言古语用字。现代汉语用字简称为现代汉字。"

汉字有悠久的历史，历代积累的字数量不断增加，字典的收字量也越来越大，但是这些字并不在一个历史平面上。现代汉字当然不能包括历史上曾经使用，而现代已经不再使用的字。所以我们同意苏培成对现代汉字的界定。现代汉字指的是记录现代汉语的汉字，确切地说是记录现代汉民族共同语的汉字。现代汉字包括现代汉语口语和书面语的用字，也包括现代和古代都通用的汉字。现代汉字不同于古代汉字，它不以记录文言文为己任。现代汉字也不包括方言字，它不以记录方言为己任。当然，现代汉字也不包括外族语言中使用的汉字，如韩文和日文夹用的汉字。也就是说，现代汉字是严格意义上的记录现代汉语的用字，而不是现代通用的汉字。现代汉字学就是以现代汉语用字为研究对象，主要是以应用为目的的学科。其应用的方面包括：汉字教学、社会用字、汉字信息处理等。其研究的内容包括：现代汉字的性质和特点、现代汉字的形体分析、汉字规范化和标准化（包括字形、字音、字义）的研究、汉字属性的研究（包括字量、字频、字性、字序等）汉字的信息处理、汉字发展前途的规划等。

第一节　现代汉字的结构分析

一、现代汉字的分析方法

汉字字形的分析理论与汉字构造理论的关系是非常密切的。我们前面讲了关于汉字构造的理论，其中影响最大的是“六书说”，这是战国至秦汉的学者提出来的，主要是分析小篆的形体，由于时代的局限，当然有许多不完备的地方。就此，现代学者提出了新的理论，如“三书说”等。与“六书说”相比，这些学说虽然有进步的地方，但这些理论的分析对象都是古文字，对隶变以后的文字，特别是形体发生很大变化的现代汉字并不完全适用，不能清楚地解释现代汉字的构成和理据。所以要研究现代汉字就要脱离“六书说”的禁锢，另辟蹊径。

为了分析现代汉字的形体，指导汉字的应用，有学者提出了新的汉字构造和分析的理论。这里我们简要介绍一下现代汉字的结构系统和现代汉字的构字法。

（一）现代汉字的结构系统

现代汉字的结构系统可分三个层次：笔画、部件和整字，其中部件是汉字字形的核心。

1. 笔画。笔画是构成汉字的最小单位。书写时从下笔到提笔所形成的点和线就是一笔或一画。传统上把汉字的基本笔画分为 8 种，即横、竖、撇、点、捺、提、钩、折。1965 年公布的《印刷通用汉字字形表》规定了 5 种基本笔画，即横、竖、撇、点、折。传统笔画中的“捺”被归并到“点”类，“提”被归并到“横”类，“竖钩”被归并到“竖”类，“竖钩”以外的所有复合笔画一律归“折”类。把基本笔画分为 5 类，简单明了，但用于汉字教学，则要讲八笔笔形，还要讲基本笔画的各种变体。

2. 部件。部件是由笔画组成的具有组配汉字功能的构字单位，介于笔画和整字之间。也叫字根、字符、字素。部件分为成字部件和非成字部件。例如："村"、"杏"、"困"中的"木"是成字部件，而"亩"、"卒"、"玄"中的"亠"是不成字部件。部件还可分为基础部件和合成部件。最小的不能再拆分的部件称为基础部件，也称单纯部件。因其处于汉字结构的最底层，又称末级部件。例如："埋"中的"土"和"里"，"弁"中的"厶"和"廾"。有两个或两个以上的部件组成的部件称为合成部件。例如："彩"、"睬"、"踩"、"菜"中的"采"，"譬"、"僻"、"避"、"臂"中的"辟"。

3. 部件与笔画的区别

主要是分析的着眼点和所指不同：①部件是就整个汉字的本体划分的，而笔画则是从构成元素的角度来划分的。②部件是笔画的组合，一般大于笔画。但从形式上看，有时部件恰好等于一个笔画，如"一"、"乙"，既是一个字，又是一个部件，还是一个笔画，这只是偶然的巧合。在大多数情况下，部件小于整字而大于笔画。

（二）现代汉字的构字法

部件的提出与具体拆分主要是为了解决汉字编码输入电子计算机的问题。对拆分出来的末级部件只作纯形式的归纳，而丝毫不考虑字音、字义。如果在分析汉字时要涉及字形与字所记录的词的意义有什么关系，就要用到偏旁、部首、字符等等概念。

1. 偏旁和部首

偏旁是构成合体字的表意或表音的单位。汉字的偏旁在小篆和小篆以前的古文字中全都能独立使用，而现行汉字的偏旁有些能独立使用，有些不能独立使用。能独立使用的偏旁为成字偏旁，不能独立使用的偏旁为不成字偏旁。如"朿"、"亻"、"宀"等。

偏旁系统的核心是部首。部首是具有字形归类作用的偏旁，是按结构编排的字书中每部的首字。许慎的《说文解字》首创部首检字法，他把 9353 字分为 540 个部首，这些部首大多选自形旁，而且绝大多数是独体字，仅有少数是合体字。明代梅膺祚的《字汇》以笔划多少为序建立部首，从1画到17画，列214部。文字归部“论其形，不论其义”，不再依据六书原则。其后的字书，如《康熙字典》、《中华大字典》、《辞源》、《辞海》均采用214部。

《说文解字》从部首的设立到各部的收字，遵循的是文字学的原则，《字汇》等字书，从部首的设立到各部的收字，遵循的是检字法的原则。如，在《说文解字》中，“丁”、“丩”、“九”、“井”等字都是独体字，分别立为部首，而在《康熙字典》中不立这些部首，而把以上各字分别归入一部、丨部、乙部、丿部、二部等笔画部首。

2. 字符的提出与归类

传统的六书是从字源上讲汉字的构字理据，它对于小篆和小篆以前的古文字是基本上适合的。汉字经过隶变，发展到楷书，再加上汉字简化，形体已发生了很大的变化。与小篆在字形、字音、字义诸方面都已相去甚远，传统的六书说解释不清现代汉字的构成和理据，因此人们提出了字符分析法。这种分析方法把语言的符号（文字）和文字的符号（字符）明确区分，并根据字符组字时的不同功能把字符分为意符、音符、记号三类。

意符指的是和文字所代表的词在意义上有联系的字符。这种意义上的联系可能比较直接、具体，也可能比较抽象、模糊。例如“吠”由“口”和“犬”两个意符构成，表示狗叫。“趋”由意符“走”和记号“刍”构成，意义是快走。这两个字符与意义的关系就比较直接、具体。而“灶”由“火”和“土”两个意符构成，取灶的质地和功能来表示做饭的设备。“疤”由意符“疒”和声符“巴”构成，意义是疤痕，意符“疒”说明“疤”的词义与伤病有关。这两个字的意符与字义的联系就比较抽象、模糊。

音符指的是和文字所代表的词在声音上有联系的字符。形声字的声旁如果没有丧失表音功能，就是音符。有的音符表音功能强一些，有的音符表音功能弱一些。

记号指的是和文字所代表的词在意义和声音两个方面都没有联系的字符。在小篆和小篆以前的古文字中记号很少，隶变之后独体的象形几乎完全失去了以形表意的功能，而成为记号。会意字的意符、形声字的意符和音符，由于字形及语义、语音的变化，在失去表意功能和表音功能之后也成为记号。简化汉字又造成了一些新的记号，如“环、鸡、动、烛、过”等简化字以笔画简单的记号代替了笔画繁复的音符，“妇、扫、实、庙、枣、轰”等简化字以笔画简单的记号代替了笔画繁复的意符，“不、又、云、虫、卫、击”等简化字以笔画简单的记号取代了繁体的形声字或会意字。字符的性质决定了字符在构字时所起的作用。同一个字符在不同的情况下所起的作用不同，归类也不同。如“力、工、土”等字符都是独体，由这些字符构成的独体字都是记号字；这些字符在参与构成“功、巧、地”等字是与字的意义有关，因而是意符；这些字符在参与构成“历、贡、吐”等字的时候与字的声音有关，因而是音符；这些字在参与构成“边、左、寺”等字的时候与字的音义无关，因而是记号。按传统“六书”的理论，“定、孚、军、取、如、益、有、周”等字是会意字，它们本身都可以分析出不止一个字符，但是它们在参与构成“腚、浮、浑”或“绽、殍、挥”等字时，它们是以字符的身份出现，或者充当音符，或者充当记号。

二、现代汉字分析的目的和原则

我们对现代汉字进行结构分析的唯一目的，就是为了寻找客观存在的造字理据，从而来指导汉字的学习和运用。文字是记录语言的符号，语言是音义结合的词汇语法体系。用文字来记录语言就是使文字符号和语言成分建立联系。这种联系如是任意的，就是无理据的，否则就是有理据的。文字的理据就是字理，真正实用的文字都是有理据的。就拼音文字而言，其字母按照一定的规则拼合起来就能表示词的读音，这就是它的理据。汉字是语素文字，它的理据表现为部件（或整字）和字义、字音间的联系。看到一个汉字能够从它的部件联想到它的读音和意义，知道它代表什么语素，这样的字就有理据。反之，则没有理据。一般说来，理据性高的文字，学习和使用比较方便；理据性低的文字学习和使用比较困难，要靠死记硬背。

分析的目的决定了分析的做法。我们分析的对象是现代汉字（含简化字），分析的单位是汉字部件（不是笔画），分析的终端是厘清汉字的形音义。另外，为了增加汉字的理据，有时则只能就事论事，就形析义。

从原则上来讲，分解现代汉字，只要拿现代形音义来分析就可以了，对其古形、古音、古义似乎不必有过多的纠缠。但是，为了增加汉字的理据，便于学习和记忆，还需要适当的溯源。绝大多数汉字在其造字之初都是有理据的，古人不可能拿一些点划撇捺胡乱堆砌，毫无原则、毫无条理就能堆垛出来成千上万个形体不同、意义不同、整齐匀称、结体美观的文字来。古人一定有所遵循，只不过随着时间的推移，文字的形音义三个方面都发生了或大或小的变化，于是某些字的造字理据就变得模糊起来，有的甚至丢失殆尽，这就给研究现代汉字带来一个溯源的问题。通过溯源，可以增加对造字理据的了解。但是，要注意的是，溯源有一个程度的问题，如果绕一个大圈子才弄清所谓理据，所花的时间和精力甚至还要大过认字、记字本身，那就不必多此一举。

如“白”字现代汉语的常用义是表示一种颜色，从形体上是分析不出来的。在甲骨文中它是大拇指的象形，上面一撇原是起笔之锋而后人写偏。大拇指是它的本义，后来由本义引申为老大、方伯之义，此义后来多使用“白”的后起字“伯”或借用“霸”，现在的颜色义是它的假借义。对“白”的溯源到此已达到临界状态，我们可以把它处理成记号字，即看成是没有理据的文字。

三、现代汉字的结构类型

根据现代汉字的形体及表意、表音功能，现代汉字可以归纳为四种类型，即表意字、意音字、记号字、半记号字。

（一）表意字

表意字分为独体表意字和合体表意字两小类。独体表意字由一个意符构成，这种字为数很少，是残存的尚未失去表义功能的象形字和指事字。这些字虽然离图画已经很远，但还具有一些象形性，与毫无象征意味的记号字是两码事。这类字的特点，或为独体，或为独体上加上一些不成文的点划。如“伞、八、凹、丫”等。合体表意字由两个或两个以上意符构成，这类字即“六书”中的会意字。

（二）意音字

意音字由一个意符与一个音符构成。即“六书”中的形声字。

（三）半记号字

半记号字分为半意符半记号字和半音符半记号字两小类。前者又可称为准形声字。由于时代变迁，音读有异，原来的音符不再表示当前的读音，如果我们“秀才识字读半边”，必将贻笑大方。这种字的音符只能看作是一个记号（当然有的音符则是被简单的记号代替）了，但其意符还能表示一定的意义，可以说这种字还保留一半的理据。如“阿、滑、杭、训、洗、过”等。半音符半记号字由一个音符和一个记号构成，这类字也多是由于时代的变迁，字的形体发生变化的原因，一些字（包括形声字、会意字）的意符失去了表意功能，成为记号。个别的字是由于同音假借，音符相同，而意符毫无联系。由于这些字还有一定的表音功能，所以还保留一半的造字理据。如“完、廉、球、常、趣、齿、丛”等。

（四）记号字

记号字本来也是上述几类字，但由于年代久远，其形音义的变化特别大，到后来几乎是面目全非。还有一些俗字、简体字，也许造字时就图省事，不讲究字的理据，但约定俗成之后也能流行开来。凡这类字皆不能从其形体判断音义，只是一个书面记号而已。记号字无理据可言，在学习中只能一个个死记硬背。记号字分独体记号字和合体记号字两小类。独体记号字都由一个记号构成，形体不可拆分，如“百、半、人、车、立”等。合体记号字由两个或两个以上记号构成。如“所、给、特、连、赵”等。

在3500个常用字和次常用字中，表意字占比例最小，为5%左右；半记号字和记号字次之，分别占19%和18%左右；意音字最多，占58%左右。

第二节　现代汉字的规范化和标准化

汉字有三千多年的历史，对历代传承的汉字进行整理，使之规范化和标准化，更好地为社会交际、文化教育、科学技术服务，是解放后政府非常重视的一项工作。解放初，政府就设有专门的机构进行文字整理工作，1954 年成立了文字改革委员会，1985 年改为语言文字工作委员会，专门负责语言文字的规范工作。

一、异体字的整理

异体字自古以来就存在，从商代、西周一直到春秋战国时期，文字基本上处于自发发展的状态，文字不定形、异体字众多是早期文字的必然现象。秦始皇“书同文”运动对文字起到了规范化的作用，但是，小篆通行的时间很短，很快就被隶书所代替。在文字的发展过程中，异体、俗体字仍然不断产生。虽然历代政府的正字工作和字典、字样对文字的规范起到了一定的作用，但是，真正对汉字异体进行整理、规范，并由法律形式颁布规范写法，废除异体，还是解放以后的事。1955 年 12 月，文化部、文字改革委员会发布了《第一批异体字整理表》，共整理了 93 组 1815 字，选用规范字形 793 个，淘汰异体字形 1022 个。

选定规范字形依据的原则主要有三条：

1. 从俗。选定最通用的，废除较生僻的，如“乃——廼迺”，选定前者作为规范字形。

2. 从简。选用笔画较简单的，废除笔画较复杂的。如“杰——傑”、“泪——淚”，选定前者作为规范字形。

3. 书写方便。偏旁上下、左右结构异体的，一般选用左右结构的字形。如“群——羣”，选定前者作为规范字形。

二、汉字的简化

从汉字产生之日起，就存在着简体和繁体的区别。古文字阶段，字形不固定，一个字往往有诸多写法，有的简，有的繁。文字是记录语言的符号，方便书写应是第一要务，所以后来大部分字的简体形式流传下来。从字形来看，小篆将甲骨文金文线条化、符号化，又省去了大篆的繁复，这是简化的趋势。隶书变笔意为笔势，也是简化的表现。随着文字使用的日益频繁，书写负担的加重，民间出现的简体字越来越多，流通的范围越来越广，汉魏六朝的碑刻，唐朝的写经，宋元以后的平话、杂剧、唱本中都有很多的简体字。可以说，简体字在汉字的历史上是不断出现的，只不过一般被当成不能登大雅之堂的“俗字”、“别体”。

简化贯穿整个汉字的发展史。而这些简化多数是汉字在发展过程中沿着趋简方向的自然演化。由政府专门部门有组织、有计划、有目的地对整个汉字系统进行的简化运动，从国民政府时期开始进行。1935 年国民政府教育部发布了《第一批简体字表》，这是第一次由政府通过法令的形式确认简体字的合法地位。新中国成立后，党和政府十分重视文字改革工作，建立了主管文字改革的专门机构，制定了积极而稳步地进行文字改革的方案，确定了简化汉字、推广普通话、制定和推行《汉语拼音方案》为当时文字改革的三项任务。

汉字简化的方针是“约定俗成，稳步前进”。所谓约定俗成，就是在社会习惯的基础上因势利导，要尽可能选择那些群众创造的并且已经被社会接受的字作为规范的简化字；对于在群众中流行不广或新创造的简化字要在充分调查研究、反复征求意见之后决定是否采用。所谓稳步前进，就是要分期分批有计划地进行简化，让人们有一个熟悉的过程。

1956 年 1 月，国务院通过了《汉字简化方案》，该方案由三部分组成：第一部分是汉字简化第一表，列出简化汉字 230 个；第二部分是汉字简化第二表，列出简化汉字 285 个；第三部分是汉字偏旁简化表，列简化偏旁 54 个。1964 年 3 月 7 日，文字改革委员会、文化部、教育部联合发布《关于简化汉字的通知》。根据《汉字简化方案》和《通知》的精神，文字改革委员会归纳整理出《简化字总表》，并编印出版，共收简化字 2235 个。这些简化字中，只有 482 个是基本的简化字，其余都是类推出来的。

简化字的来源主要有以下三个方面：

(1) 古字，或者是古本字，如“云、从、电、胡、须”，或者是古异体字，如“礼、尔、弃、无”，或者是古通用字，如“才、后”。

(2) 群众中流传的简体字，如“体、声、铁”。

(3) 已经通行一个时期的“解放字”或最近新造的字，如“拥、护、灭、丛”。

汉字简化的方法可以归纳为以下几种：

(1) 简化偏旁。这一部分又可直接称为偏旁的改换，①形声字形旁和声旁的改换，或声旁形旁都改换。如：猫（貓）、愿（願）、肮（骯）、优（優）、拥（擁）、袄（襖）、响（響）、惊（驚）、护（護）。②用形声字改换会意字。如：窜（竄）、邮（郵）。③用会意字改换形声字或会意字。如：笔（筆）、宝（寶）、灶（竈）、帘（簾）。

（2）草书楷化。如来（來）、过（過）、学（學）、门（門）、变（變）、应（應）等。

（3）截取部分。这类字主要是偏旁的省略，保留原来的特征或轮廓。如：表（錶）、电（電）、舍（捨）、号（號）、录（録）、里（裏）、伞（傘）、齐（齊）。这类字大部分是形声字的去形存声。汉字由单纯的表意字发展为形声字，体现了文字制度的演进。形声化的一条重要途径，即是在原字的基础上加注形符。原来的表意符号在新的形声字中就变为表音符号了，去形存声，基本上恢复原造字的本来面目。

（4）符号替代。符号替代分整体替代和部分替代两种。整体替代如：韦（韋）、卫（衛）、发（發）、买（買）、卖（賣）、岁（歲）、佥（僉）等。这类符号替代有的同草书楷化重合，如东（東）、书（書）、长（長）、乐（樂）、尔（爾）等都是由于草书楷化形成的符号替代。部分替代如：对（對）、难（難）、观（觀）、树（樹）、双（雙）、仅（僅）、鸡（鷄）、戏（戲）等。

（5）成字借形。这一种情况又叫异字替代。用已有的笔画简单的字替代一个或几个同音或异音的繁体字。如板（闆）、才（纔）、斗（鬥）、后（後）、台（臺）、谷（穀）、叶（葉）、听（聽）、郁（鬱）、圣（聖）等。

（6）全造新字。如义（義）、头（頭）、体（體）、惊（驚）、旧（舊）、护（護）、响（響）。这类字中的个别独体字其实也是草书楷化的结果。

汉字简化成功地减少了汉字的笔画，《简化字总表》所收的繁体字平均每字15.6画，简体字平均10.3画，平均每字减少了5.3画，给书写带来了一定的便利，书写的速度提高了。但是，简化字也对汉字的结构和系统性造成了一定的破坏，如草书楷化形成的简体字大都是汉字字素系统中原来没有的，结果增加了汉字的基本字素。符号替代使得原来表义的意符和标音的音符变成了纯粹构形的符号，失去了与文字音义的联系。

三、现代汉字字形规范的任务

过去几十年，现代汉字字形整理工作已经取得了很大的成绩，但是这项工作还没有全部完成。当前急需完成的两项工作，一是进一步整理异体字，二是整理异形词。

1. 继续整理异体字

异体字的范围很广，包括典型异体字、包孕异体字、交叉异体字、同音异体字、异音异体字五类。典型异体字指两个或几个字的读音和意义完全相同，仅仅字形不同。这类异体字整理后容易被接受，也不会引起负面影响。包孕异体字指甲字包括乙字含义的异体字。例如“豆”有3个义项：①豆科大豆、蚕豆的豆。②形状像豆类的东西，如花生豆儿。③古代盛肉或其他食品的器皿。“荳”只有其中①义项的含义。交叉异体字指的是一个字的读音和意义和另一个字的部分音义相同。例如“夹”有三个读音：①jiā，动词“夹”，夹子。②jiá，夹被。③gā，夹肢窝。“袷”有两个音义，其中“袷”①jiá，同“夹”②，可作为“夹”②的异体字。“袷”②qiā，维吾尔族的上衣，音义应该保留。同音异义字和异音异义字本不是异体字，但《第一批异体字整理表》也收入了，这里不作介绍。

我们在整理异体字的时候，要把《现代汉语通用字表》作为重要依据。这主要是由于《现代汉语通用字表》体现了其他几个字表的基本内容，其中隐含着对异体字的整理。

2. 整理异形词

异形词指的是普通话书面语中并存并用的同音、同义而书写形式不同的词语。例如：笔画/笔划、标志/标识、倒霉/倒楣、月食/月蚀、人才/人材。成语中也有一些异形词，例如：发人深省/发人深醒、浑水摸鱼/混水摸鱼、摩拳擦掌/磨拳擦掌。异形词的存在给现代汉语书面语的使用增加了负担，造成了混乱，特备是给对外汉语教学增加了难度，因此有必要对异形词进行整理。

异形词研究课题组在整理异形词时贯彻了三个主要原则，即：通用性原则、理据性原则、系统性原则。通用性原则指的是，由于语言的约定俗成的社会属性，所以要根据科学的词频统计和社会调查，选取目前公众普遍使用的词形作为推荐词形。即使少数词频高的词形与语源和理据不完全一致，但一旦约定俗成，也应尊重社会的选择。如“信口开河”与“信口开合”，虽然“信口开合”（开合，指说话时的口型一开一合），合乎理据，但据《人民日报》1995——2000 年的统计，前者与后者的词频比率为 38∶0，另外考虑到“信口开河”与“口若悬河”的关联及形象性，所以以“信口开河”为推荐形式。理据性原则指的是，如果某些异形词词频无显著性差异，难以根据通用性原则取舍，就从词语发展的理据性角度推荐较为合理的词形。例如：“折中”与“折衷”的词频统计是 26∶91。“中”作为一个词，其基本本义是中心、中央。引申出“中间”、“不偏不倚”之意。“衷”本义是贴身内衣，基本义指内心，又引申指中间。考虑到“折中”更合理据，词意更显豁，尽管词频统计“折中”低于“折衷”，但是选取“折中”为推荐词形。系统性原则指的是词汇内部有较强的系统性，在整理异形词时要考虑同语素系列用字的一致性。例如：“侈靡”与“侈糜”的词频统计是 3∶3。“奢靡”与“奢糜”的词频统计是 87∶17。经过通盘考虑，两组异形词都以含“靡”的词形为推荐词形，这样不仅使得内部取得了一致，而且兼顾到理据和词频。

另外，目前社会上还流行着一些含有非规范字即国家早已废止的异体字或简化的繁体字构成的异形词，造成书面语使用的泛滥。例如：抵触/牴触、飘扬/飘飏，斜线后的非规范词形是应该予以废除的。

第三节 现代汉字的属性

一、现代汉字的字量

研究汉字的属性，尤其研究汉字的应用，字量是一项重要的内容。根据字频，人们可以得出各种有关字量的数据，这对于识字教学、字书编纂、汉字的机械处理和信息处理，都具有十分重要的意义。

（一）汉字的总量

随着社会生活的日趋繁复，作为书面交际工具的汉字也日趋繁复。其中汉字数量的增加令人瞩目。从古今几部著名的字书收字的情况来看，汉字数量是一个日益递增的过程。

年代（公元）	字书	编者	字数
东汉（100）	说文解字	许慎	9353
魏（230）	声类	李登	11520
晋（400）	字林	吕枕	12824
北魏（500）	字统	杨承庆	13734
南梁（543）	玉篇	顾野王	16917
宋（1008）	广韵	陈彭年等	26194
宋（1039）	集韵	丁度等	53525
宋（1066）	类篇	王洙等	31319
明（1615）	字汇	梅膺祚	33179
清（1716）	康熙字典	张玉书等	47043
民国（1915）	中华大字典	陆费逵等	44908
中国台湾（1968）	中文大字典	张其昀等	49888
中国大陆（1979）	辞海	陈望道等	11834
中国大陆（1990）	汉语大字典	徐中舒等	53768

从表中我们可以看出，从汉代的《说文解字》到现在的《汉语大字典》，一千九百多年来，方块汉字的字数从 1 万左右增加到 5 万多，整整增加了 4 倍，数量可观。汉字总量大的原因有三个。其中一个原因是在漫长的封建社会中，造字是一种无序的约定俗成的行为，加之造字方式众多，从而使得汉字体系中同音同义而异形的异体字特别多。另外还有一个重要的原因是一些记录旧观念、旧事物的词语随着旧观念、旧事物的消亡也在活的语言里消失了，记录这些词语的汉字虽然不再使用，但还存留在古籍和字书中。特别是字书的编纂往往采取集纳主义，死字活字，兼收并蓄，就把字典的收字数字人为地弄得庞大起来。新《辞海》则不然，它明确规定自己的任务只收鸦片战争以来的新词新语，所

以它收字也就不足1万2千。

（二）现代汉字的使用量

1988年3月国家语委和国家教委联合发布了《现代汉语常用字表》，共3500字。分常用字（2500字）和次常用字（1000字）两级。经过200万字语料的检测，常用字的覆盖率达97.97%，次常用字的覆盖率达1.51%，二者合计覆盖率达99.48%。这说明《现代汉语常用字表》是符合汉字使用实际的。

1988年3月25日由国家语委和新闻出版署联合发布的《现代汉语通用字表》，收字7000个，包括《现代汉语常用字表》收入的3500字。7000个通用字的覆盖率达99.999%以上，基本上可以满足现代汉语的用字需要。

另外，由国家标准总局发布，早在1981年5月1日即已付诸实施《信息交换用汉字编码字符集基本集GB2312－80》是我国计算机输入中字量、字形的主要依据，在中文信息处理方面发挥着重大的作用，它共收6763字，其中常用字3755个，按拼音字母顺序编排。次常用字3008个，按部首编排。《基本集》与《常用字表》基本是一致的，其常用字也与《常用字表》基本一致，而《基本集》的次常用字是相对于本集的常用字而言的，已不属《常用字表》的常用字范围。可以认为，《通用字表》和《字符集》更准确地反映了汉代汉字的基本面貌。而《现代汉字频率字典》（1988年版）根据180万字的抽样材料统计，总共才使用了4574个汉字，其中使用频率万分之一以上的汉字仅有1183个，但这一千多字累计频率竟高达93.5%，可以看作是最常用字。根据上述数据，不妨认为，现代汉语中需用汉字的数量大约在六七千字之间，这是一个大致稳定的常数。

二、汉字的字频统计

文字是辅助性的交际工具，在使用的过程中，有的字用得多一些，有的字用得少一些，呈现出一定的统计规律性。一个字在一定范围的语料中出现的次数称为字的频度，即字频。汉字的字频统计是从汉字的应用上去量化汉字，它为汉字的定量研究提供了实用的数据，对汉字研究和汉字应用都有重要的参考价值。

从字频角度给汉字分类，可以分为高频字、次高频字、低频字、罕用字四个等级。一般说来，高频字的出现频率是0.1%，次高频字的出现频率为0.01%，低频字的出现频率是0.001%，罕用字的出现频率是0.0001%—0.0005%。也可以用数字为汉字分级，称其为最常用字、常用字、次常用字、稀用字、冷僻字，如1984年贝贵琴、张学涛编成《汉字频度统计》一书，其中的《汉字频度统计表》把汉字分为五级。

字级	序号	累计频率%	总画数	平均画数
一级字（最常用字）	1—500	77.419	3 622	7.244
二级字（常用字）	501—1000	90.819	4 355	8.710
三级字（次常用字）	1001—1500	95.898	4 840	9.680
四级字（稀用字）	1501—3000	99.597	15 655	10.437
五级字（冷僻字）	3001—5991	100.000	23 682	11.599
总计	5991字	100.000	63 154	10.541

1979年至1985年，北京语言学院编成《汉代汉语频率词典》，这本词典用人工和计算机相结合的办法，从词语应用的角度进行了较大规模的词汇计量研究，同时兼顾汉字字频和组词能力的统计和分析。所用语料180万字，书中的《汉字频率表》共有字种4574个，分4级统计。

级别	序号	累计频率%
一	1—100	47.335 84
二	101—1000	91.365 59
三	1001—2418	99.000 23
四	2419—4574	100.000 00

前十个高频字依次是：的、一、了、是、不、我、在、有、人、这。

为了满足不同学科、不同方面对字频统计的需要，1992年1月由语文出版社出版了《现代汉语字频统计表》。所用的语料是从1977到

1982年间社会科学和自然科学13800万字的材料中抽取出来的，总字数为1108万字，得到字种7754个，共统计出13个字频统计表：

1. 社会科学·自然科学综合汉字频度表，收字1～7754
2. 社会科学综合汉字频度表，收字1～7373
3. 自然科学综合汉字频度表，收字1～6009
4. 新闻报道类汉字频度表，收字1～4913
5. 历史哲学类汉字频度表，收字1～5402
6. 文学艺术类汉字频度表，收字1～6501
7. 政治经济类汉字频度表，收字1～4888
8. 文体生活类汉字频度表，收字1～4210
9. 基础知识类汉字频度表，收字1～4426
10. 农林牧副渔类汉字频度表，收字1～3688
11. 重工业类汉字频度表，收字1～3619
12. 轻工业类汉字频度表，收字1～4502
13. 建筑运输类汉字频度表，收字1～3010

由此看出，不同学科用字的情况很不一致，当然，统计选用语料的范围对统计的结果也有很大的影响。近些年，国内很多家单位建起了大型的语料库，取代了人工统计，使统计工作更便捷、更有效、更科学。

通过对字频统计结果的分析，还得到了两条规律：

1. 汉字效用递减率

根据周有光先生的“汉字效用递减率”（《中国语文的现代化》，168页，上海教育出版社，1986年），《汉字频率表》中最高频的1000个常用字的覆盖率已达90%，增加到3800字时，覆盖率已达99.9%以上。这就是说，如果一个人掌握了前1000个高频字种，他就可以认识一般书报中90%的字，如果掌握了前3800个字种，就能认识现代一般书报中的99.9%的字。这个规律对于研制现代汉语常用字表和通用字表有指导意义。

2. 常用字笔画趋减率

根据《汉字频度统计表》统计结果，应用频率比较高的字其平均笔画较少，应用频率比较低的字其平均笔画较多。这说明，人们在使用文字的时候，总希望文字笔画能简省一些，这更证明了汉字的简化是一个不可阻挡的趋势。王凤阳从汉字历史也得出这样的结论：应用频率高的字一般趋向简化。(《汉字学》，吉林文史出版社，1989 年）这条规律对说明汉字的演变，指导汉字的简化工作，有重要意义。

三、现代汉字的字音

理想的汉字应该是一字一音，但实际上汉字的读音非常复杂，有古音，有今音，有普通话，有为数众多的方音；另外还有一字多音和一音多字；再加上汉字本身没有完备的表音符号，这些都给汉字的学习和使用带来很多困难。现代汉字的字音研究首先是定音，要研究如何确定现代汉字的标准读音，还要研究规范异读字、减少多音字、整理同音字。

普通话以北京语音为标准音，而北京语音存在着一批异读词。如，“办公室”的“室”有人读去声，有人读上声。要规范异读字，首先要对异读词的读音进行审定，消除异读。1956 年，中国科学院语言研究所成立普通话审音委员会，负责对异读词进行审音。1963 年 10 月，文字改革出版社出版《普通话异读词三次审音总表初稿》。并在 1982 年 6 月对《初稿》进行修订。1985 年 12 月 27 日，《普通话异读词审音表》公布施行。

多音字又可称为多音多义字，指一个字有两个或两个以上的读音，而不同的读音又联系着不同的意义。多音词的功用就是区别所记录的词的意义或词性，这种现象在古代汉语称为“破读”。据统计，《新华字典》所收 8000 多字中，多音字有 828 个，约占总字数的 10%。《现代汉语词典》收字 11000 左右，其中多音字大约有 1000 个，约占总字数的 10%。多音字的来源主要有两点：一是词义的引申，如“背”由名词脊背（读“bèi”）引申为动词用脊背驮（读“bēi”）。二是文字的借用，有些是用同音替代法简化汉字造成的，如“斗”本读上声，作为“鬥”的简化字读去声；有的则是用作译音字，如“打”，用来指“一打”的“打”，读阳平。

多音字不可能消灭，但可以精简。减少多音字的方法主要有改读和改写两种。改读就是改变语言中某些词语的读法，被改掉的读音多数是罕读或次常读，而这些读音大多是传统的读书音。例如，“叶公好龙”

的“叶（shē）”改读为“叶（yè）”。改写就是不改变语言中词语的读法，而是调整字形与语素的配合关系，改换写法。例如，由“那”分化出“哪”。

同音字是指意义不同而读音相同的一组字。按字形是否相同可分为同形同音字和异形同音字。普通话有 1200 个带调音节，而通用字有 7000 个，平均每个音节有 5.8 个通用字。实际上同音字在每个音节的分布上很不均匀。而且，同音字多，并不等于同音词也多。用汉语拼音输入汉字，选择同音字是最麻烦的，但利用汉语词汇多音节化的规律，基本上可以解决这个问题。

四、现代汉字的字序

字序就是文字的排列顺序，也就是给汉字规定便于查找的排列方法。在文字的应用中，很多场合都涉及到文字的排序问题。如字典、词典的编排，图书、档案等各种目录的编制，人名、地名的排列，汉字在计算机字库中的存储，都要用到字序。由于汉字数量多、结构复杂，具有形、音、义三方面的属性，所以我国古代的字序法主要有三种：以《尔雅》为代表的义序法；以《说文解字》为代表的形序法；以《广韵》为代表的音序法。目前大型辞书的排序法主要有两种：部首法和音序法。前者如《辞源》、《辞海》、《汉语大字典》、《汉语大辞典》，后者如《现代汉语词典》、《新华字典》。不管使用哪种排字法，往往都配有两三种检字法，部首检字法、音序检字法、笔画检字法都是常用的检字法。

（一）部首查字法

部首查字法源于许慎的《说文解字》。许慎按照“分别部居，不相杂厕”的原则，把 10516 个汉字按形体构造分为 540 部，许慎的部首基本上都是表意偏旁，是文字学上的部首，不是检字法的部首。明代梅膺祚编撰《字汇》，根据笔画多少为序建立部首，列 214 部，文字归部“论其形，不论其义”，只根据楷书形体分别归入各部。此后的字典，如《正字通》、《康熙字典》、《中华大字典》，以及民国时期出版的《辞源》、《辞海》等工具书都按 214 部归字，部首则根据笔画多少依次排列。

1964 年，由文化部、教育部等单位联合组成的汉字查字法整理小组提出了《部首查字法》（草案），对传统部首法进行了修正。根据“据形”、“定位”的原则确定部首。“据形”指的是部首与字的相应部件趋同，依据字形定部。“定位”指的是按位置确定部首，一般采取字的上、下、左、右、外以及中坐和左上角等部位。部首共250个，按笔画数排列，同画数的按横、竖、撇、点、折等5种笔形顺序排列。这种按形式确定部首，规律性较强，即使是缺乏文字学知识的一般读者也可以按部首查字。

1983年6月，中国文字改革委员会和文化部出版局联合召开了统一汉字查字法座谈会，成立统一部首查字法工作组，工作组由上海辞书出版社、商务印书馆等多家单位组成。工作组根据字形定部，贯彻“以小包大”、“口径一致”的原则，制订了《汉字统一部首表》(草案)，确定201个部首，按画数和起笔笔形顺序排列。

部首法存在的问题：

(1) 立部数量不统一

从许慎创立的540部首，到梅膺祚《字汇》的214部，历代的字书不断对部首进行归并和调整。现代的字书基本上都在200部左右，部首按笔画数排列，但笔画相同的部首前后排列顺序比较混乱。

(2) 归部原则不统一

主要是据义归部和据形归部两类。传统的字书主要是据义归部。因为汉字形旁表义的特点，据义归部实际上是把字形和字义联系起来，对于帮助理解字义、理解字形的构造都有好处。但是对于不认识这个字的人来说，不便检索。据形归部对于检索来说，确实方便一些，但是需要定出严格的条例。因为汉字字形带有很大的无序性，从形体入手，要找出一套严整、简要的部首规则来，也是不容易的。而且，有时只从形体入手归部，会破坏一些字的系统性，和识字教学实践相矛盾。

(二) 音序查字法

随着注音字母和汉语拼音方案的施行，新的音序法也逐渐成熟起来。注音字母于1913年制定，1918年公布施行，在中国内地一直使用到汉语拼音的诞生。1964年4月《拼音字母查字法》(草案)提交试用。这个草案是按《汉语拼音方案》字母表的顺序检查汉字的，声韵母相同的字则按照阴阳上去轻声的顺序排列，读音完全相同的则按照起笔笔形横、直、撇、点、正折、反折的顺序排列。

音序法存在的问题：

(1) 使用音序法检字的前提是必须知道所查字的普通话读音，因此，这种方法固然方便，但其运用仍然受到一定限制。

(2) 汉字的同音字很多，音序法无法解决同音字的顺序问题，必须结合别的排序方法，有的按笔画多少排列，有的把声符相同的字排在一起。

(3) 字头下面多音词的排序问题。有的按音节多少排列，音节数相同的再按第二音节的音序排列；有的不分音节，整个词按音节排列。

这些排序的不一致都是需要研究的问题。特别是在信息处理中字序的问题就显得更重要了。因此，必须研究制订统一的字序，使每一个汉字都能有一个唯一的位置。按笔画和起笔笔形给汉字排序是比较客观而又科学的，即便是在使用部首法排序和音序法排序时也要用笔画笔形作为补充手段。但是先笔画数后起笔笔形，还是先起笔笔形后笔画数，目前还不统一；几个基本笔形的先后顺序也不统一；笔画数和起笔笔形都相同的字怎样排序也还需要再进行研究。

为了突破部首法和音序法的局限，人们又设计出号码法。号码法属于形序法的范畴，实际上是笔形代码法，它规定一套笔形和代码的转换规则。号码法有许多种，其中最通行的也是最早出现的是四角号码检字法。它是王云五在1925年提出来的，商务印书馆出版的许多工具书都附有这种检字法，如《辞源》、《现代汉语词典》等。这种方法的优点是方便、迅速，中间环节少；缺点是笔形和代码之间没有理据，需要死记。

第四节　现代汉字的应用

现代汉字的应用包括两个方面，一是人与人之间的交际，一个是人与计算机之间的交际。

一、汉字在人际界面的应用

现代汉字是记录现代汉语的书写符号系统，它的主要应用当然是记录现代汉语。用现代汉字记录下来的普通话就是现代白话文，这种书面语在国家的现代化建设和人们的日常生活中具有极其重要的作用。我们学习和研究汉字，目的就在于更好的阅读和写作，充分发挥现代白话文的作用。现代汉语书面语以口语为基础，又反过来给口语以积极的影响。通过书面语，可以吸收文言词语、方言词语、外来词语并使新词语迅速传播开来。

由于汉字特有的结构和写字特有的工具，它除了发挥一般的文字实用功能以外，还具有艺术价值，这就是书法和篆刻。作为艺术创作，可以根据自己的兴趣、爱好和习惯选择各种字体，但也应提倡写规范字。

此外，汉字还广泛运用于印刷、打字和电报方面。在机械运用方面，汉字明显落后于拼音文字。

多年来，有关方面努力推行汉字正字法，取得了一定成效，但近年来在社会用字方面出现了比较严重的混乱现象，具体表现为滥用繁体字，乱造简化字，随便写错别字。这表明我们许多人缺乏规范意识，也反映了现代汉字规范化工作亟须加强。

现代汉字规范化主要包括字量、字形、字音、字序这四个方面，也就是说要做到“四定”：定量、定形、定音、定序。

二、汉字在人机界面的应用

统一的世界可以分解为许许多多的系统，系统之间的相互作用有三种方式，那就是物质、能量和信息，传递信息的凭借物叫做媒体或载体。人类传播信息的第一媒体是有声语言，第二媒体是文字，第三媒体是电磁波。有了文字，信息可以超越时空的限制；通过电磁波，信息可以在一瞬间传遍世界。在这个知识爆炸的信息时代，人脑已经无法处理日益剧增的信息，于是人们利用电脑来帮忙。用计算机来处理语言文字所包含的信息，叫做语言信息处理。用计算机来处理汉语信息，就是汉语信息处理，又叫做中文信息处理。

计算机处理语言信息，主要通过文字。汉字信息处理系统，即把汉字变成计算机所能接受的符号，存储在计算机里面，又能把这种符号还原为汉字输出。因此，汉字信息处理系统一般分为三部分：一是汉字输入装置；二是汉字字库；三是汉字输出装置。

（一）汉字的输入

1. 键盘输入

拼音文字只有几十个字母，使用小键盘就可以直接输入，而汉字必须进行编码才能输入计算机。汉字的输入方案五花八门，供小键盘输入使用的汉字信息特征编码的方案可以分为形码、音码、音形码和形音码几大类。

形码着眼于字形，提取字形特征信息进行编码。形码不管字的读音，可以区分同音字。王永民的五笔字型编码法主要利用汉字的字根，属于字根码（也叫部件码）；李金铠的笔形编码法，主要利用笔形，属于笔画码。

音码输入实际上是拼音转换法，就是输入语音由计算机自动转换为汉字。音码使用的都是汉语拼音，有音素制输入、双拼输入、紧缩输入等多种输入法。

音形码是以音为主、以形为辅，用形来区分同音字。形音码则以形为主、以音为辅。

1987 年，陈一凡提出“字为基础，词为主导，智能处理”的汉字编码思想，使汉字键盘输入技术上升到一个新的台阶。

2. 非键盘输入

非键盘输入主要有以下几种方法：

(1) 光学字符识别方法（OCR）

用仪器如扫描仪对文稿进行扫描，使文稿上的文字变成计算机中的信号，然后用文字识别软件去辨认这些信号代表的是哪些文字，并把它转换成相应的汉字内部码（软件系统内部使用的代码）。

汉字识别又分为印刷体汉字识别和手写体汉字识别。目前两者均达到实用水平。

(2) 笔输入方法

在书写板上写字，一边写，计算机一边接收笔的运动轨迹，并由软件来辨别是什么字。因为是边写边识别，不但获得了汉字的字形信息，而且知道了笔画书写的先后，比 OCR 识别容易。目前这种方法已经实用化。

(3) 汉语语音识别方法

讲话人对着话筒讲话，语音符号输入到计算机，计算机利用语音信息库来辨认输入的语音符号，从而得到一个个的音节，再用拼音语句转换系统转换成内码表示的汉字。这种方法用途很大，但对技术的要求很高。语音识别的最终目标是非特定人连续语音的识别，目前距离这个目标还比较远。

(二) 汉字的输出

1. 字形输出

汉字的字形以整字的形式储存在电脑的字库里，字形输出就是通过输出码把汉字从字库里调出来，显示在电脑屏幕上或打印出来。汉字的数量很多，又有多种字体，每一个汉字的每一个字体都有一个字模，因此，汉字的字库是相当庞大的。如果能够研制出由基本部件组字的技术，就不需要庞大的字库了。这基于汉字构形的基础研究，目前还做不到。

2. 语音输出

语音输出就是把汉字字形信息转换成语音信息，通过电脑的语音来合成输出语句。衡量语音合成的指标是可懂度和自然度。目前可懂度基本已没有问题，在自然度上还需要提高。这依托于自然语言语音的研究，尤其是韵律的研究。

第五节 汉字的前途

汉字是世界上唯一成熟的语素文字，它适应汉语的特点能够称职地完成记录汉语的任务；它承载着中华民族几千年的文明史，造就了独特的汉字文化及民族心理。汉字通过编码手段，实现了在电子计算机上输入、输出。随着计算机技术的发展和对汉字的深入研究，汉字在计算机上的应用有着更加广阔的前景。

毋庸置疑，汉字将会长期使用下去，它的地位不会改变的。我们当前的一个重要任务是对汉字进行深入研究，总结汉字的发展规律，让它更好的为我们服务。具体地说，包括实现汉字的四定，减少汉字学习和使用的困难，提高汉字使用的效率；改进汉字教学，提高汉字教学的效率；改进汉字的信息处理技术，促进中文的信息化、网络化发展。

从殷商时期的甲骨文开始，用汉字记录的汉语书面语，已经有3500多年的历史。在过去的几千年里，汉字在汉语书面语里是一统天下的。但这种局面在100多年来发生了变化。在今天的汉字书面语里，有三种不可或缺的成分都是外来的，它们是阿拉伯数字、拉丁字母和标点符号。

阿拉伯数字源于印度，经阿拉伯人传到欧洲。因此，被欧洲人称为“阿拉伯数字”。阿拉伯数字在我国的应用大概始于辛亥革命。首先是数理化教材和各种科学技术论著，然后发展到一般非科技论著。根据1995年国家技术监督局发布的《出版物上数字用法的规定》，汉语书面语在下列情形一般要用阿拉伯数字：①统计表中的数值；②公历世纪、年代、年、月、日；③时、分、秒；④物理量量值；⑤非物理量，一般情况下应使用阿拉伯数字；⑥代号、代码和序号。

拉丁字母源于塞姆（或翻译成闪米特）字母，是由公元前20世纪居住在今叙利亚和巴勒斯坦一带的塞姆人，在古埃及圣书字的基础上，吸收古代苏美尔人的楔形文字的原理形成的拼音文字。它的一支演变为希腊字母，传到罗马帝国就成为罗马字母。在罗马帝国时期，因为被用来书写拉丁语，所以也叫拉丁字母。1605年，意大利人利玛窦最早用来拼写汉语官话，把罗马字母带到中国。清朝末年，西学东渐，罗马字母在中国的影响进一步扩大。今天，汉语书面语已经无法拒绝罗马字母。在以下情况下一般要用拉丁字母：①直接引用西方文字、缩写；②科技符号；③产品代号、汉语拼音及汉语拼音代号；等等。

中国传统的书面语里只有句和读两种符号，刻书时一般不用，要由读书人一边读一边加上去。到了近代，白话文的应用日益广泛，于是引进西方的标点。1897年，中国最早的新式标点产生。1918年，《新青年》正式开始使用新式标点符号。建国后，国家和相关部门不断规范标点符号用法，公布和修订了《标点符号用法》，包括16种标点符号。

汉字在现代语文生活中早已显现出某些不适应的方面，也就是说，在有些领域汉字是不便使用或不能使用的，需要汉语拼音去弥补不足。

例如：①给汉字注音。在古代，确切地说是魏晋以后，人们长期用反切的方法给汉字注音。由于汉字本身没有完备的表音符号，加上语音的演变，反切这种方法不再适用。有了汉语拼音，就可以把字典上的反切转化为拼音，使一般读者可以方便快捷地利用工具书。②拼写普通话。用反切注音，无法准确地标注共同语的读音，推广普通话，必须用汉语拼音。③编制序列、索引。中国古代曾用天干地支等编制序列、索引，在今天这个信息网络时代已完全不够用了。从图书档案、辞书检索到各种名册，几乎都要用到汉语拼音序列。

关于汉字的前途，主要应讨论两个问题：一是还要不要继续简化汉字；二是还要不要走“世界文字共同的拼音方向”。

首先是汉字简化。前面我们已经介绍了汉字简化的相关知识。至今，汉字简化已经取得了很大的成绩，汉字经过简化，常用字平均笔画降至10画左右，汉字书写的困难已大大减轻了。有学者认为，从20世纪50年代至今，全国已经有6亿以上人口学习、掌握了简化字，如果再继续简化，会给人们带来不便，也会对出版物和电子计算机字库造成很多困难。希望文字不要总处于变动之中，最好能稳定一个时期。

但一些常用字或通用字笔画仍旧很多，在电子计算机编码方面出现障碍或效果不好。有些人以此为根据，要求继续简化汉字。

要不要简化汉字，要从广大人民群众的需要出发，要坚决执行国家的语言文字政策。国务院批准国家语言文字工作委员会《关于废止〈第二次汉字简化方案（草案）〉和纠正社会用字混乱现象的请示》的通知说：“今后，对文字的简化应持谨慎态度，使汉字的形体在一个时期内保持相对的稳定，以利于社会应用。当前社会上滥用繁体字、乱造简化字，随便写错别字，这种用字混乱现象，应引起高度重视。国务院责成国家语言文字工作委员会尽快会同有关部门研究、制定各方面用字管理办法，逐步消除社会用字混乱的不正常现象。”可见国家关于汉字简化的态度是十分明确的，也是符合实际情况的。《规范汉字表》的制定就体现了人们的共识。其实即使是简化汉字，也不一定着眼于减少笔画。限定字种，减少常用字和通用字的数量更具可行性。

其次是汉字的拼音化。所谓拼音化，就是用字母来拼写语言。1951

年，毛泽东发出指示："文字必须改革，要走世界文字共同的拼音化方向。"1986 年举行的全国语言文字工作会议关于《新时期的语言文字工作》报告，没有重申拼音化方向。刘导生在报告中指出："必须强调的是，在今后相当长的时期，汉字作为国家的法定文字还要继续发挥它的作用。现行的《汉语拼音方案》不是替代汉字的拼音文字，它是帮助学习汉语、汉字和推广普通话的注音工具，并用于汉字不便使用或不能使用的方面。"刘导生说："汉字的前途如何，我国能不能实现汉语拼音文字，什么时候实现，怎样实现，那是将来的事情，不属于当前文字改革的任务，现在有不同的意见，可以讨论，并且进行更多的科学研究。但是仍然不宜匆忙作出结论。"（全国语言文字工作会议秘书处编《新时期的语言文字工作》，第 24 页），就此，拼音化成为一个纯学术的问题。关于拼音化是不是世界文字发展的共同方向，赞同者有之，反对者有之。赞同者以周有光为代表，他认为文字的发展规律是从表形、表意到表音（《关于比较文字学的研究》，《中国语文》，2000 年第 5 期）。反对者以王宁为代表，不同意世界文字发展"三阶段论"，主张"两种趋势论"，即表音和表意是文字发展的两种趋势。

"汉语拼音化"作为一个学术问题，可以继续研究和探讨下去。汉字有汉字的特殊性，废弃汉字，就等于割断历史，恐怕得不偿失。但是为了和国际接轨，可以尝试扩大应用汉语拼音，努力创造"双文制"的未来。

主要参考文献

董琨．中国汉字源流，商务印书馆，1998.
黄建中，胡培俊．汉字学通论，华中师范大学出版社，1982.
孔祥卿，史建伟，孙易．汉字学通论，北京大学出版社，2006.
刘志成．汉字学，天地出版社，2001.
刘志基．汉字文化综论，广西教育出版社，1996.
裘锡圭．文字学概要，商务印书馆，1988.
苏培成．现代汉字学纲要，北京大学出版社，1994.
汤可敬．说文解字今释，岳麓书社，1997.
唐兰．古文字学导论，河洛图书出版社，1981.
唐兰．中国文字学，上海古籍出版社，2001.
王平．文字散论，天津古籍出版社，1996.
华星白．文字概说，中国古籍出版社，2002.
王凤阳．汉字学，吉林文史出版社，1989.
杨润陆．现代汉字学，北京师范大学出版社，2008.
余国庆．说文学导论，安徽教育出版社，1995.
臧克和．汉字单位观念史考述，学林出版社，1998.
张标．20世纪《说文》学流别考论，中华书局，2003.
张桂光．汉字学简论，广西高等教育出版社，2004.
（东汉）许慎．说文解字，中华书局，1963.

后　记

从2000年开始，我为解放军外国语学院中文系汉语言文学专业的本科学生开设“文字学”选修课。此后，又为汉语言文字学专业的研究生讲授以《说文解字》评介为主要内容的文字学课程。由于以前较少涉足文字学，而此门学科又是一门博大精深的学问，因此在承担了“文字学”教学任务后，深感自己知识储备的不足和能力水平的有限。为能够较好地完成教学任务，在几年的时间里，我投入了大量的精力，阅读了不少文字学方面的文献，开阔了视野，积累了资料，也提高了学识。在广泛汲取他人研究成果的基础上，结合自己的心得，编写了较为详尽的讲义，并在教学实践中不断地修正和充实，尽量做到全面系统，深入浅出。这本教材就是在原有讲义的基础上整理而成的。

讲授文字学课程至今已有十多年的时间，从当年的懵懵懂懂到现在的略有心得，也花费了不少的心血和精力。现在有机会把自己多年积累的劳动果实刊印出版，深感欣慰。在这里我要特别感谢我的前辈同事、良师益友华星白教授。当年从学校毕业，携笔从戎，来解放军外国语学院任教，有幸在华教授身边做了一名助教，老师无私奉献的敬业精神和严谨务实的治学态度，都使我受益匪浅。在成长道路上有这样一位领路人，实属幸运。华教授在文字学方面给我了许多指教，并慷慨赐予我他多年的研究成果和教学资料，供备课和教学之用，本书就选用了其中的许多材料。此外，这本教材也借用了许多前代学者和时贤的观点和材料，这里一并表示感谢。当然，由于自己学疏才浅，功力不深，书中难免有许多欠缺甚至错误之处，希望专家和读者多提宝贵意见，以便日后修改。

最后还要感谢解放军外国语学院外训系王洪涛主任和东北师范大学出版社吴长安社长对本书出版的鼎力支持，感谢东北师范大学出版社总编办魏芳华主任认真细致的工作，感谢为我的教学提出很多宝贵建议和意见的亲爱的同学们。

胡晓萍

2013年6月1日